U0655521

西方传统 经典与解释

Classici et commentarii

HERMES

HERMES

在古希腊神话中，赫耳墨斯是宙斯和迈亚的儿子，奥林波斯神们的信使，道路与边界之神，睡眠与梦想之神，亡灵的引导者，演说者、商人、小偷、旅者和牧人的保护神……

西方传统 经典与解释
Classici et commentarii
HERMES
沃格林集
刘小枫◉主编

政治观念史稿·卷三

中世纪晚期（修订版）

History of Political Ideas (Volume III)

The Later Middle Ages

[美] 沃格林（Eric Voegelin）◉著
段保良◉译

华东师范大学出版社

华东师范大学出版社六点分社　策划

古典教育基金·“传德”资助项目

“沃格林集”出版说明

沃格林(1901－1985)出生于德国古城科隆,小学时随家迁居奥地利,后来就读维也纳大学。虽然博士期间攻读的是政治学,沃格林喜欢的却是哲学和法学,真正师从的老师是自由主义法学大师凯尔森,心目中的偶像则是当时的学界思想泰斗韦伯。不过,沃格林虽荣幸做过凯尔森的助教,后来却成了自由主义最为深刻的批判者之一。

念博士时,沃格林就显得才华横溢,博士毕业即获洛克菲勒奖学金访学美国,回国后写下处女作《论美国精神的形式》(*On the Form of the American Mind*)。纳粹吞并奥地利之后,沃格林流亡美国(1938年),数年后在美国巴吞鲁日市(Baton Rouge)的路易斯安那州立大学(Louisiana State University)谋得教职(1942年)。

此前沃格林曾与一家出版公司签约,要为大学生撰写一部《西方政治思想史》简明教科书。但出版社和沃格林本人都没想到:本来约好写两百来页“简史”,沃格林却下笔千页。即便如此,他仍觉得没把西方政治思想史的要事说清楚。这个写作计划由于外在和内在原因最终废置,变成一堆“政治观念史稿”。

废置“史稿”的外在原因并不仅仅是“卷帙过大”，还因为沃格林的写法不合“学术规范”。当时（现在同样如此）的“学术规范”是：凡学问要讲究学科划分，哲学史、文学史、宗教史、史学史、政治思想史、经济思想史，得分门别类地写。沃格林的“史稿”打破这种现代式学术藩篱，仅就这一点来说，这部“史稿”不仅对西方学界意义重大，对我们来说同样如此。依笔者陋见，在林林总总的各色西方政治思想史中，经后人整理的沃格林《政治观念史稿》（八卷）最为宏富、最富启发性，剖析我们关切的问题，迄今无出其右者。

沃格林觉得，即便写大学生教科书，也应该带着自己的问题意识来写。《政治观念史》的问题意识是：已经显露出种种凶相的现代性究竟怎么回事情，又是怎么来的？废置“史稿”的内在原因就在于，沃格林以政治思想史方式展开对现代性问题的探究时，思想发生了转变，因此他决心推倒已经成形的“观念史”，从头来过。起初，沃格林力图搞清楚西方各历史阶段的主导性观念与生活实在之间的关系，但在写作过程中他发现，“符号”而非“观念”与生活实在的关系更为根本。于是他另起炉灶，大量运用“史稿”已有材料，撰成后来成为其标志性著作的多卷本《秩序与历史》（*Order and History*）以及其他重要文集。我们会感到奇怪，如今的《政治观念史稿》何以从“希腊化时期”开始，其实，此前的材料大多被用来撰写《秩序与历史》的前三卷了。

沃格林启发我们：除非中国学人已经打算在西方现代性思想中安家，并与某个现代或后现代“大师”联姻生育后代，否则我们必须随时准备从头开始认识西方传统。沃格林的《政治观念史稿》，正是我们可能会有的无数次从头开始的契机之一。毕竟，这部被废置的逾两千页“史稿”本身，就是沃格林亲身从头开始的见证。

1951年，沃格林应邀在芝加哥大学做讲座，次年，讲稿以“新政治科学”为题出版，成为沃格林思想成熟的标志。随后，沃格林全力撰写多卷本《秩序与历史》，时有其他专题文集问世。1958年，沃格林返回德国，执教慕尼黑大学哲学系，并创建慕尼黑大学“政治学研究所”。然而在战后的德语学界，沃格林的学问几乎没有留下影响痕迹，这着实令人费解。退休以后，沃格林再度赴美，继续撰写因各种事务而搁置的《秩序与历史》后两卷。

在思考世界文明的历史性危机方面，施特劳斯和沃格林无疑是20世纪最为重要的思想家。在笔者看来，二人精深的哲思和广袤的视野，西方学界迄今无人能与比肩。

沃格林去世后，他的弟子着手编辑《沃格林集》，成34卷。除五卷本《秩序与历史》和八卷本《政治观念史稿》外，还有六卷《已刊文集》(*Published Essays*)，以及其他自编文集和未刊文稿。沃格林学述将艰深的现象学思辨与广博的史学视野融为一炉，汉译殊为不易，译者极难寻觅。我们只能耐心等待胜任的译者，陆续择要逐译。

刘小枫
古典文明研究工作坊
西方典籍编译部乙组
2016年3月

目　录

中译本前言(段保良) / 1

英文版编者导言 / 1

第三部分　神圣帝国(卷二续)

四　教会与诸民族

第十三章　时代特征 / 33

一　中世纪与文艺复兴之间的悬疑 / 33

二　政治重心向西部转移 / 35

三　教会与诸民族之间的冲突 / 37

第十四章　绝对教宗制:罗马的吉莱斯 / 40

一　《一圣教谕》/ 40

二　罗马的吉莱斯(罗马努斯) / 44

第十五章　法国王权 / 54

一 国王权力问题 / 54
二 独立于皇帝的权力 / 55
三 巴黎的约翰:《论国王与教宗之权力》/ 56
四 灵异的王权 / 58
五 安茹的查理 / 61
六 迪布瓦 / 63

第十六章 但丁 / 69
一 政治思想家的孤立 / 69
二 精神脱离于政治 / 72
三 精神的实在论:人间天堂 / 73
四 文体与权威符号 / 76
五 《书信集》/ 78
六 《论世界帝国》/ 79
七 《炼狱》第 29—33 篇的愿景 / 84

第十七章 帕多瓦的马西利乌斯 / 89
一 德意志宪政发展之开始 / 89
二 《和平保卫者》/ 90
三 与亚里士多德的关系 / 92
四 有机体比喻 / 94
五 世间的代表性权威问题:立法者 / 95
六 有限政府:意大利主义 / 99
七 阿威罗伊主义的自然论 / 101
八 领头部分 / 103

九　纷纭战国 / 104
十　法 / 105
十一　基督教与教会 / 106
十二　隐秘教义 / 107
十三　技术政治论 / 110

第十八章　奥卡姆的威廉 / 111
一　一种理论模式:威廉的问题 / 111
二　唯名论和唯信论 / 114
三　世俗文明以及教会之退出 / 118
四　方济各会唯灵论的最后阶段 / 122
五　威廉的政治学方法 / 124
六　法律理论 / 127
七　此世秩序与贫穷仪规 / 129
八　教宗与教会 / 130
九　帝国 / 132
十　将本体化简为关系 / 134
十一　终极决断权:公会议 / 135
十二　结论 / 136

第十九章　英国民族政治体 / 138
一　岛国特性:干扰因素之阙如 / 139
二　趋向整合的情绪:《大宪章》/ 142
三　制度 / 147
四　符号 / 157

五　代表制 / 159

六　福蒂斯丘 / 169

第二十章　从一统到教区的基督教 / 180

一　教会组织的转型 / 181

二　英国的反应 / 185

三　威克里夫:总体特征 / 186

四　地区性的精神运动 / 189

五　英国的唯灵论:《耕者皮尔斯》/ 194

六　威克里夫:学说 / 206

第二十一章　帝国区 / 216

一　次帝国政治 / 216

二《金玺诏书》/ 228

三　城市国家 / 243

四　里恩佐 / 261

第二十二章　公会议运动 / 275

一　"大分裂":公会议 / 275

二　高卢主义和政教协约 / 284

三《论公教和谐》/ 289

索引 / 302

译后记 / 354

中译本前言

段保良

《政治观念史》是《沃格林全集》编委会根据沃格林生前手稿整理出的一套八卷本著作，编为《全集》第 19－26 卷。《政治观念史》凡八卷，分成九部分，标题依次为：从亚历山大到亚克兴战役、基督教与罗马、神圣帝国、现代世界、大混乱、革命、新秩序、最后的定向、危机。

第三部分“神圣帝国”即中世纪部分，因篇幅原因分为两卷（第二、三卷），共四个主题，依次为：帝国的兴起、时代之结构、高潮、教会与诸民族。前三个主题编为一卷，即《中世纪（至阿奎那）》，第四个主题“教会与诸民族”单独成卷，即《政治观念史》卷三，《中世纪晚期》。可见，沃格林非常重视中世纪晚期。这并不难理解，因为，中世纪晚期是现代欧洲政治单元的形成时期。

《中世纪晚期》涵盖的时段大致为 1275－1500 年的两百多年，探讨的问题主要是欧洲从对人类统一性的中世纪式追求，开始走向现代，分裂为多个拥有至高无上之权力的政治单元。全书凡十章，即“神圣帝国”部分的第十三至二十二章。

首先，沃格林为中世纪晚期的欧洲政治史提供了一个宏观描述（第十三章），随后探讨以教宗为中心重建神圣帝国的冲动、规划和实践(第十四章)。接下来,沃格林花了大量篇幅探究英法等民族君主国和"帝国区"的历史动向,以及新兴世俗政治构造逐渐摆脱教廷和帝国权威之羁绊,成长为独立自主的主权民族国家的过程(第十五、十七、十九、二十一章),然后以同等篇幅阐述教廷所代表的普世基督教精神和权威体制所遭到的批判和解构,以及重建基督教信仰的各种努力(第十六、十八、二十、二十二章)。

一

沃格林 1938 年流亡美国,直到 1950 年代初,他的政治观念史探索都主要围绕"召唤"这一核心概念展开。沃格林认为,政治观念是一种强有力的召唤符号,能够召唤政治社会——政治小宇宙——进入存在。政治秩序之建造和维系,其功用在于使无定形的人类力量场域转变成有序的政治单元,并构筑一个意义世界,赋予"支离的生命"以意义,使之抵御来自内部和外部的破坏性力量,在政治小宇宙的庇护中安身立命。

沃格林对中世纪晚期政治观念的研究,明显受天主教背景的德国哲学家、哲学史家登普夫(Alois Dempf,1891—1982)早期著作的影响,尤其是《作为行为和共同体的世界史:比较的文化哲学》(*Weltgeschichte als Tat und Gemeinschaft. Eine vergleichende Kulturphilosophie*,Halle,1924)、《神圣帝国:中世纪和政治复兴的史书和国家哲学》(*Sacrum Imperium. Geschichtsschreibung und Staatsphilosophie des Mittelalters und der politischen Renaissance*,München,1929 / 1954),以神圣帝国(sacrum imperium)之召唤作为中世纪文明的组织原则。沃格林从自己的问题意识出发,对中世纪欧洲内部的自身构造作

了透彻的分析，以图解释中世纪基督教文明在解体过程中出现的现代世界的各种重大问题。

正如本卷英文编者指出的那样，神圣帝国从来就不是一个现实的存在，而仅仅是一个召唤符号。就生活在中世纪的人们而言，神圣帝国意味着确信属世和属灵的权威可结合在一个单一秩序之内，并努力实现这种结合。神圣帝国这个符号统摄的是人们对天地人神万化合一的渴望，通过个人的哲学自由去思辨、去趋近存在之神性根基的实际可能性，寻求理性与信仰之间的和谐和最大可能的平衡。

围绕神圣帝国之召唤行为在时间上的开展，沃格林分两条路线阐述中世纪晚期的历史：一是为了实现神圣帝国理想的整合运动，一是不再以神圣帝国为权威性理想的解体运动。显然，这两条路线相互抵牾，在神圣帝国的解体中，现代世界的各部分作为长期分殊化的产物逐渐浮现。

二

中世纪晚期，欧洲面临与日俱增的来自东方伊斯兰世界的压力。就欧洲内部而言，十字军扩张精神已步入末路，诸世俗领主们和民众的兴趣不是东进收复圣地，而是扩张自己的领地和进行诸侯战争。霍亨斯陶芬皇室衰落后，帝国已不复存在。路易四世远征意大利失败后，德意志皇帝们的政略蜕变为王朝世袭领地扩张的模式。法兰西王室尽管试图重温帝国旧梦，但英法百年战争和现实政治博弈，最终没有走向欧洲统一，而是走向英法两大民族君主国的巩固。

格雷高利七世以降，在边疆国家和帝国的斗争中，教廷站在边疆国家一方。然而，至 13 世纪末法国和教廷发生冲突之际，封闭的主权民族国家正在从封建权力场域中脱颖而出，教廷已不见容于西方世界的主要政治事务。当教廷的利益仍在于使西方统一于对抗东方穆斯林的政策之下时，世俗的政治利益已朝着西方的特殊化的道路前进了。英法战争极大地吸纳了西方内部的资源，以至于以教宗为担纲者的西方统一的对外政策已变得不再可能。

在这个背景下，教廷采取了两大举措。一是颁布《一圣教谕》，试图通过以教宗为顶端的绝对教宗制的权力等级制，对抗西方诸政治单元的特殊主义政治，把欧洲统一于对抗东方穆斯林的政策之下。

另一个举措是实施建立领土性的教宗国的方针。教宗驻锡阿维尼翁，表明西方的政治命令权已从圣座手中滑落，教廷漂泊于一片无法掌控的权力海洋。在阿维尼翁时代以前，教廷对于它依据法理占有的封建领主捐献的领地，避免行使事实上的权威。教廷缺乏属世权力的尴尬处境，使博尼法切八世于 13 世纪末在南托斯卡纳创建了一个方国，以之为对抗罗马贵族的一个地方堡垒。驻锡阿维尼翁期间，教廷提升了教政体系的官僚制理性化和效率。

这些举措，不可避免地导致教会由于过多地卷入世俗事务的纠葛而造成其“灵性”的丧失。最终，教廷在帝国内部的属灵权力转型成为教会组织，从而成为与诸世俗政治单元分庭抗礼的独立政治单元，成为“文艺复兴时期第一个拥有一套出色的中央官僚制和一套冷酷有效的财政体系的绝对君主国”。

尽管教宗住锡阿维尼翁乃是由于对外政治的新问题而不得已为之，教廷凭借教宗国的制度建设释放出的巨大能量重返罗马，但教会目光短浅，在效法新兴的领土性王国的过程中接受领土性的权力原则，玷污了自己的普世宗教主张。

三

随着世俗生活与基督教信仰之间的缝隙日益拉大，在严格意义上的基督教秩序之外，开始出现一个独立的世俗领域。中世纪的属灵—属世的二合一秩序，分解成非基督教的政治经济秩序与基督教的禁欲主义。世俗领域以民族政治体和城市国家作为组织载体，与统一教会及试图把世界再精神化的各色教派相抗衡，最终获得了它在人类生活中的全面的主宰地位，并把信仰驱入私人领域，使之逐渐丧失在公共政治生活的意义，甚至用国家拜物教或民族拜物教取代了上帝崇拜。

中世纪晚期，见证了新兴的世俗政治构造从封建权力场域的兴起，以及它们逐渐摆脱分别由教廷和皇帝所代表的二元帝国秩序，建构领土性政治单元的早期阶段。在此过程中，民族政治体凭借由中世纪封建主义的制度遗产演化出的代议制度和宪政体制，不断吸纳因世俗主义的推进而产生的新兴政治力量，从而形成了现代主权民族国家的格局。

沃格林指出，西欧民族政治体生长的一般路径是，追求社会统一的情绪逐渐变得强烈，王权作为强有力的整合因素，辅之以地理的、民族的、语言的因素以及其他因素，渐次克服分散的封建权力场域的诸反动力量，确立起政治体的空间界限。

接下来，不同时间点上引入的制度要素在情绪的压力下汇合为一个一体化的政府职能体系。最后，各种适当的符号话语得以确立，制度因素的组合借之获得符号的固定化。

与法国及欧陆其他地区相比，英国在民族政治体的建构方面，具有无与伦比的优势。首先，英国作为岛国，孤悬海外，处于西方文明区的边缘。地理上的孤立，使得英国不受帝国野心之累，不受对教廷的控制问题之累，反而能够缓慢地摆脱与罗马教会的联系，最终毫不费力地脱离了教会，从而得以不受16世纪那场撼动了法国和德国的宗教改革斗争的冲击。

其次，从历史上看，自诺曼征服以后，英国王权一直比较强势，贵族的权力相对弱化，因此英国没有特别困扰欧陆的那种封建附庸的领土割据。这种割据，法国直到17世纪才凭借绝对主义王权与新兴第三等级联手，通过军事暴力而得以克服，而在德国，则直到19世纪末20世纪初才得以克服。

最后，英国的现代国家建构之所以基本上避免了革命性震荡之祸，关键在于早在第三等级兴起之前，英国就依靠封建主义的制度遗产，成功地建立起代议制度和宪政制度，借之相对和平地吸纳此后日益扩大的政治参与。

一开始就存在着强大的王权与连属化的贵族阶层，再加上外部的压力，使英国在第三等级尚未崛起的时代，就发展出了议会政治、宪政主义的传统，从而导致英国内部的政治斗争较少采取以暴力相搏的阶级战争模式，而是更多采取了妥协商议的光荣革命模式。

相比之下，欧陆就没有这么幸运。在关键的13世纪，法国国王的权力没有强大到足以实施社会连属化。百年战争后，法兰西君主国达到绝对主义阶段时，没有任何连属的团体可以与新近集中的国王权力相抗衡，保全封建自由权，使它们将来发育成为国民自由权。当第三等级最终变得连属时，欲取得国民自由权，不得不进行政治革命。

在领土性诸侯割据的德国，从一开始，连属化就是不可能之数，后来也没有出现第三等级的连属化。因此，德国的中下层阶级不得不遭受非政治的习惯和信念的祸害，以及处事经验严重不足的祸害。

四

以“帝国区”为题目，沃格林探讨了“从法国到斯拉夫人的东方之间，从波罗的海到罗马之间的广袤区域”的政治进程。

沃格林首先指出，帝国区看上去有一种统一性，乃是因为“这个法国以东的地区从 10 世纪以来输送了大量的皇帝继承者”。实际上，帝国不等于德意志王国，教宗和皇帝二元领导下的神圣帝国，才是西方基督教的总体政治架构，尽管这个架构在很大程度上并没有成为现实。就德意志王国而言，它不过是帝国区的政治结构的一个层面，在帝国区里，存在着许多同一层面上的、性质大致相同的政治问题。关于这个政治层面，沃格林称之为“次级帝国政治”。次级帝国政治有两个现象特别引人注目，即领土性公国和城市政治单元。

与西欧民族国家的兴起大相径庭，在帝国区里，次帝国政治结构并没有朝民族国家的形式演化，而是深深地陷入了所谓的德意志特殊主义。德意志特殊主义的表现为：政治体的自我定位不清，在国家－帝国和世界－帝国之间来回摇摆；政治体边界迟迟未能确定；内部一直未能建立起有效的制度，来实现地域的、民族的、阶级的整合。

沃格林明确指出，造成德意志特殊主义的原因，并不是什么德意志人的民族性格，而是对政治模式建构具有重要意义的长时段制度生长，具体而言，即德意志独特的地理、历史环境，以及 13、14 世纪的许多关键事态：历次“空位期”使皇室整合事业成为泡影。随“空位期”而来的众多领土性公国的兴起，为民族国家层面上的政治连属化设置了障碍；东方殖民活动的代价和后果；诸市镇的政治能量转向了汉萨同盟。

查理帝国分割中沦为东法兰克王国的部分，由多个部族公国构成，这是从一开始就决定德意志所谓特殊主义之模式的因素。相比之下，法兰克人之征服高卢，诺曼人之征服英格兰，均由单一部族完成，为法国和英国的创建引入了统一因素。

从经济和文化上讲，诸德意志公爵领地处法兰克帝国的穷乡僻壤。当时的文明中心是地中海地区和拜占庭帝国，为了不被切断对世界商业和世界事务的参与，头等重要的事务就是控制意大利，维持通往地中海的道路畅通无阻。自奥托大帝以降对意大利的控制，主要是出于德意志王国的地缘政治、财政和商业利益的考虑。

靠南控意大利所攫取的资源，历任皇帝作了巨大的努力，集中强化皇室对德意志境内的部族公国的控制。这种削弱公国、整合王国的政策一度取得了极大的成功，后来却因亨利三世皇帝英年早逝而功亏一篑。当亨利四世到了大有作为的年龄，可以继续推行先前的皇室政策时，僧俗诸侯早已将皇室财产、域内资源和采邑瓜分殆尽，亨利四世不得不从头开始。为了皇室收入而操纵圣职任命、控制教会土地之举，最终导致亨利四世与格雷高利七世之间的冲突，极大地削弱了皇帝的地位。亨利六世时代，皇帝权力再次提升到先前的高度，而他亦英年早逝。这些事件，阻碍了德意志民族王国的成长。最后，在众所周知的“大空位期”结束后，中世纪帝国传统的死亡以及诸侯国的崛起，已成定局。

“大空位期”之后，历代德意志国王不再能在诸古老公国的领土上建立皇室据点，以获得凌驾于德意志其他诸侯的优势地位，在意大利的据点也难以为继。新的解决办法是在旧有的德意志领土东部创建一个权力根据地。数百年以来，德意志人就一直致力于在东方斯拉夫人的领土上进行殖民扩张。

这种殖民扩张，打断了德意志民族文明的内部生长，对德意志的政治结构具有如下的影响：民族统一性缺失；政治体边界悬而未决；因向东方殖民而实力大增的诸公国，更难以被整合进一个连属的政治体内；德意志的政治重心从原来的西部转移至东部。

五

在帝国区里，还有一个值得注意的现象是城市国家的崛起。根据沃格林的叙述，中世纪，英国、法国、德国、意大利四个地方的市镇数量和发展规模大致相当，但只有帝国区的市镇发展为独立自治的政治单元。

城市国家的重要性在于，它们代表一种崭新的经济、政治、文化生活方式，代表西方文明的新阶段。市镇兴起以前，中世纪欧洲的政治形式是基于农业经济的封建领地组织，封建领主割据一方，众多领主与一个共同的国王维持一种封建关系。随着市镇的兴起，开始出现基于工商业经济、密集人口社区、高强度的智识精神生活的新型政治组织。在市镇里，公民与市政当局在一个狭小的空间里直接紧密地互动，相互批评和监督，形成一个生命共同体。市镇的历史动能，它们在后封建的政治形式演化中的引领作用，是未来几百年欧洲政治组织形式所面对的伟大出路的根源。

问题在于，文明上领先的诸城邦能把握政治主动权，征服封建领地，使之臣服于自己的统治吗？抑或封建王国能采用城邦所演化出来的政治形式来更新王国的组织方式，把这个新兴社会部门作为一个第三等级整合进王国中？王国最终胜出；但在中世纪最后几百年里，出路何在，仍取决于一场激烈的斗争。

沃格林列举了城市国家的几种主要的制度类型，包括威尼斯、勃艮第、汉萨同盟、西南德意志诸同盟、瑞士联邦，为解答上述为题提供了重要的线索。市镇在经济上的生存，需要来自周边农村的食物补给并确保贸易路线的安全。因此，市镇必须控制乡村，增强军事实力以保护贸易路线。13 世纪中叶至 15 世纪，威尼斯的对外扩张，很好地证明了城市国家的力量和弱点。城市国家的扩张显示了它们的力量；征服背后的宪法秩序却显示了它们的局限：市镇的宪法没有随领土而扩张，新获得的人口没有被整合进市镇的政治生活里。就城市国家的内部而言，上层阶级分化为贵族和资产阶级，是意大利城市剧烈派系斗争的主因。封建主义和资本主义两种文明类型一再发生冲突，两个团体都想在低等阶级的帮助下确保自身的政治统治地位。

这些条件下的典型宪政发展，首先是以平民来压制贵族，接下来的派系斗争的典型结局是共同体精神的削弱。城邦的人民在整体上属于一个公社，每个人却属于不同协会，在协会之间争权夺利的斗争中，公共官员丧失了他们对全体人民的代表性价值，沦为在职者手里的技术性权力工具。此外，市镇缺乏类似于王国中的代表型王权这样的整合性制度，而派系的联合，最终证明无法产生一个能平衡诸派系特殊利益的代表型行政机关。

因此，在宪政演化过程中，民族王国的代表型王权具有不可估量的重要性。如果没有国王的整合工作，单凭公社并不具有足够的凝聚力，在一个工商业社会的经济分层化形成之际，能将多种派系利益收束于一个运转自如的政治单元中。

六

沃格林以神圣帝国之召唤为中世纪文明的组织原则，以神圣帝国的建构和解体这两条路线的斗争，叙述了中世纪晚期欧洲的政治史和观念史。其中涉及教廷－教宗、帝国－皇帝、王国－民族君主、僧俗贵族、修会、神学家－哲学家、城市国家、第三等级等多个主体之间的复杂关系，涉及政治人物的具体政略和行动，文教秩序的因革损益，思想观念的守旧与维新。

就政治领域而言，沃格林的基本结论是，中世纪晚期，随着神圣帝国之召唤的式微，出现了西欧的民族君主国、德意志的领土性公国以及帝国区的自治市镇这三种主要的政治形式。最终，民族政治体凭借由中世纪封建主义的制度遗产演化出的代议制度和宪政体制，不断吸纳因世俗主义的推进而产生的新兴政治力量，尤其是代表第三等级势力的城市国家、市镇亦被吸纳进去，从而形成了现代主权民族国家的格局。

沃格林对这段历史的阐述，展示出一位伟大的政治哲学家出类拔萃的洞察力。首先，沃格林巧妙地把政治史、制度史、思想史融为一炉，精要地勾勒出英国和法国等现代民族国家的早期历史。其次，沃格林的研究具有高度的方法论自觉。他的研究要澄清情绪、制度和观念的互动，要像生活在中世纪的人们那样如其所是地去理解那个时代，而不是依据“制度胚芽”假定，去寻找现代制度的中世纪起源，从而避免了用现代观念去理解中世纪事物的时代错乱症。最后，沃格林的阐述贯穿了比较研究的方法，通过对比英国、法国和德国的民族国家建构所面临的具体历史情境、路径和结局，清晰地再现了欧洲不同国家走向现代性的历史进路。

沃格林对“帝国区”的叙述显得格外有说服力，这或许是因为他自身作为一个中欧人，对这片地区的历史有着切身的关怀和体会。更重要的是，沃格林不是从后往前看，以民族国家甚至西欧民族国家为历史发展的必然趋势，把地区差异化约为时间先后的差异，而是从前往后看，通过观察原本就包含多重异质性成分的帝国解体过程以及解体之后形成的不同类型的碎片来展开叙述。这就打破了单线进化论的魔咒，而对历史有丰富的、充满启发的理解。

对于基督教之无力维持和促进信仰与理性之间的弥足珍贵的中世纪式平衡，沃格林倍感惋惜。不过，作为哲学家，他认为自己的职责不是去恢复这种平衡，而是开创一种对它的全新理解。或许可以认为，沃格林所谓的神圣帝国之召唤，虽然不是打开中世纪之门的唯一方式，甚至不是引领人们获得对中世纪的最写实主义的理解的方式。然而，对于饱受世俗主义和虚无主义之折磨的现代社会而言，这种方式仍然富有启发。

英文版编者导言

[1]沃格林对中世纪盛期的研究，无疑是他浩瀚的历史著述的瑰宝之一。这卷作品必将证明，沃格林对其《观念史》出版价值的判断是不正确的。沃格林曾经认为，他的《观念史》是带有不可消除之缺陷的建构，事实却远非如此，这部作品如今是作为本世纪最伟大的学术成就之一推出的。沃格林的考察，一开始是打算取代萨拜因（George Sabine）的权威性论述《政治学说史》，1937 年以来，这部作品已修订过，却没有被淘汰掉。这个初衷如今有望实现。自萨拜因的作品发表后，政治理论家们已失去单枪匹马去做浩大历史叙述的勇气和兴趣，因此沃格林这部不朽巨著迟来的面世，是这门学科的一个里程碑。即便不熟悉他后期著作的人也会承认，它是这个领域的巨人之作。

沃格林曾极度超然地把这一耗时十余年的劳动成果弃置不顾，认为它是理论性误解的产物，或许没有什么较此更能显出他的造诣了。在差不多完成了对政治观念史的浩大考察后，他开始意识到，这部作品相当于对实在的一种意识形态化扭曲。他解释说："没有观念，除非有直接经验的符号。”[①]沃格林已发现，采用传统的研究法，致使他在讲述[2]政治观念史时，就仿佛它是个自足的存在，从其自身的角度就完全可以理解似的。他的作品示范了把关于政治的观念与其政治史背景相联系的研究法，此方法后来成为这门学科的一个标准。[②] 但沃格林认为这还不够。无论政治史还是政治观念都不是凭其自身而存在。它们要有意义，必须参照一个更广阔的文明语境，在这个文明语境中，秩序的根本概念以及人在整个实在秩序中的位置的根本概念获得表达。但这种定序概念（ordering conceptions）又依托什么呢？它们最终产生于人类生存的鲜活动态，就是在直接触及经验的道德和精神秩序的力量驱动下运动的动态。正是就秩序的这种动力之源而言，道德的或政治的秩序的观念具有共鸣。观念背后的经验一旦改变，它们就不会再在人类生活中发挥任何权威性的力量。

当代政治理论家很少获得这个洞见，正是这一缺失，使他们的历史研究给人以不够尽善尽美之感。[③] 他们的分析给人的印象是无独创性、品质次要的，因为它们未能深刻地触及观念的动力之源。他们的叙述单调刻板，这是他们缺乏能力的直接反映。他们不能解释，是什么使主观权利的观念或自由的口号在某个特定时代如此具有吸引力。他们能够说明历史

---

① 沃格林：《自传体反思录》(*Autobiographical Reflections*, ed Ellis Sandoz, Baton Rouge: Louisiana State University Press, 1989)，第 63 页。

② 政治理论的历史研究法在 Quentin Skinner 那里有极卓越的展现。相关理论讨论，见 James Tully 编：《语境中的意义：斯金纳及其批评者》(*Meaning in Context: Quentin Skinner and His Critics*, Princeton: Princeton University Press, 1988)。

③ 一个有趣的例外是 Charles Taylor。他的《自我的根源》(*Sources of the Self*, Cambridge: Harvard University Press, 1989)是一部探讨在思想阐释中未涵盖的道德反响之源的出色研究。

上发生的情况和变化，却无法洞悉经历过这些情况和变化的人类所发生的变化。理解这些内部变化的动态无疑是最重要的任务，而这项任务，只有深入到秩序的直接经验——就是构成人类生存的终极视域的那些经验——的层面才能够进行。沃格林看到这种研究法必不可少，为此开始撰写一部十分不同的专著，阐明在跨时空的人类境况中所出现的秩序之经验和符号的历史。[3]在《秩序与历史》的写作中，他把当代政治观念史家远远抛在了后面。

沃格林学术生涯中的这一突然转向，构成了作者的一个双重的误判，对于如何看待他的其余作品，这个误判具有重大的后果。第一个错误印象是，他的《观念史》不值得出版，这个看法因沃格林本人拒绝在他生前发表它或把它作为一整套书发表而愈发可信。一位作者只想让自己最优秀的作品同读者见面，这种心情当然无可厚非。但这或许是个很好的例子，表明作者本人的估计被毫无必要的、对于有损其作品流传之因素的一己私虑所左右。沃格林的决定在我们事后看来是一个实质性的重大误判。这不光是编者们标准较低，尽管也可能如此。政治理论的观念史研究法仍不失为一种可行的分析模式，如今比过去更加兴旺发达，只要这项事业的语境限制因素得到应有的承认。沃格林本人对这类研究的巨大贡献无法在标上这个总的告诫后与读者见面，是没有道理的。

严格地从政治观念史的角度讲，这部作品做出了极大的贡献，它考察了希腊-罗马时代至19世纪政治理论的发展。它尽管没有取得沃格林在《秩序与历史》中所获得的那种对秩序之源的分析性洞察，却提供了一个政治思想的宝库，不仅他后期的作品无法与之相比，而且本世纪任何作家绝难望其项背。对思想家个人和特定观念综合的细致丰富的阐述与对历史的一次大清理结合起来，简直令人惊心动魄。其阐述中所包含的博学，经得起最优秀的历史研究的验证；其取材之十足新颖，常令其他同类文献相形见绌。沃格林后期作品在理论上的优势，并没有取消一套详尽的政治思想史知识的必要性，这套知识在任何地方都不如在他的《观念史》的篇章中讲述得那么详尽。

这个看法的一个被忽视的推论是，沃格林早年的这项研究为进入沃格林后期的理论堂奥提供了一个最佳起点。尽管作者曾唐突地宣称，[4]他的事业非一以贯之，而是有一道断裂，但认为这项早期成果出自一个迥异的头脑，却是错误的。大多数读者可能会因为沃格林之用力和趣向的连续性而感到震惊，正如他们在《从启蒙到革命》发表时感到震惊一样，这是此前唯一发表过的《观念史》片断。沃格林在这部作品里确实使用了观念的语言，但他的兴趣显然已经趋向于探索观念背后的“情绪”（sentiments）。其理论组织框架由“召唤观念”（evocative ideas）所组成，它们构成他所探讨的那些时代的全面的定序信念。在对个体思想家的探讨中，他的分析总是瞄准他们思想的动力中心。沃格林释经才华的奥秘，恰在于他披露 anima animi［活的灵魂］的能力，他凭此能力写出了这些作品。因此，《观念史》远非与沃格林后期作品不相连贯的前驱，而是与之有着根本的连续性，而且对于他后期作品中过于晦涩的分析而言，是一种不可或缺的背景知识。沃格林《观念史》中的分析既有其内在价值，且有阐明其后期作品中通常较为艰深的理论思考的作用，以这两点来看，这部作品再也不能搁置不出了。

在这一点上，最令人痛心者莫过于他决定搁置该作品的发表所引起的重大后果。这意味着沃格林最大部头、最易理解、最令人印象深刻的历史考察不能在他生前出版。相反的,这一浩大研究的诸多隐微晦涩的结论,却作为偶然的讲演发表了,[①]在理论上更富有挑战性的多卷本《秩序与历史》终究曲高和寡,鲜有读者能够理解。读者如今终于有机会考察这个极易接近的基础结构了。他后期的理论轮廓所基于的极为丰富的历史研究如今变得显而易见。这必将对于展现沃格林的一个十分不同于当前所流行的面相有及时的影响。这部作品不仅会巩固[5]他作为20世纪最伟大的政治理论家之一的声誉,甚至可能对于改变他目前在这个学科里的尴尬地位有令人愉快的后果。随着《观念史》面世,沃格林可能会从一位在主要人物当中读者最少的人变成读者最广的人之一。

毋庸置疑,面前这卷关于中世纪晚期的著作展现了对政治思想史上一段最关键时期的精湛阐述。在对这个时代的理论性洞察方面,沃格林的分析是无与伦比的,尽管自从他写作此书以来,已有大量研究著作面世。理解经验材料方面的进步当然是有的,尤其是通过评注本的修复以及对于经济、社会和政治因素做一种更全面的评鉴。但至今尚未有哪项以这一整个时代的意义和重要性为内容的考察,接近于沃格林从自己的研究中引出的洞见。当我们问,中世纪世界究竟是怎么回事,专家们会张口结舌,终之以咕哝什么中世纪心灵整体性之类的滥调,这些滥调更多是把问题遮蔽而非澄清。沃格林这卷作品的贡献,不仅在于他找到了一个理解中世纪秩序的组织框架,还

---

① 最明显的两例是由讲演结集成的《新政治科学导论》(*The New Science of Politics*:*An Introduction*, 1952; Chicago: University of Chicago Press, 1987)和《科学、政治与灵知主义:两篇论文》(*Science*, *Politics*, *and Gnosticism*: *Two Essay*, trans. William J. Fitzpatrick, intro. Ellis Sandoz, 1968; rpt. Washington, D.C.: Regnery, 1997)。

在于他解释了中世纪对于它解体过程中所出现的现代世界的重大意义。

沃格林在清理这一复杂关系的过程中大获成功的关键在于，他对中世纪世界内部的自身构造有透彻的分析。在吸收前人尤其是登普夫（Alois Dempf）著作成果的基础上，沃格林把sacrum imperium[神圣帝国]视为中世纪文明的组织原则。这个人们耳熟能详的总体概念，表面上并无不同寻常之处，但在沃格林手里，它带来一种新的深度和广度，显示其作为中世纪世界的清晰的自我理解的性质。正如沃格林在前一卷《中世纪（至阿奎那）》里所解释的，它的作用是充当中世纪世界借以衡量自身的最重要的召唤性的符号化。这使沃格林能够以两条主要意义弧线将这个时代出色地组织起来。一是为了实现神圣帝国理想的整合运动，一是不再以神圣帝国为权威性理想的解体运动。无论在哪种情况下，神圣帝国都不是作为现实而存在。它纯粹是一个渴望，其效力的大小程度决定了中世纪文明的开展。

[6]即便与20世纪最出色的史学家们所提供的有组织的视野相比，沃格林的研究仍然以独一无二的理论正确性出类拔萃。这主要是因为它极其忠实于史料本身。它没有把任何无关的或者后来的考量引入中世纪世界。相反，它试图像生活在中世纪的人们那样理解中世纪。神圣帝国是他们轮廓分明的、被他们慢慢抛弃的理想建构。同这种清楚明了相比，那种视中世纪为现代之先导的研究，无论就立宪论的发展、世俗主义的出现言之，抑或就自决精神的兴起言之，都颇显时代错乱。即便像乌尔曼（Walter Ullman）这样高明的学者也发现，自己是在被迫搭建一个临时性的框架，借以叙述中世纪历史从自上而下、权威主义的统治类型向自下而上、基于民主的政

治形式的转变。[①] 问题在于,这并不是或者说多半不是中世纪的男男女女自己如何理解自己的所作所为。就他们而言,这场斗争主要被界定为旨在实现一套属世和属灵权威的单一秩序的努力,以及旨在调解众多使这个渴望最终落空的运动和势力的努力。

然而,在中世纪世界崩溃之前,这场斗争乃是意欲在一套规定中世纪小宇宙(cosmion)的囊括性的公共秩序中维持神权与王权之间的权限或职司的平衡。它从未成为其他事物的"先导"。正是对权威的两个中心可以结合在一套秩序之内的确信,构成中世纪世界的总体特征。人们坚信,只有一套秩序来源于上帝本身,因此一切低等制度必然能够被协调进一个全面的整体之内。在这个意义上,Sacrum imperium[神圣帝国]一词不仅仅指涉一个政治的概念。甚至没有必要指出,它需要一种要么出自教会的权威、要么出自帝国的权威的强有力的中央指令。在最深刻的层面上,它不过表达了生活在一套共同的总体秩序中的人们的意识以及将该秩序一分为二的不可能。[7]教廷和帝国的权威各安其位,不是因为它们成功地组织了整体,而主要是因为存在着一个整体,必须通过对它们的合作权威的承认而得以表达。正是世道人心的这种整体性,而不是权力的整体性,可以解释中世纪国家内部对反抗和差异性的特有的容忍,可以解释它与从它那里出来的现代世界之间的重大反差和连续性。

现代性是以差异和分离来界定的。但这种分崩离析,存在于对其中世纪整体性的记忆中,而不是存在于像西方或犹太-基督教文明这种暂时性的召唤中。它弥漫着一种统一意识,亦即

---

① Walter Ullman:《政治思想史:中世纪》(*A History of Political Thought: The Middle Ages*, Harmondsworth: Penguin, 1970)。

在它的基本两极之间，即教会与国家、公与私、个人与社会之间的统一，因为这些区分，若不涉及一种先在的统一，甚至是无法成立的。它们的分离预设了一套共同秩序，它们借之得以相区分和相联系。即便现代世界，也不可以完全省却一种对人类生存于其中、人类社会因之得以组建的总体精神秩序的共享理解，这种东西在中世纪至关重要。正因为沃格林的分析深入到中世纪自我理解的终极层面，所以他也能够找到最适当的方法，考察它与现代世界的关系。这不是说，人们十分频繁地提到的一套逐渐兴起的自由主义宪政秩序的诸连续因素是毫无根据的，而是说，它们的意义只有与一种关于实在秩序的总体概念相联系时才可以被正确地辨明。

这一认识是沃格林在本卷中的分析的主要力量所在。它使他能够看到，中世纪统一的根源主要是哲学上的，相应的，中世纪的解体也是哲学上的。政治的破碎折射出内在的符号断裂。这一机制，在对奥卡姆的威廉的分析中，沃格林说得再清楚不过，他把威廉封为第一位现代哲学家。奥卡姆是第一位"思考众多不是产生于极端的哲学经验、而是环境要求对之加以知性地解答的问题"的人。威廉的绝顶聪明被用于捍卫信仰所昭示的真理的纯全性(integrity)，这个事实丝毫没有削弱信仰真理与理性所昭示的真理之间的连续感的丧失。[8]他的唯名论哲学模式将一切本质性的问题还原为方法论的和权力关系的问题，宣告了对万物一体的中世纪式信仰的终结。沃格林正确地估量了奥卡姆著作中所发生的革命，把它视为"文明的分裂"(a civilizational schism)。这种洞察力是大多数论者所不具备的，他们被奥卡姆式的精神性取向弄得晕头转向。在某种意义上，奥卡姆的唯信论比圣托马斯的还要"中世纪"，但这种信仰却不再对其能够达到与理性融合抱有信心。

这一内在分化的外在表现是教会与属世领域逐渐分道扬镳。神圣帝国内部的制度品系不应该作为一个独立过程来研究，因为它们的瓦解，只有与中世纪文明的精神和智识生活的更深层位错相干起来，才是可以理解的。沃格林的分析完全是依据这种相干进行的，因此对中世纪盛期及其与现代社会的关系做出了最恰当的解释。它植根于他对达致在神圣帝国一词下所统摄的天地人神万化合一之渴望的理解。信仰与理性的这种统一始终不言而喻，却极少被清晰地表达出来。在它的解体过程中，现代世界的各部分作为长期分殊化(differenciation)过程的产物逐渐浮现。大多数对现代世界的分析都没有注意到这种先在的统一，现代世界各部分所要维护的独立，正是相对于它而言。沃格林视野的出众之处就在于他能够让我们认识到，理性与启示、政治与宗教等领域的自足性质的预设，不过是现代人的欺人之谈。它们的性质恰恰同样有赖于使它们成为一个整体之部分的先在统一。

沃格林在本卷中的探讨，真正激动人心之处在于他迫使我们思考这些根本性的关系，且不仅仅着眼于中世纪与现代宪政思想之间较有限的连续因素。他向我们展示更深层的哲学斗争——其不可消解性是现代世界的鲜明特征——源于何处。在他对信仰和理性在它们分离过程中所遭受的损失的阐释中，我们认识到我们的世界。理性与那曾经指引它的本质性目标相疏离，[9]与它对那套确保其效力之秩序的信心的本源之间也斩断联系。我们看到，取而代之的是新兴的工具理性，既不再知晓其自身，亦不再知晓其在存在中的目的。自然的结构不再能靠理性来领悟，因为无论共相还是因果律都没有任何真实性。外部世界的知识被降格为“如何依靠人类理性的概念工具组织经验材料的问题”。另一方面，信仰的情况也好不到哪里。其存在如今与理性的控制无关，教会越来越失去生气勃勃的智识论战提供的活力。信仰萎缩为教条式的权威纲要与个体的神秘主义虔信生活,正在丧失在人类生活中的一切公共权威性的意义。

> 世俗领域与真基督徒的生活之间的缺口日益拉大,其后果直到宗教改革中才充分展示出来。世界秩序在严格意义上的基督教仪规之外被确立为一个自主的人类领域,基督教仪规变得愈加接近于一种修道主义的、禁欲主义的生活准则。中世纪的属世一属灵双重秩序分解成两套秩序:一是非基督教的政治一经济秩序,一是基督教的禁欲主义纪律。其结果是,自此以后,要么此世秩序遵循其自身的法则而不理会基督教的生活仪规;要么必须做出努力,把此世秩序维持在修道主义立场所规定的束缚中。①

这两种可能性分别由路德和加尔文尝试过,从那时起,现代世界就一直在唯理主义与原教旨主义之间摇摆。

沃格林出色地考察了这种紧张在但丁思想中的表现,但丁面临政治领域无法吸纳基督教精神这一现代认知。历史舞台已被政治实在论者和宗教改革家主导,前一类人在马基雅维利那里最终到达顶峰,后一类人可以一直追溯到圣方济各。所缺的是一位能够把他们统摄在一种新的制度性召唤中的政治思想家。沃格林能够理解但丁思想的浪漫特质,但丁恰恰是在暴露出帝国已坏乱至极的空位高潮期追想帝国。他能够把但丁的愿景(vision)解释为[10]一套新文明秩序的深思熟虑的召唤,而不是对当时新兴现实的逃避主义或乌托邦主义回应。但丁所考虑

---

① 见本书第 119 页。[译注]指原书页码,即现在中译本正文"[ ]"中的随文编码,下同。

的不是任何特殊的社会或政治秩序，而是对作为普遍人类秩序之源的终末论敞开性的一种公开有效的认知。中世纪整体的这一终末论成分在寻找新的公开表达。沃格林指出，如今是这位诗人而不是教会，基于其愿景的私人权威，开始召唤对人类生活之超越结局的意识。

在但丁那里，神圣帝国的终末论维度在寻找一种新的制度性召唤，但仍未找到，沃格林暗示，或许永远无法找到。取而代之的是，在寻找政治表达的过程中，终末论更有可能作为精神运动而继续。沃格林对这一终极层面的精神意义十分敏感，使他能够揭示德意志、波希米亚和意大利所出现的特殊政治进展。对于中世纪的政治和理论而言，这个区域通常最受忽视，因为它似乎不属于正在兴起的民族国家模式。最近以来，人们开始关注意大利城市国家，因为它们至少展示出自由与共和主义自治的新观念。[①] 但是即便人们考察它们时，一般也不涉及使它们的存在成为可能的帝国背景。在注意到阻挠德意志国家统一的德意志特殊主义与帝国区内必然产生的政治异质性等独特问题上，沃格林几乎是独一无二的。这种兴趣并不只是反映沃格林本人作为一个中欧人的经历。它主要是缘于他对精神普世性维度的理解，这个维度是这一背景中众多政治创议的持久特色。[②]

---

① 一个优秀的例子是 Skinner 的《现代政治思想的基础》第 1 卷，《文艺复兴》(*The Foundations of Modern Political Thought*, vol. 1, *The Renaissance*, Cambridge: Cambridge University Press, 1978)。

② 一段极有趣的插曲无疑是迪布瓦在《论圣地之收复》(*De recuperatione terre sancte*, 1306)中提出的如痴如醉的乐观主义视野。这位法国法学家详细阐述了国际联盟概念，这个因集体安全之安排而尽善尽美的联盟，是实现普世和平时代大计划的一部分。这部作品的现代乌托邦成分并没有被沃格林拒斥为纯粹的幻想，因为他认识到它们根源于中世纪人们对一个取代 sacrum imperium[神圣帝国]的秩序的挥之不去的渴望。见本书第 61—65 页。

[11]里恩佐使这一令人迷惑的关系引人注目。在罗马领导了一次成功的叛乱(1347 年)后,里恩佐向意大利各城市、选侯们、皇帝以及教宗发布了一系列书信。他宣告 reformatio et renovatio[改革与更新]的降临,它将既是精神的,又是政治的,是一种似乎更多地是回顾过去而非展望未来的全新的一统基督教。这种措辞显然跟他统一意大利和重建共和政府的直接企图不相关。沃格林再次成为众多解释者中唯一把捉到这一时代错乱举止之本质的评论者。他解释说,它是帝国政治区内持续存在着的普世主义意识的残屑。与西方诸民族不同,"在帝国区里,将 corpus mysticum[神秘体]观念转到民族身体上的做法,并不能顺顺当当地生效"。而是存在着一种将它的适用范围扩展到全欧洲的趋势,存在着一种源于帝国历史的、在各民族国家里以较为含糊的方式表现出来的普世主义残余。它着意于必要的精神革兴,这种革兴体现在诸如萨伏纳洛拉与马基雅维利等不同人物身上,而在各民族国家里实际上是陌生的。沃格林解释道:

> 在英国,国家的生长是在强大王权的压力下进行的。在帝国区里,诸民族是通过民族精神的生长,以及当这种精神足够成熟时,通过军事行动克服特殊主义的政治割据而获得政治统一的。①

这种终末论冲动——如今正在寻找其制度上的体现——瓦解的另一个面相是,新独立的政治实体无论为何种类型,都已置它们自身外的普世秩序于不顾而存在。正如沃格林指出,在一个由互相对抗的权力组织所规定的世界里,就连教会也被迫调

① 见本书第 238、244 页。

整自身以适应新的需要。教宗们放弃了教廷普世政治权威的希尔德布兰德式主张，转而维护他们自己起初在阿维尼翁、后来在教宗国的领土性根据地。这一转变的基础，13 和 14 世纪的极端教宗权力至上论者已通过一系列著作从理论上准备好了，沃格林对他们在将教会转变为一个[12]国家的过程中所具有的新奇性有着异常敏锐的认识。例如，罗马的吉莱斯（又名罗马努斯、科洛那）被严厉地指斥为一个彻头彻尾的现代知识人，他对“美男子”腓力和腓力的对手博尼法切八世都极尽阿谀奉承之能事，这表明他对权力已彻底走火入魔。结果是，西方世界丧失了对其普世利益的制度化表达，而教廷则试图利用一系列政治协议作为主要手段来回应对它的挑战。这致使教廷在公会议运动中成功地与各民族的君主达成联盟，而沃格林暗示说，这阻碍了教廷提出对改革呼声的回应，要求改革的呼声最终击败了教廷。

至于新兴的世俗实体本身，情况也好不到哪里去。帕多瓦的马西利乌斯是第一位阐明这种至高无上的世俗国家之兴起的理论家，因为他最早在作为一个整体的共同体中分辨出国家权威的来源。沃格林以一如既往的敏锐，对马西利乌斯思想的核心即 legislator[立法者]概念展开分析，在他看来，马西利乌斯的立法者理论是

> 关于世间政治单元最早的连贯一致的建构，其中政府的权威不是从外部源泉中导出，而是从共同体各部分背后的一个特别建构的“整体”中导出。①

问题是，由自主的人类立法者所实施的这一秩序，其来源在

---

① 见本书第 91 页。

任何地方都没有被澄清过。尽管马西利乌斯征引亚里士多德，《和平保卫者》的核心却不依托于一个 arete[德性]概念，也没有一个实质性的自然法概念提供此种指引，因为尽管法律必须遵循正确的理性，但即便缺乏正确的理性，只要有共同体的强制权力作为后盾，它就仍然是法律。在关于马西利乌斯的文献中，这些都是人们耳熟能详的紧张。沃格林的贡献是对《和平保卫者》一书将基督教视为"文化古董"并含糊其词地暗示以永恒复现之循环为其替代物的处理中所包含的阿威罗伊主义成分的敏锐意识。由于实现秩序端赖于统治，对法律之强制力后盾的关注和权威之垄断性实施的必要就是顺理成章的。是什么使公民们的内部秩序得以形成的问题被悄无声息地抹掉了——除了暗示基督教实际上没有提供[13]此种秩序而只提供了 vulgus[平民]的秩序。马西利乌斯关于独立世俗国家的建构在精神上是虚无主义的，政治研究已变成"宗教上超然的、冷静的、术业型的"分析——另一位意大利政治思想家使这种分析名闻四海。

当然，问题就在于这样一种世俗主义政治与实用主义政治学不能凭其自身立足。它在很大程度上仍为这一意识困扰：它不具备维持秩序所必不可少的真正德性；它因缺乏内在的精神革兴而黯然失色——唯有这种精神革兴才能造就持久的共同体。正如沃格林指出，这就是为什么马基雅维利和霍布斯对其社会的道德谎言的分析会那么敏锐，为什么他们会进行其英雄般的事业，基于对人类德性的最低期望建构一套秩序。无论权力计算科学的改进取得多大成就，这些建构的不稳定性迄今一直是不稳定性的一个根源。道德上的本源无法被探明和言说的众多政治秩序的存在，事实上造成一系列寻找其他手段来给它们注入生命力的无休止尝试。世俗主义政治几乎注定要为追寻德性而备受折磨。

这种对世俗政治独立性主张的分析遵循一条大体上是传统的路子。沃格林对此视角的真正贡献是他对那在很大程度上逸出制度控制之外的终末论冲动的异常敏锐的分析。在引起人们注意在传统制度载体不再令人满意时期存在着的寻找新出路的精神渴望这点上,他无疑是独一无二的。《观念史》刚写完不久,沃格林就找到分析中世纪晚期以降的社会政治运动的准宗教意蕴的理论工具。他发现灵知主义作为制度性妥协和约束界限之外的宗教理想主义所呈现的精神和智识形式的总体意义。从多方面来说,缺乏对精神的完美主义现象的理论鉴别绝没有削弱本卷中的具体分析。在沃格林对威克里夫或《耕者皮尔斯》的分析中,全面描述时常具有的分散性效果并没有使沃格林对具体细节的丰富细腻的把捉晦暗不明,这确实更为可取。[14]他证明自己是个高明的分析家,善于剖析作为神圣帝国解体的产物、作为一个独立因素出现在政治生活中的至关重要却难以量化的宗教的狂热维度。

沃格林在前一卷中指出,这个模式是随着菲奥雷(弗洛拉)的约阿希姆所召唤的新的时代意识开始的。约阿希姆关于历史的三位一体论的沉思解释了《旧约》圣父时代如何被《新约》圣子时代所接替,圣子时代如今将被圣灵时代的全新神意安排取代。通过宣布基督的启示以及教会圣礼结构已经过时,约阿希姆以一种超越一切制度支承和约束的独立自主的精神自由时代的愿景确立了支配将来历史的模式。修道主义的人性圆满已弥漫于整个社会,一个新的时代显然正在来临。中介与矫正行为将不再需要,因为属灵的真理将完全得以实现。沃格林的洞察更多地把捉到约阿希姆思想的典型意义,而不是它的特征。比如说,他不仅能在方济各会属灵派——他们视其创始人为开辟了一个新时代的先知——中间发现它的回响,而且能在圣方济各本人身上也发现这种回响。沃格林讨论方济各的那章无疑是他整部文集中一抹最深透之笔，因为他能够充分地认识到这位托钵修会的奠基人对恢复基督教活力的贡献，却没有放过任何对他所激起的秩序中固有的不平衡方面的批评。

自圣方济各以降，对基督的效法变得如此彻底，以至于很难不把它视为社会政治转形(transfiguration)的一种方式。无疑，方济各会自身与教会如今要完全听从福音派关于圆满的忠告，这似乎意味着制度性的妥协将不再必要。这种期盼因拒绝建立制度组织以及做出必要的实用主义调适，几乎把方济各会摧毁。那场就贫穷问题展开的争论以及让教会彻底放弃一切财产的要求，被视为无比严重的威胁，以至于拥护者们遭到极力拒斥。没有任何制度性的秩序能经受这种纯粹的精神苛求，它拒绝承认一切人类组织机构的脆弱，反而坚持要把它的[15]转形灵感付诸实施，以实现其奇迹般的效力。这一因素在奥卡姆的威廉的经历中——至少在他与切塞纳的米迦勒一道被囚禁于教宗在阿维尼翁的大本营时期——仍有体现。正如沃格林所描绘的，中世纪时期最耐人寻味的反讽是，恰恰是那些最坚决地恢复其精神性的努力，最彻底地造就了具有世俗独立性的力量。如果世界已经被完全圣化，它就不再需要一种超越它自身的圆满。

这个过程开始于“主教叙任权之争”末期，“对世界的激进精神化使接下来两个世纪诸世间力量的兴起黯然失色”。教会对新兴的精神酵母逐渐丧失容纳能力，导致对基督教信仰的一种支离破碎的表达，沃格林将此过程概括为“教区基督教”的出现。这是一个富有洞察力的部分，它使人们认识到宗教改革不过是先前数百年里就已在进行的一个过程的顶峰。在对政治因素展开游刃有余的仔细分析时，沃格林把注意力集中于构成决定性现实的内在转型过程。这就是为什么他如此注重对《耕者皮尔斯》的分析。在这本书里，沃格林发现了终末论精神的一种有力表达，这种精神在英格兰王国内已转移到那个卑微的耕者身上。正像他在14世纪期间大量的神秘主义著作中发现的一样，沃格林在《耕者皮尔斯》中发现一种对终末论转形的专注而不涉及任何对其实现的制度性暗示。这就是在中世纪晚期神秘主义的无政府主义者的革命运动中获得表达形式的转型冲动。

> 一个为理想王国而战的农民团伙对文明造成的破坏，从原则上讲与《未知的云》……中所包含的对世界之内容的否定没有任何区别。①

本卷的重大洞见——这在许多方面构成沃格林思想的核心——是超越与内在之间的紧张无法在不破坏我们对它们两者的执着下被取消。神圣帝国具有持续的意义，因为它是[16]这一紧张最实质性的历史召唤之一，其兴衰变迁与我们有持久的相干。沃格林此处的成就是澄清了一套此世之外的秩序与此世秩序之间的紧张的本质，中世纪文明是以追求两者平衡的目标来规定的。但他的研究不仅仅是对那场为实现这一微妙平衡所做的斗争进行一番历史说明。他的研究根源于这种认识：中世纪之成问题(the medieval problematic)是同我们自身时代之成问题相干的，任何严谨的解释都必须注意这种相干。学者不得不与这种“成问题性”本身作战。沃格林对这一主要紧张的澄清本身就有助于披露一套与之有相干的秩序。我们在本卷中看到他与过去进行反思性的交战的一个重要阶段，寻找对秩序的平衡表达在他看来日益成为秩序的最大问题。

---

① 见本书第177页。

关于那场为实现一套有超越根基的内在秩序——这在当时的语境中是明言的目标——的斗争，沃格林《观念史》的中世纪各卷提供了一种引人入胜的视野。或许再怎么提醒也不过分，正是在这部作品里，沃格林提出了他理解该问题的主要纲目，形成了把秩序与历史作为一个整体来研究的方法。在很大程度上，对神圣帝国的反思促使他去澄清这一无限复杂关系的方方面面，这在他后期作品里并没有获得如此充分的表述。在中世纪的语境中，属灵彼岸与属世的具体事物之间关系的相互性格外明显，因为正是拉近两者关系的努力，导致秩序崩溃。在这一研究中显而易见的是，神圣帝国的持久意义在于，它的维持不稳固地取决于对一种永远无法最终获致的属灵领域与属世领域之间的平衡的认知。

恰恰是那些要取消秩序之紧张的渴望，证明神圣帝国不可能实现。极端教宗权力至上论者与属灵派人士都尝试过对世界的精神化。但每次尝试，随之而来不过是世界的失序加剧。更要紧的是，旨在将超越的精神完全纳入生存中的努力，不过是使它的超越权威日益削弱。若神性实在被拽入事物的生存秩序中，[17]它就不再以其不可言传的神秘吸引我们。一种入世的精神从决定性的意义上讲已不再是精神的。即便奥卡姆的唯信论回应与现代虔信派（devotio moderna）也面临着将神性实在收缩为内部信仰的危险，其中上帝要么全有，要么全无。在前者那里，有超越吸引力的神秘被取消，在后者那里，它已变得无法辨认。我们在属灵派为保护信仰纯全性的努力中察觉一种防御性的反应——这一反应在继他们之后的现代文明中在更大范围内被重复。将神性实在纳入人类经验的做法与人类之独立于一切和神的联系的世俗主义断言之间难分彼此。唯有紧张地被经验到的神性实在的吸引力才在人类存在中起到秩序之源的作用。

来自新兴世俗主义政治构造的一方消除紧张的斗争也同样徒劳无益。它们无力将自身置于牢固的基础上，这在领土性的君主们致力于确立神授正当性的努力中完全是显而易见的。他们不得不围着由皇帝做出的神圣授权打转，历代法国国王尤其设法将自己包裹在超凡魅力甚至圣徒式权威的外衣下。君主们对政治秩序之本质的直觉要比世俗主权理论家们可靠得多，因为他们意识到他们的权威若仅仅依赖他们自身以及一种空洞的赞同表示，这种权威就是功能不全的。他们可能会因为存在一个制度上独立的教会而感到恼火，但他们认识到，若不靠一套精神秩序提供共同体纽带赖以维系的本体（substance），他们就无法建立政治秩序。他们的行动以及诸如强调神圣 concordantia［和谐］的库萨的尼古拉之类的共同体理论家们的思想，都强调世俗领域的精神依赖性。一种全然世俗的状态毕竟是不可能的。

既不能取消这一紧张，唯一的出路就是争取找到解决其紧急状况的一个适当的平衡方案。沃格林在这个结论中提出但未完全清晰表达的暗示是，对于自由确实不可以被取消的认知。秩序在任何历史时代都无法最终实现，这对人类而言在某种程度上是一种解脱。每一代人都必须担负起这一斗争并在此过程中运用［18］自由——自由乃是实现人性的唯一法门。无论对世界的精神化抑或对一切精神性加以世俗主义的遣除都无法免去我们的负担。我们不得不在我们现实存在的处境中再一次寻找方法，以维持对超越之善的吸引力的信仰。问题在于，指出该问题与提供一个解答——即便是临时性的解答——不是一回事。沃格林所标出的中世纪晚期信仰与理性的文明分裂，至今尚未消失。整个现代已经在同它的后果斗争，我们仍将面对这些后果。当信仰在科学之理性批判面前被迫移居私人内部世界，而世俗理性以技术的形式漫无目的地漂泊时，如何才能使它们走到一起呢？

在许多方面，这可以视为沃格林作品背后的核心问题。他是这种文明分裂的治疗者，而不是任何一方的发言人，他在本卷中对首次出现于该时代的问题的本质的反思令人入迷。他的所有评论，都发自对中世纪晚期针对这一在现代变成公开决裂的分裂所提出的各种回应之不足性的认识。只有圣托马斯与库萨的尼古拉是了解这一挑战并起而回应的人物。在沃格林看来，托马斯介于中世纪世界与现代世界之间，他提出了一套维持中世纪平衡之精髓的典型综合哲学，并以将它传至现代的处境中为指归。但托马斯无力改变历史进程，他的综合成就过分拘束于一个即将被取代的世界的话语。正如沃格林在其他地方谈到，还需要一位新的圣托马斯。将沃格林本人的作品视为恰好是这样的努力，并非过于离谱。解决诸如不同的创世观所呈现的冲突，不能像奥卡姆那样规定一条隔离信仰与理性两个领域的防疫线，而是要承认它们"作为一个辩证性的界限问题，不可能在明确有限的诸范畴中有答案"。沃格林接着解释说，神学的真理"如果被理解为一些关于世界的经验性结构的命题是毫无意义的，除非能从其他来源描述其正确性。康德称这种来源为'实践的利益'，如今[19]我们更喜欢用符号来谈论根本性的宗教经验的表达，这些符号从它们所表达的经验中获得说服力"。① 顺便说一下，这个看法表明沃格林已经与严格意义上的观念史研究决裂，开始专注于经验和符号。

沃格林的这个重大理论突破，与他同中世纪晚期出现的文

① 见本书第 109 页。

明分裂的斗争密切相关。他知道，现代世界中秩序的重建有赖于探索弥合此缺口的方法。但在我看来，他没有恰当地认识到那从中世纪传承至现代世界的秩序，隐然是整合超越领域与属世领域两者的一条道路，尽管这条道路没有赋予两者的关系以哲学上的清晰表达。这就是宪政和自由主义的政治传统，沃格林认可学界的主流意见，将它的出现定位在中世纪。他不承认这一传统内部的哲学－基督教本体的传承，这在某种程度上也许与他对这个传统的成就和前途的保守估计有关。毕竟，他见证了魏玛共和国向第三帝国的蜕变。此外，也许还因为自由主义宪政传统明显地缺乏哲学上的连贯性，致使它的不可靠性看起来比实际所具有的更突出。无论如何，他对立宪论之发展的具体探讨，清楚地解释了它根源于信仰与理性的中世纪综合，它是中世纪世界传承下来的最主要的秩序成就。

立宪论与哲学－基督教综合之间的关系，仅在他对托马斯的探讨中解释清楚过。在我看来，沃格林对这个综合在后一传统中被潜在地维持下来的程度认识不足，但在探讨“天使博士”(Angelic Doctor)时的确以惊人的说服力陈述了这种关系的要旨。他在托马斯的综合中看到促使自由自主的个人得以形成的基本来源组合，这种个人对相应政治形式的要求，是[20]自由主义宪政传统的内核。他列举了几种主要本源：“亚里士多德政治理论、罗马政制、以色列原始民主政治和王权、意大利市镇民主政治经验、基督徒自由情感。”它们共存于一个不成体系的连续体中，从一切人的参与和成熟个人的自由这对孪生信念中获得凝聚力。沃格林认为，这一连串的政治本源仍不失为一个召唤性的组合，它或许在多明我会内部有其最大的适用性。

> 尽管如此，它代表自然和基督教唯灵论在政治中的综合，作为这一综合的符号，无论其创始人是否被明确提及，它都主导了西方政治直至今日的发展。①

托马斯所达到的政治综合当然是对健全理智的自由与信仰灵光之间的更大综合——亦即他通过全面阐述自己对“真理中的万物秩序即上帝中的万物秩序”的根本确信而完成的综合——的一个反映。信仰与理性不可能冲突，因为它们反映一个神性本源，而托马斯已经找到在一个整体中保持它们独立性的方法。在沃格林看来，这一范例即便没有被遵循，仍“决定性地影响了西方世界的思想命运”。

圣托马斯的综合范例为信仰与理性之间可能的整合提供了一个吊人胃口的证明。诚如沃格林叙述这段历史时所言，圣托马斯无法取得更大成就了。解体的力量实在过于强大，单个人的思想领悟无论多么深刻，终究无法扭转历史方向。“基督教历史经律主义”随着“理性批判”的出现而无法立足。正如奥卡姆所认识到的，它只能靠严格地强调它们的区分而得以维持。沃格林后来开始认识到，托马斯所精辟阐明的平衡本身因倾向于经律主义或命题主义的解决方案而误入歧途。理性与启示在经验中的终极本源仍晦暗不明，结果，托马斯的综合助成了它所试图避免的崩溃。

> [21]基督教神学富于想象地将柏拉图的 nous[努斯]

---

① 《沃格林全集》第 20 卷，《政治观念史稿》卷二，《中世纪（至阿奎那）》（*The Collected Works of Eric Voegelin*, vol. 20, *History of Political Ideas*, vol. II, *The Middle Ages to Aquinas*, ed. Peter von Sivers, Columbia: University of Missouri Press, 1997），第 222、223 页。

> 降格为“自然理性”——真理的一个来源，从属于首要的启示来源——而使努斯变质。因这种想象性的遗忘，努斯作为“第三个神”这一柏拉图愿景中的启示性紧张被遮蔽了，目的是让教会获得对启示的垄断。但是历史进行了它的报复。作为仆人的神学家所想象出来的非启示紧张，在反抗教会的启蒙运动中变成了实实在在的反启示理性。①

只有一种非教条主义的神秘主义能够领会这两种形式在其一个本源上的统一，沃格林在现代世界中的思想英雄们，正是以此求索为标志。

与中世纪世界观这种理论上的解体相对照，政治实践中出现一种新的统一。宪政传统的发展，最终塑造了现代自由主义民主秩序，长期以来已被视为中世纪史的一段极重要的插曲。我们甚至可以说，认为中世纪时期是立宪论的序曲，如今在研究界已成为主流的认识。沃格林以一种可以与更晚近的研究相媲美的洞见和深刻展示了这个面相。关于中世纪期间大炮、国法的出现以及具有宪政性质的制度、观念的形成，人们现在知道得更清楚了。但是沃格林的分析主线仍然有效，而且在总体平衡方面比现有的研究更高明。其不足之处上文已提到过，即不承认自由主义宪政传统是对秩序的哲学－基督教本源的公开有效的召唤。

然而，缺乏对自由主义宪政传统之出现的全部意义的承认，并没有使他对这一过程本身的分析变得暧昧不清。沃格林的解释，高明之处就在于他对共和主义观念与共同体的本体之

---

① 沃格林：《秩序与历史》第 5 卷，《寻求秩序》(*Order and History*, vol. V, *In Search of Order*, Baton Rouge: Louisiana State University Press, 1987)，第 43 页。

形成这两者关系的认识。大多数学者只要勾勒出自由观念与宪政自治的发展便已心满意足,[1]而[22]沃格林坚持认为,观念只有与实存的、促使它们被清晰表达出来的政治实体相联系时才是可理解的。在这个意义上,他的分析比起当代关于政治观念之历史背景的研究更符合历史,因为沃格林体察到历史上的观念与由它们所创建的政治实体之间的更紧密联系。沃格林评述道:

> 立宪论一词,不是一个概念,而是一个符号,意指一个总体上连属化的体系,然而仅只把该体系的一些附带成分纳入其明确内容中。[2]

关于宪法符号的这种更深入分析,致使沃格林给出对那个使这些符号在政治上变得有效的制度发展过程的丰富理解。这种分析是关于建构了自由主义民主政治的具体政治步骤之分析的杰出范例。例如,在提及自 12 世纪以降西班牙、西西里、英国和法国的代表型会议的出现之后,他提出了这个现象的意义问题。他坚持称,这种意义只能在当时的诏令中找到。在那里可以辨识出共同体意识的形成过程。新出现的事物不仅仅是代议员之派遣,而是共同体的出现,它们自身的连属化

---

① 例子见 Brian Tierney:《宗教、法律与宪政思想的发展》(*Religion, Law, and the Growth of Constitutional Thought, 1159－1650*, New York: Cambridge University Press, 1982); Richard Tuck:《自然权利理论:起源与发展》(*Natural Rights Theories: Their Origin and Development*, Cambridge University Press, 1979);以及《剑桥中世纪政治思想史》(*Cambridge History of Medieval Political Thought*, ed. J. H. Burns, New York: Cambridge University Press, 1988)中的相关章节。

② 见本书第 144 页。

要求代议员之派遣。君主已不再在事实上代表整体，各单独共同体如今必须代表它们自身。当然，这个过程后来在个人代表制中达到极限。精神领域与世俗领域都显示了“这种由精神上活跃和成熟的个人所构成、通过选举程序而变得连属的新型共同体”的诞生。①

对共同体之形成的自我意识一旦出现，代表制及其伴随要素就会应运而生。沃格林的分析的巨大功绩在于让人们注意到针对一个较大公民团体的参与意识逐渐兴起的过程。只有在一名成员可为整体作决策这一前提获得认可的情境中，代表制才是有意义的。[23]沃格林相当强调团体式商议这种逐渐发达的做法，将它视为自治制度发展的温床。

> 形成有能力进行商议和决策的团体的过程，比已有大量讨论的附带而来的代表制之发展远为重要。因为这些团体是适于行动的社团，而由代议员代表郡市的代表制，只是一种不可避免的技术，一旦被代表的本体像这样被意识到，这项技术就会发展起来。②

这必然得出，这些制度的成功延续，关键在于要有许多自视为某一整体成员的成熟个人。自治肇端于共同体中，而不是原子式的个人中间。

关于是什么促使共同体责任与特权意识得以形成的历史问题，沃格林在他对英国这一典型案例的分析中作了极为精审的探讨。与公民自由权的“英国传统”的流行观念相反，他表明此

---

① 见本书第153页。

② 见本书第137页。

类权利主张乃是一个后来在思想上变得清楚之前很长时间就已开始的过程的结果，而不是它的原因。不是英国人比其他大多数民族更长于维护他们的权利，而是一种强势君主制的发展使一系列封建自由权得以维持，这些自由权后来能够作为对抗绝对王权的权利而得以维护。在沃格林的解释中，甚至著名的《大宪章》所关注的也更多是出现于封建社会、以民族的宪政秩序为指归的国王权力巩固，而不是叛乱男爵们的权利。国王强迫臣民参与决策的历史过程涵育了自治习惯，由此最终产生了防止王权进一步侵害的相应权利、特权和主张。①

福蒂斯丘爵士晚年的著作对 dominium regale[君主]向 dominium politicum et regale[君民共主]的转变作了精彩的分析。沃格林总结说：

> 现代宪政体制绝不是在制度的平台上演化来的，而是由观念在制度上的叠置演化来的，这种叠置是在一个完全不同的[24]情绪和观念场域中逐渐出现的。我们可以把中世纪与现代制度的关系问题简单地表述为，产生于封建权力场域的制度构成了一个新的事实，促使那些使制度进一步朝宪政方向发展与解释的观念和情绪得以兴起。②

宪政思想的这种自发生长与更大的形而上实在秩序之间的关系，到目前为止仍然是一大问题。在本卷中，只有一位思想家上升到对之加以反思的高度，那就是库萨的尼古拉，沃格林探讨

---

① 参考 James C. Holt：《大宪章》(*Magna Carta*，Cambridge：Cambridge University Press，1992)第 10—11 章。

② 见本书第 135 页。

了他在年代学和哲学上的终结性角色。在洞悉库萨作品的神秘主义成分的政治意义方面，沃格林的研究再次显得无与伦比。库萨在公会议运动中的角色是众所周知的，正如他的作品对于代表型政府观念之发展的意蕴是众所周知一样。但人们很少知道库萨对代表和同意的纯制度形式的不足性的认识。若没有共同秩序背后的支承性精神、共同的责任感、和谐，外在的形式就没有多大用处，巴塞尔会议已证明这一点。库萨对普遍和谐——亦即 concordantia catholica[公教和谐]——的本源进行了深思熟虑的探索，这种和谐将赋予空洞的宪政程序以本体。这使他的注意力转向秩序和谐，人在这种和谐中发现自身，因而它必定是人能够在自身中发现的唯一和谐本源。正如宇宙是作为一个等级体系而组织起来的，在这个等级体系中，每一层都以相互之间的吸引力为纽带与其周围各层相连接，社会秩序也应该通过互爱关系来安排，通过互爱，整体秩序中的不同角色都被接受。正如最高层级的和谐统一是神的三位一体，三位一体内各部分完全为一，因此正是神恩，指引一切较低的层级通向相应程度的彼此和谐。它是对作为万物在上帝身上的神－宇宙－人的统一的神秘体的一种新召唤。在政治上，这一召唤转化为一个秩序愿景，当中聪明人与蠢人的差异服从于他们更深层共同体的实在。[25]最为重要的信任情绪是一个被认可的政府所必不可少的核心要素。由于信任，不怎么直接参与的人对主事者的同意变得合情合理。没有信任，管辖权就纯粹是一种强力。

和谐的灵感使库萨能够对直到当时为止的代表型制度予以完整的阐述。库萨超越了奥卡姆支离破碎的程序主义和唯信论的宗教情绪，能够再次将两部分结合在一起，因为他有一个关于整体的综合愿景。正如沃格林所表明的，它之所以是一种能够同时承认一套实在论形而上学的实质性信仰，恰恰是因为它扎根于对信仰与理性两者的超越敞开性的认知。在对库萨的神秘主义综合的探讨中，我们不难看出沃格林本人在往后几十年里更加执着持守的道路。信仰与理性的统一在一个反思体系的形成过程中已无法找到，如今要在生命本身的前反思的统一这种唯一的实在中寻找，在那里才可以找到。在那里，在人类灵魂面向超越领域之敞开性的初始统一中，万物的隐晦统一得以被瞥见，且可以为万物最终复归其共同本源这个愿景提供基础。沃格林在他对中世纪世界的研究的最后几页中表达了对库萨的神秘—宇宙—历史愿景的好感。他发觉：

> 准确地讲，中世纪的神圣帝国被消解为教会与诸民族的 societas perfecta[至善社会]之时，正是神秘体的范畴从普世基督教被转化为众多特殊的民族身体之日，新的人类和谐，为那个库萨人以新的知性神秘主义力量所召唤。脱胎于神圣帝国的诸民族，没有变成一堆缺乏神恩的野蛮权力的事实；对人类和谐的神秘信仰，依然作为一道永恒之光普照着它们，殊胜于诸时代的不和谐。①

在准备出版沃格林手稿的过程中，我遵循了把这套书作为一个整体来研究的思路。作者的遣词造句尽可能保留，我相信大多数读者[26]希望听到沃格林本人的声音。改动之处主要限于细微的文字修正。关于这项工作，我要感谢密苏里大学出版社的拉戈(Jane Lago)。为了使文本更便于当代读者利用，我更新了注释引用的文献资料，翻译了非英语的引文，使用更合乎标准的人名拼写。通常情况下沃格林都给出了他自己的翻译，我

① 见本书第 266 页。

对这些地方未予重大改动。他没有翻译的段落，我均参照已发表的译本译出，若没有现成译本，译文责任在我。感谢美国天主教大学出版社的麦格纳格尔(David McGonagle)就几段较晦涩的拉丁文鼎力襄助，感谢桑多兹(Ellis Sandoz)给予我始终不断的建议和鼓励，洛登(Tom Lordan)在关键阶段提供了研究辅助。

沃尔什(David Walsh)

第三部分
神圣帝国(卷二续)

四　教会与诸民族

第十三章 时代特征

一 中世纪与文艺复兴之间的悬疑

[37]圣托马斯(Saint Thomas)的作品,无论在精神上还是在智识上都是对于当时力量的一种胜利,但它并没有改变这些力量的进程。托马斯身后的情绪(sentiments)和观念与他生前完全是连续的。尽管如此,一个时代还是划出来了。这倒不是因为可能有某种全新的要素登上了历史舞台,毋宁说,是因为已经进行了一个世纪的种种变化的累积效果。当时的人们几乎觉察不到这些新的力量和情绪的革命性质,因为它们发展得十分缓慢。

这些变化之缓慢,又没有一桩可以标志这个时代的重大事件,加之这段时期的人们缺乏深入的自我解释,造成在如何描绘这段时期的问题上存在着五花八门的意见。有些史学家倾向于认为这段时期——至少其早期阶段——带有明显的中世纪特征,有些则笼统地称之为"政治复兴时期"(the Political Renaissance)。在《时代的结构》一编里，[①]我们已解释过为什么我们很少重视此等纷纭众说。要紧的问题是情绪的结构以及对它们的细致描述。我们当然可以把但丁归为中世纪人物，因为他心中念念不忘帝国和约阿希姆传统里的属灵教会。但他也是自古代之后以诗人权威向欧洲公众讲话的第一人。正是由于[38]这种权威，他可以被视为文艺复兴时期的人物。此外，如果我们考虑到帝国和属灵教会的时代早已过去，而他还在作品里召唤(evoke)它们，则我们或许会发现他身上有保守派和浪漫派的色彩，这些色彩不属于一种召唤(evocation)的盛期，而是出现在革命性变化的曙光将它压倒之后。

我们研究博尼法切八世(Boniface VIII)这个人物时也会碰到类似的问题。"最后的中世纪教宗"的标签似乎仍有一定市场。就博尼法切八世曾自诩为格雷高利七世(Gregory VII)与英诺森三世(Innocent III)合二为一的化身而言，这一标签是有道理的。然而，当他试图依此信念行事时，他遇到了法国人的反对。他发现自己不过是博尼法切八世，是一个强大的官僚财政组织的首脑，这个组织与同样强大的法国政府的利益相冲突。在深受伤害之后，他开始抱怨 superbia Gallicana[高卢人的傲慢]。此外，他的对手们所扮演的角色和冲突最终呈现的方式都很难说是中世纪的。诺加雷(Guillaume de Nogaret)这位奇怪的法学教授兼法国王室官员，伙同枢机主教科隆纳[②]，带领一帮

① 《沃格林全集》第 20 卷，《政治观念史稿》卷二，《中世纪(至阿奎那)》(*The Collected Works of Eric Voegelin*, vol. 20, *History of Political Ideas*, vol. II, *The Middle Ages to Aquinas*, ed. Peter von Sivers, Columbia: University of Missouri Press, 1997)，第 103—204 页。

② [译注]指 Sciarra Colonna，又名 Giacomo Colonna (1270—1329)。在阿纳尼恐怖日中，据说他曾经打过教宗博尼法切八世的耳光。阿纳尼是罗马东南的一个古老城镇，在今天的拉齐奥区，是博尼法切八世的故乡。

士兵猛攻教宗在阿纳尼的宫殿，威胁寝宫里正在生病的教宗，这当然不是中世纪社会结构里可以设想的事件。“阿纳尼恐怖日”(the terrible day of Anagni)是一桩最典型的文艺复兴的野蛮事件。公众对这些风云人物的反应倒很“中世纪”。极少有人像博尼法切八世那样受尽诋毁。对众多证据的仔细研究表明，他衰老、多病、脾气坏、鲁莽、贪婪、过分关心自己家族的利益，而且自我感觉十分良好，总之不是一种能结交朋友的性格。但是，有关他的恶习、离经叛道以及总体上敌基督的品质之类的恶毒谴责要是能证明什么，那就是他是一个魔鬼般的人物，在某些方面或许可与弗里德里希二世(Frederick II)相比。这种伟大的个人在当时还没有得到公众的认可，当他坐在教宗宝座上时更是如此。博尔吉亚、罗维尔和美第奇等家族的教宗的时代尚未到来。不过，诺加雷也走得太远了。袭击教宗不是当时的舆论消受得了的，他不得不以余生的精力为自己的所作所为解释和辩护。

二　政治重心向西部转移

[39]鉴于多重心态、多种情感的复杂性，任何将这段时期笼统地划归中世纪或文艺复兴时期的做法看来都不合适。我们必须洞悉当时情境的构成要素。从政治力量场域的外围开始，我们要注意到十字军精神的衰退。1291 年阿克雷的陷落，[①]未能激起欧洲列强采取行动。国内政治以及欧洲列强之间的争斗吸引了君王们的财富和各族人民的兴趣。一些小规模的十字军冒

---

① ［译注］Acre，亦作 Akko 或 Akka，以色列西北部、濒地中海的城市，地处海法(Haifa)湾北端，是入侵欧洲的重要通道，历来为兵家必争之地。

险行动仍在进行，但伟大的十字军扩张精神已走到尽头。在东方，土耳其人开始推进。1354 年，他们侵入欧洲。到该世纪末，他们已扩张到保加利亚和塞尔维亚境内。1453 年，君士坦丁堡陷落。到 15 世纪末，巴尔干半岛和亚得里亚海沿岸成为土耳其人的地方。

在中部，帝国已不复存在。作为一种征象，比"大空位期"(the Interrregnun)本身更重要的是，德意志的大诸侯中没有谁对当皇帝抱有很大兴趣，只是在教宗会指派一位皇帝的威胁下，他们才于 1273 年选出鲁道夫一世(Rudolf I)。这位新皇帝旋即放弃了对意大利的一切权利要求。在亨利七世(Henrry VII)1310－1313 年间在意大利的短暂插曲——它曾激起了但丁的希望——以及路易四世(Louis IV)远征(1327－1330 年)之后，德意志皇帝们的政策陷入王朝世袭领地(dynastic Hausmacht)扩张的模式。

霍亨斯陶芬皇室衰落后，法国的权力开始在西部崛起。"大空位期"似乎有利于法国人扮演德意志人所丢掉的皇帝角色的渴望。贝内文托战役和塔利亚科佐战役后，安茹的查理(Charles of Anjou)能够通过同时统治北方和南方，以法国取代德意志，以西西里国王的身份继续实施霍亨斯陶芬家族统治欧洲的政策。他追求的长远计划是以牺牲希腊人为代价创建一个地中海帝国。1273 年，他推动他的侄子、法国国王去选德意志皇帝而没有成功。直至 14 世纪初，法国的帝国政略仍然是一个因素，这种因素体现在迪布瓦的计划中，他打算建立一个[40]法国霸权宰制下的西方世界和近东地区的组织。而到这个世纪中叶，法国的资源用于跟英国的百年战争(1338－1453 年)中去了，结果是法兰西民族版图的巩固。百年战争在时间上与土耳其在东方的推进并列进行，在君士坦丁堡陷落那年结束。

最后，我们应当考虑那场最终将西方文明输往世界各地的伟大运动：15 世纪的地理大发现。葡萄牙的亨利王子（Prince Henry）担任基督会（the Order of Christ）修道会长时，利用基督会资金装备了远航探险队，目的在于勘探海路，以便基督教军队从南方和后方向阿拉伯和土耳其的侧翼发动攻击。从这点看来，地理大发现与十字军东征有直接关系。这些尝试开启了一系列远航探险的先河，其间，人们考察了非洲沿岸，于 1487 年首次绕过好望角。此外，托勒密《地理学》译成了拉丁文，地圆说日益盛行，最终导致向西航行至亚洲的尝试及 1492 年发现美洲。在 1300－1500 年这 200 年间，西方世界的经济和政治重心从中欧和地中海地区转移至西欧列国，政治生活的动力也从十字军的东方扩张转变为通过海路向美洲、非洲和亚洲的海洋型扩张，西洋列强在 1500－1900 年间的政治主宰地位，此时已经奠定基础。

三　教会与诸民族之间的冲突

在前面的章节里，我们已几次提醒读者不要误以为属世权力（temporal power）是一种现代意义上的政治权力。在罗马－基督教时代和在 sacrum imperium［神圣帝国］里，属世权力总是或明或暗地被理解为皇帝的权力。“主教叙任权之争”（the Investiture Struggle）不是教会与世俗政府的冲突，而是在一个帝国单元（unit）之内以教宗与皇帝为代表的两套秩序之间的冲突。我们应特别注意到，属世权力，尽管与属灵权力（spiritual power）判然有别，但也是［41］corpus mysticum［神秘体］中的一种超凡魅力的权力。帝国内部的超凡魅力属世权力转型为现代意义上的政治权力的重大过程，是与教会方面教廷在帝国秩序内部的属灵权力转型为教会组织，从而成为与诸世俗政治单元分庭抗礼的独立权力单元的过程并列进行的。我们已注意到，在圣方济各(Saint Francis)那里，ecclesia 一词还原为僧侣统治的意义，而在圣托马斯那里，属灵权力收缩为一种凌驾于众多政治单元上的组织。在那些法学家一教宗手里，教会提出的要求已逐渐且无可挽回地从对一套精神秩序的要求，转变为对法律权限的要求。至13 世纪末，教会本身已成为一个在组织上类似于绝对王权君主国(absolute monarchy)的权力单元。要大规模地维系这个权力组织的有形存在，实施其政治目标，势必需要一套国际性的税收体系和财政管理，而这跟正在成长、日趋封闭的民族政治单元的利益相冲突。圣托马斯之后的那个时代的教会历史，是教会与政治列强相冲突的历史，也是教会与诸民族的政治力量之间试图寻求某种可行关系的历史。

这种冲突的第一阶段是博尼法切八世与法国的公开斗争，结果是阿纳尼事件。第二阶段以 1305 年教廷从罗马转移到阿维尼翁以及 1378—1417 年间的“大分裂”(the Great Schism)为标志。第三阶段的特征是着眼于三大目标的公会议运动(the Conciliar movement)，即重建教会的统一，朝有限君主制的方向改革教会，以及解决新的异端问题。15 世纪是诸重大公会议的世纪，有 1409 年的比萨会议、1414—1417 年的康斯坦茨会议、1431—1449 年的巴塞尔会议。第一个问题，教会统一，通过 1417 年马丁五世(Martin V)当选并获得一致认可而得以解决。第二个问题，教会的内部组织，因这些会议本身的程序而在实践上有长足的进步。议会制的办法、委员会制度的演化以及由各民族代表团组成委员会的组织方式等，都是迈向代表制、议会制政府的举措。尽管教政改革本身失败了，但这些举措却对世俗政治领域产生多方面的影响。对胡斯派问题的谈判最终取得
[42]一个重要成果，即 1433 年的《协议》(*Compacta*)，这是教会

与异端教派的第一个和约。不过，胡斯派问题相对而言无关宏旨，关于重要得多的希腊问题的谈判却失败了。尽管如此，《协议》的潜力是不可限量的，它或许开辟了一条处理始终高涨的异端浪潮的道路，即沿着一个基督教会本体联盟的路线往下走。然而，公会议运动大势已去。1450 年大赦年，教廷可以庆祝它成功地挫败了对教会做出调整来适应新情况的企图，在 16 世纪路德（Luther）和加尔文（Calvin）的冲击下最终破产的僵化政策，已确立起来了。

第十四章　绝对教宗制：罗马的吉莱斯

一　《一圣教谕》

[43]教廷与法国之间爆发冲突的诱因征示着我们如今要进入的那个新的情绪世界。博尼法切八世试图调停法国与英国的王朝战争而没有成功。由于持续的战争破坏了教廷的财政利益，教宗于1296年以《平信徒教谕》(*Clericis Laicos*)的形式向法国和英国的圣职者发布命令，不准他们向国王缴税。法国王室即以禁止金银出口作为报复，这项措施切断了教廷来自法国的岁入。接下来几年，双方达成妥协。1302年，双方因国王的主教叙任权问题再起争执，一场新的冲突接踵而来，导致著名的1302年《一圣教谕》(*Unam Sanctam*)，宣称教宗的属灵权力高于一切属世权力。这份重要的宣言说："兹谕，任何人之欲得救均须服从罗马教宗。"属灵的剑和属世的剑均执于属灵权力之手，属灵的剑由其自身运用，属世的剑则在属灵权力的意志和容许下由国王们代为运用。属世权力若是越轨，将面临属灵权力的审判。这些笼统的表述没有被详细地阐明，因此人们无法明

确地知道它们转变为制度化的权限究竟意味着什么。不过，教宗声称具有凌驾于俗世统治机关任职者的差不多是无限的权力，则是毫无疑问的。

（一）帝国政策与对外政策

[44]对《一圣教谕》的解释，在当时就晦暗不明，至今依然，这乃是政治情绪所致。教廷对法国财政事务的干涉，间接地是对法国对外政策的干涉，对外政策在当时已显然受到民族情绪的影响。法国国王对教廷干涉的抵制获得舆论的支持。《平信徒教谕》和《一圣教谕》必须合而观之，它们表明教廷对属世政治事务的干涉从间接向直接的演变。

《一圣教谕》一直在这个意义上为一般人所知，至今犹被描述为一份表达了祭司傲慢的声名狼藉的文件。从已确立的主权政府的观点来看，这种评判是可以理解的，主权政府均不愿忍受对其民族政治生活的任何外来干涉，声称由一个教会来决定一个现代大国的政策，在政治上肯定是不切实际的。但史学家不应该让现代的政治情绪蒙蔽了视听。在博尼法切八世时代，封闭的主权民族国家尚不存在，它正从封建权力的场域中脱颖而出。教宗与法国发生冲突之际，正是世俗的民族政治生活问题发端之际，后者与教廷利益毫无关系。在此之前，属灵权力和属世权力的政治利益总体来说并行不悖。西方帝国的确立和扩张时代过后，是十字军东征中的西方帝国主义时代。西方内部的权力政治开始随格雷高利[1]时代边疆诸国的反帝国组织和帝国的反包围政策而发

① [译注]指格雷高利七世（约1020—1085年）。格雷高利七世原名希尔德布兰德(Hildebrand)，1073年当选教宗，一生以鼓吹教宗权力至上、对抗神圣罗马帝国皇帝而闻名。

挥影响力。但在权力政治的这一阶段,教廷仍站在斗争的一方。博尼法切八世面临的是一个全新的局面,教廷已经不见容于西方世界的主要政治事务。当教廷的利益仍在于墨守成规,使西方统一于对抗东方穆斯林的政策之下时,世俗的政治利益已朝着西方的特殊化(particularization)的道路前进了。英法战争极大地吸纳了西方内部的资源,以至于西方作为一个整体的有效对外政策——这一政策的担纲者如今唯有教宗——变得不再可能。

《一圣教谕》所用的仍然是属世和属灵权力的词汇,背后的问题却是[45]从基督教西方的共同政策向各特殊单元的世俗主义政策的转变。现代意义的"对外政策"开始成型,它主要关心的是西方内部的权力单元之间的政治关系。博尼法切八世试图在属灵权力至上的陈旧外衣下,通过反抗西洋列强的特殊主义政治来捍卫西方共同利益的至上性。因此可以说,他不仅仅是最后一位中世纪教宗,还是在皇帝不再作为西方政策担纲者之后的最后一位中世纪政治伟人。①

(二)权力等级制

因属灵权力干涉属世事务而产生的激愤之情同时遮蔽了一个事实,即《一圣教谕》条文并非轻率制订,而是经过了缜密的分析。即使那些对《一圣教谕》的最精彩描述也没有注意到,它不仅仅是一份外交文献,而是包含对西方权力之道(rationale of

---

① 关于政治模式的转变及其与税收问题的相干性,见 T. S. R. Boase 的杰出研究:《博尼法切八世》(*Boni face* VIII, London: Sherrer Ross, 1933),第 133 页以下。关于大致的历史背景,见 K. Pennington 的《教宗与主教:12、13 世纪的教廷君主制研究》(*Pope and Bishops: A Study of Papal Monarchy in the Twelfth and Thirteenth Centuries*, Philadelphia: University of Pennsylvaruia Press, 1984)。

power)的一个重大发展。教谕以保罗的格言,一切权力都是神"所命的"(all power is "ordered" by God)(罗 13:1)作为开篇,分析"秩序"(order)的意义。一套权力"秩序"意味着众多权力必处于一个等级关系中。低等权力必须依赖中间权力而从一个最终来源于上帝的最高权力那里衍生出来。托名狄奥尼修斯的(pseudo-Dionysian)等级制理论被引证来支持这一建构。

> 因为根据宇宙的命令,万物不能是平等的、无中介的,相反,最低等的事物通过中介被纳入秩序,较低等的事物通过较高等的事物被纳入秩序。

属灵权力在地位上高于属世权力,从这个被视为显而易见的前提出发,再加上托名狄奥尼修斯的权力等级制理论,必然导致属灵权力创制并调节属世权力的结论。

我们以前在巴约讷的贝特朗(Bertrand of Bayonne)的著作中已遇到过托名狄奥尼修斯的等级制理论;当时它被用来建构教宗在教会等级制内部的绝对地位。[46]《一圣教谕》的建构不过是将贝特朗的理论从教会秩序扩展到包括属世领域在内的一般权力理论而已。阿布维尔的热拉尔(Gerard of Abbeville)的批评对这一放大了的理论同样有效:神秘体的构成理论被一套新的权力学说取代。在神圣帝国的理论中,超凡魅力是直接由上帝授予的,神秘体内部的各种职能被自由地行使,成员们因保罗意义上的互爱而团结在一起(林前 13)。权力等级制理论是一种新元素,与保罗和格拉西乌斯[①]的教义都相抵牾。它将这一旧有的基督教召唤朝一个等

① [译注]格拉西乌斯一世(Saint Gelasius I,? —496 年),492—496 年任教宗,主张神权(auctoritas sacrata pontificum)和王权(regalis potestas)彼此独立,均为上帝所授。

级体系的方向理性化，等级体系金字塔顶端是一个绝对的权力。

这一努力在政治上的失败不应该使我们怀疑它在西方宪政理论史上的作用。超凡魅力和格拉西乌斯式权力平衡的理论，只有当属世权力多少是由无竞争对手的唯一帝国首脑所代表时才是切实可行的。在统一的基督教人类分裂成众多民族政治身体（national bodies politic）[①]时，绝对主义的权力等级制建构不失为一条挽救西方人类的精神统一的可行途径。如果这一努力失败了，可能的结果是随着帝国权力解体而来的属灵权力的解体。诸属世权力单元会倾向于谋取独立的精神单元之地位，正如随着作为西方政治共同体的唯一精神决定因素的民族主义的兴起，它们实际上所做的那样。

二 罗马的吉莱斯(罗马努斯)

《一圣教谕》的观念应当放在一个智识讨论的环境中理解，其中最重要的文献是罗马的吉莱斯（Giles of Rome[Aegidius Romanus]）所撰写的《论教会权力》（*De ecclesiastica potestate*）。[②] 一般认为，这本出自教宗顾问之手、在时间上仅早于《一圣教谕》几个月的论著，对《一圣教谕》有巨大影响。《一圣教谕》的大部分关键表述似乎逐字照搬了这本论著的第一章。[47]在吉莱斯的作品里，绝对王权者理论的渊源和意涵实际上已变得十分清楚。我们或许可以在两大渊源之间做出区分：圣

① [译注]政治身体（body politic），一译"政治实体"。指在一个单一的政治权威之下组织和统一起来的民族。这个术语跟有机体比喻有密切关系，详见本书关于马西利乌斯和福蒂斯丘的章节。

② 此处用的版本是吉莱斯：《论教会权力》（*De ecclesiastica potestate*，ed Richard Scholz，Weimar：Böhlau，1929）。

维克多的胡格(Hugh of Saint Victor)的神秘主义以及源自知识人悲悯之情的一套全新的权力观，这种人愿意以当权者顾问的身份，担负起统治蒙昧的下级臣民的重任。

（一）圣维克多的胡格的神秘主义

从胡格这位12世纪中期活跃于圣维克多学派的德意志神秘主义者那里似乎产生了罗马的吉莱斯——因此也是《一圣教谕》——的两个基本观念。在《论基督信仰之圣事》(*De sacramentis fidei Christiana*)里，胡格曾经召唤尚武的基督教人民观念：因信仰和圣教规章而合为一体的基督的ecclesia[教会]，分为俗人、圣职者的肉体秩序和精神秩序，该单元内的sacerdotium[教权]有高于regnum[王权]的精神的、圣礼的和审判的至上权。这一召唤是符号主义的(symbolisitic)，并未涉及两种权力的制度上的界限。这种对符号性的(symbolic)、不确定的精神至上权的召唤，跟胡格对托名狄奥尼修斯论天使等级的论著的旨趣是一致的。[①]

这部论著中的一段既影响了吉莱斯的《论教会权力》，又决定了《一圣教谕》的以下关键性表述：

> 既然灵魂的生活较尘世的生活为尊，灵魂较肉体为尊，因此属灵权力也同样地较世俗权力为尊。
>
> 人间的权力必须经属灵权力创制方能存在，如果它不好，属灵权力必须审判它。事实上，属灵权力本身最初是由上帝创制的，它若步入歧路，只能由上帝来审判，正如《圣经》所言："属灵的人能看透万事，却没有一人能看透了他。"(林前2)《旧约》中那个最初由上帝创制

---

① 圣维克多的胡格：《论基督信仰之圣事》，米涅编《拉丁教父集》第176卷(*De sacramentis Christianae fidei*, Migne, Patrologia Latina, vol. 176)。

> 祭司之职的古老民族中间，据明确宣称，属灵权力既仰承神命，在时间上是为先的，在地位上也较尊；王权实际是后来由祭司据上帝的命令设置的。因此，教会中祭司的尊荣依旧圣化帝王的权力，以祝祷使之圣洁，以加冕礼为之正名。（译自英译本《论基督信仰之圣事》[*Hugh of Saint Victor on the Sacraments of the Christian Faith*, trans. Roy J. Deferrari, Cambridge, Mass: Medieval Academy of America, 1951]，第 256 页）

胡格：《圣狄奥尼修斯大法官神圣等级论解题》，米涅编“拉丁教父集”第 175 卷（*Expositio in Hierarchiam Coelestem s. Dionvsii Areopagitae*, Migne, Patrologia Latina, vol. 175）。在此，下面这段第 931 页中的话就体现了等级制理论的神秘的、在制度方面含混不清的特征：

> 故最高权力即第一者于其下在天使和人中间创制第二级、第三级权力，以使他们凭借德性的参与信从它，并成为与它同处一个权力联合体的分享者。他将道德天赋分成不同等级，并据此分配职位和权力，他给予许多种天赋并创制许多种权力，一切天赋都来自一，一切权力都居于一之下，一在一切之中，一切以一为归宿并在一之中。

在当时的论证中居支配地位的这种关于每个等级的三位一体式划分在 1. IX, chap. 10 有讨论：“天使团被划分成秩序的一个复本。”该书第 1099 页引用狄奥尼修斯的文字如下：“而且我们发现每个等级都划分为上中下三品。”我们记得，这一观念也决定了社会的必要三等级的托马斯式概念。这一划分转用于一个等级体系中的属灵权力和属世权力及其相互关系的问题时并不是很适当，因为毕竟只是有两种权力。罗马的吉莱斯和博尼法切八世通过把属世权力列为等级体系中的最低级，低等的属灵职司列为中级，教宗列为最高级来避免上述困难。

[48]这个等级制观念在属灵权力高于属世权力这一关系中

的应用起到我们先前已提到的效果,即更急剧地将在制度上不确定的符号上的至上权强化为代表与控制的关系。[①]

(二) 知识人及其权力欲

吉莱斯的绝对主义的另一个根源是知识人的权力欲。政治学说中这一新要素的最佳典范非吉莱斯莫属。吉莱斯早年担任后来的“美男子”腓力(Philip the Fair)的宫廷教师时,曾著有《论君主制》(*De regimine principum*,1285年)一书,书中把绝对主权的君主制(absolute monarchy)描述为最可取的政体,而对于属世权力服从属灵权力的问题却几乎未置一词。[49]卡莱尔(Carlyle)对吉莱斯早期作品到后期作品的变化感到吃惊:

> 早期作品尤为重要……因为它反常地主张君主应该凌驾于法律之上的原则。后期作品几乎到处充斥着**属灵权力对属世权力的优势**,措词不仅极端,甚至在某些方面跟最重要的教会作家们的看法相抵牾。
>
> 必须承认,这种变化令人印象深刻,简直惊世骇俗。[②]

若我们认识到吉莱斯更关注的是权力本身而不是属灵的或属世的权力,这种变化就不再令人觉得匪夷所思。他愿意把任何

---

① 我在本文中对这个复杂问题只能稍有触及。据我所知这个问题尚无人论及,但毫无疑问,权力等级制、权力代表制和从一个统治金字塔的顶端自上而下的控制等现代观念的来源值得专文讨论。

② R. W. Carlyle 和 A. J. Carlyle:《西方中世纪政治理论史》第5卷,《13世纪的政治理论》(*A History of Medieval Political Theory in the West*, vol. 5, *The Political Theory of the Thirteen Century*, Edinburgh: Blackwood, 1950),第403页。

权力说成是绝对的，只要他和这种权力扯上关系。如果把吉莱斯置于现代的环境中，那我们肯定要说他在气质上是个法西斯。他有一句话或许最好地揭示了他的根本立场："智慧出众而勤勉过人者治人，自然之道也。"这便是一位激进知识分子的告白。①

我们刻意用了法西斯一词来描绘一种让没有经历过我们在当代所经历的那些事件的早期解释者们大惑不解的思想氛围。我们发现，卡莱尔兄弟在关于单一神学信条的作品中也表达了与前面的引文相类似的惊讶："埃吉迪乌斯·科洛那（Egidius Colonna，即罗马的吉莱斯）的立场值得关注，他与正常的中世纪传统大相异趣"（第 71 页）；"埃吉迪乌斯偏离正常的中世纪思想十万八千里，殊令人费解"（第 406 页），等等。[50]吉莱斯的理论呈现出许多以中世纪传统的标准来衡量显得"反常"的特征，这些特征的共同原因在于对权力的一种新的情绪。一旦人类精神统一的观念从基督徒作为基督身体的成员而自由共存，转变为由一个最高权力持有者控制下的精神统一，就必然出现我们今天所习称的极权主义政体的轮廓。吉莱斯的作品具有特殊的历史重要性，因为我们一般认为中世纪充满黑暗，压制自由，而

---

① 吉莱斯：《论对教宗权威的拒绝》（*De Renuntiatione Papae*，XVI. 1，ed. Roccaberti，Bibliotheca maxima Pontificia，Vol. II，Rome，1698）。可是应当注意，并非每个人都会乐于同意文中做出的解释。里维埃（Jean Rivière）在《美男子腓力时代的教会与国家》（*Le problème de l'église et de l'état autemps de philippIe le Bel*，Louvain and Paris：Spicilegium Sacrum Lovaniense，1926）里不认为吉莱斯的早期作品和晚期作品有任何区别（第 226 页）。C. H. McIlwain 教授在《西方政治思想的发展》（*The Growth of Political Thought in the West*，New York：Macmillan，1953）同意里维埃的看法，并争辩说，吉莱斯在早期作品中或许隐瞒了他关于属灵至上权的意见，恰恰是因为这些意见和他后来所发表的意见完全相同（第 257 页以下）。这种争辩有些道理，但我更偏向于我在本文后面的段落中所进行的诠释，因为他早期作品中的绝对主义与安茹的查理时期的法国政治氛围很合拍，关于这种政治氛围，我在接下来一章里有更多的讨论。

致使人们持有此种意见的，主要是这些新的声音，它们绝不属于中世纪，而属于现代。

（三）权力理论

严格意义上的中世纪理论有一套论复数形式权力的学说，却没有论单数形式权力的学说。《论教会权力》是西方第一本关于权力本身的论著。力(power)被定义为作用者借以产生特定效果的能力(potency)(II. 6，第61页)。[①] 力有四种：自然力(the natural forces)、技艺能力、知识能力和统治的能力。值得注意的是，自然力被置于第一位，随着自然科学的出现，宇宙已经成为一个众多力的因果系统模型。第二种即 potestas artificialis［技艺能力］，可让其拥有者制造出人工制品。第三种即 potestas scientifica［知识能力］，意味着在玄学思考中拥有正确的理性。最后一种即 potestas principatum［君王的权力］，君王可以借此变得有权势，在物质和精神上对人们施以统治。就精神权力和物质权力而言，除了它们中一者居于另一者之上得到承认，它们的区别被明确地抹煞了(II. 6，第62页)。

相对于有权势的统治者而言，在等级另一端是顺从的、无权势的臣民，他们完全是从属的，没有任何自然权利，只有基于他们在权力组织中的地位而得来的权利以及由全部绝对权力的持有者所授予的权利。臣民是 servi ascripticii，servi empticii，censuarii，tributarii［列入名册的奴隶、买来的奴隶、登记的财产、缴租者］。他们处于隶属状态，对地上的财物没有完全支配权，[51]只

---

① "为了说明什么是权力，请允许我们说，权力不过是一种人因之而变得有势力的东西。"译自吉莱斯《论教会权力》英译本(*Giles of Rome on Ecclesiastical Power*，trans. R. W. Dyson，Woodbridge，Suffolk：Boydell，1986)，第57页。

有一种因对当权者尽臣服义务而获得的 dominium particulare [部分支配权](II. 10,第 95 页)。这一严酷的学说由于下述理论而进一步恶化:本可以不靠人间的统治者而直接统治人类的上帝已把权力授予君王们,因为他希望受造物分享他的荣耀。受造物不应该无所事事,而应该有一个他们自己的权力和行动领域(II. 15,第 137 页)。这种酷似全能上帝之形象的人类荣耀仅仅赋予了统治者。臣民是否分享这种荣耀不得而知。上帝以自身形象造人之举,变成几乎专属于权力持有者的一种特别待遇。

(四) 教宗的权力

这套权力的一般理论本身可以适用于任何类型的政治权力,被用来阐释罗马教宗的权力。精神权力和物质权力全部属于教宗。两把剑都掌握在教会手中,但教会控制它们的方式不同。教会让其自身运用精神的剑,而把物质的剑交予世俗君王们听命于教会(ad natum)而运用。君王的权力完全隶属于教宗的权力(I. 1—9)。[①] 世俗权力有"在教会权力的支配下处理事务"的职能(II. 6)。政府的所有机关和文书、军队、世上的财物以及法律等,其掌理必须服从并服务于教会意志(II. 6,第 69 页)。尤其是一切法律,不论是皇帝的还是其他君王的,若与教会的法律相冲突,便属无效,精神权力之确认是它们的有效性所必不可

---

① 以两把剑象征两种权力,这种表达可以一直追溯到 Bernard of Clairvaux,他在《慎思论五篇呈犹金三世》(*De consideratione libri* V *ad Eugenium Tertium*)一书中用了这一象征。在 12 世纪的唯灵论的氛围中,物质权柄或许仍要 ad nutum[听命于]属灵权力,即便如此,它亦要 ad jussum imperatoris[听从皇帝的指令]。这种格拉西乌斯式的并列关系一直保留了下来。见 J. A. Watt:《属灵权力与属世权力》(Spiritual and Temporal Powers),载 Burns 编:《剑桥中世纪政治思想史》(*Cambridge History of Medieval PoLitical Thought*, ed. J. H. Burns, New York: Cambridge University Press, 1988)第 14 章。

少的要件(II.10,第92页)。这些技术性的规则使基督教人类在立法、行政和强制工具的使用方面成为一个封闭的统治体系。

[52]在教会等级制内部,权力集中于组织顶端的教宗身上。教会事实上在罗马教宗身后消失了。“教宗之所为可谓之教会所为。”(II.12,第109页)我们离“朕即国家”已经不远。教会本体已经转变为一个由一位绝对首脑代表整体的等级制政府组织。

(五)理智牺牲

这套理论在涉及我们今天所谓的意识形态问题时也出现了趋于一个严格控制的、封闭的政治体系的趋势。吉莱斯享有提出一套知识等级论的可疑名声。他认为,作为社会秩序之普遍范畴的等级制也延伸至类目繁多的学科,神学是一切学问的女王(domina scienciarum),包括哲学在内的学问都是神学的奴婢(ancilla et famula)。哲学家不能以其争论破坏神学的堡垒,而是要使之服务于神学和教会(II.6,第64页)。圣托马斯作为一位伟大的唯灵论者尚能确保理智的自由和独立,在他身后一代人中,却出现第一位现代政治思想家吉莱斯,以理智作为从属工具来论证一种教条主义的立场,其方式多少有点像我们当代左派和右派的知识人所为。鉴于有关中世纪的许多极端错误的意见在我们时代广为流传,有必要明确指出,sacrificium intellectus[理智牺牲](那些极其绝望地乞灵于它的人讲起它来总带着无比的恐惧)不是圣托马斯的自由基督徒的精神性所要求的,而是权力政治中的知识人所要求的。

(六)教会的权力至上论

最后,我们必须考察一套尤为清晰地阐发了这种新心态的学说,因为它并不必然是从权力和等级制理论的原理中推出的,而是与基督教思想传统有激烈冲突的蓄意添加物。圣维克多的胡格的观念取法于希伯来历史事件——国王权威须由祭司创制——[53]被解释为那意味着君王的权力除非由祭司创制，否则不可被称为严格意义上的王权。统治权若非由教会创制，就不能算是正义的。前基督教时代的任何所谓王国，都不过是圣奥古斯丁(Saint Augustine)意义上的 magna latrocinia[匪帮、盗贼团伙]。这套学说是对圣奥古斯丁的公然曲解。它背离了这样一个传统，这个传统认为非基督教的政府，比如圣奥古斯丁笔下的罗马，也可能具有很高的文明程度，尽管这些政府由于没有尽到对上帝的义务，可能在基督教的意义上还不够正义。据吉莱斯所说，非基督教的政府仅仅是由“民间的权力”组建的，不可视为有正当性的政治组织(I.5，第15页)。这种政治理论被敷衍为一套财产权学说。服从某种属世权力生活的人，只有同时服从基督教的属灵权力，才能正当地拥有财产。非基督徒和遭到绝罚的基督徒无财产权。财产权不能根据占有和继承来自然地认定，真正的物主必须是教会成员。堕落后的人类已丧失一切权利，他们之所以具有这样一些权利，是因他们在教会圣秩中的身份而获得的，教会有对一切事物的完全支配权。整个自然法领域被取消了，人们的法律地位被说成有赖于他们对那个以教宗为首的绝对统治机器的忠顺融入。一个权力至上论组织的轮廓清晰可辨。

为了适应绝对教会的情况，一种政治理论的诸原则就这样被提出来了。当诸特殊民族单元凝聚到一定程度，除了法律上的要求之外还可以提出精神上的要求时，这些原则也可以转用于世俗政治领域。第一次以这种风格在民族领域表达了一套伟大理论的是宗教改革之后霍布斯(Hobbes)的《利维坦》(*Leviathan*)。吉莱斯的作品早已直接对历史进程产生了深远影响，因为他是奥古斯丁会(Augustinian Order)的修道会长,他的极端教宗权力至上论成为这个修道会的学说。在这个修道会内部,对此学说的反对形成了支持路德的思想氛围。

第十五章　法国王权

一　国王权力问题

[54]要恰当而清楚地阐明法国在那场与教廷的冲突中所处的地位殊为不易。个中原因显而易见。属灵权力和属世权力的符号都隐然将教宗和皇帝当作基督教世界两种秩序的代表。将符号体系以及与之相联系的争论体系转变为教宗与基督教世界中一个特殊王国的关系,必然导致重重困难。在教权方面,不需要什么实质上的新说法;在王权方面,欲澄清属世权力的意义,却需要一套新的国王权力理论,既涉及它与属灵权力的关系,又涉及它与属世的皇帝权力的关系。此外,将争论从基督教人类的领域转向某个特殊的政治分区,势必引起一个棘手的问题:特殊单元边界之内的教会组织与地理上在它之外的中央教会组织之间是什么关系。

因此,关于国王的属世权力的理论必须处理三大问题:(1)国王权力与教宗权力的关系;(2)国王权力与皇帝权力的关系;(3)王国内部的教会与中央教会组织的关系——即高卢主义

(Gallicanism)和安立甘主义(Anglicanism)的问题。如果我们在这些主要问题之外再加上基督徒财产与教会财产,以及与此相应的公民财产与王室税收权力等特殊问题,我们就会陷入只有大师级的政治思想家才能系统解决的问题海洋。有如此高深修为的思想家当时尚未出现。[55]这些重要问题是由一些能干的法学家和教士处理的,他们处理得相当出色,但不成体系。当时的文献具有应特定冲突场合而作、抱有特殊政治目的政治小册子的特征。巴黎的约翰(John of Paris)或许可以算是仅有的一位至少对某些问题作过深入分析的思想家,他的独特地位在于他能够以《论教会权力》作为攻击对象,把罗马的吉莱斯所提出的秩序融入自己的作品里。我们如果不想被有关这个那个问题的文献资料的洪流淹没,就得奉行简洁原则,只限于对诸历史性力量及它们所展示的争论类型作一番勾勒。

二　独立于皇帝的权力

最简单的争论涉及在皇帝的权力面前法国国王权力的性质。原则上,随着格雷高利七世支持帝国边疆诸国权力的增长,这个问题必然会出现。英诺森三世的《藉可敬的弟兄教谕》(*Per Venerabilem*,1202年)①最早暗示法国享有在皇帝权力面前独立的权力,教谕宣布,法国国王在属世事务上不承认有上

① [译注]这篇教谕是英诺森三世写给蒙彼利埃的威廉八世(William VIII of Montpellier)的回信。威廉曾藉阿尔勒大主教请求教宗赋予其私生子们合法地位,以便他们可以取得继承权。教宗在信中拒绝了这项请求,并解释说,他曾经答应过法国国王腓力二世类似的请求,是因为他没有上一级世俗权威,而威廉却是其他人的封臣,因此不宜直接陈情于教宗。篇名 *Per Venerabilem* 取自书信文本中的文字,意为"请可敬的弟兄[转达]","可敬的兄弟"是教宗对主教的称呼。

级。当时，一位叫阿拉努斯(Alanus)的教会法学家提出一条普遍原则：每个国王在其王国(realm)中拥有与皇帝在帝国中同等的权利。他指出这条规则来源于当时的国际法，因为教宗已批准了由 ius gentium[万民法]引出的《王国分割令》(Divisio regnorum)。[①] 该世纪中叶，这一主张被路易九世(Louis IX)归结为一个表述：国王持有唯源自上帝本身之权力。这个表述经过一些细微变动后，仍然是博丹(Bodin)理论中法国君王主权的象征。[②] 关于这个表述在 13 世纪后期的变动，我们可以参阅关于这个主题的优秀文献。[③]

三 巴黎的约翰：《论国王与教宗之权力》

[56]法国的独立问题由巴黎的约翰在其 1303 年的《论国王

---

① Rivière：《美男子腓力时代的教会与国家》，前揭，附录 IV。

② 《圣路易法令集》(*Les établissements de Saint Louis*, ed. Paul Viollet, Paris, 1881)，2：135。

③ Hellmut Kaempf：《迪布瓦与公元 1300 年前法兰西民族意识的精神基础》(*Pierre Dubois und die geistigen Grundlagen des französischen National bewusstseins um 1300*)，载《中世纪与文艺复兴文化史集刊》第 54 卷(Beiträge zur Kulturgeschichte des Mittelalters und der Renaissance, ed. Walter Goetz, vol. 54, Leipzig-Berlin, 1935)，以及那里所引用的文献。另见 McIlwain：《西方政治思想的发展》，前揭，第 268 页，以及那里所引用的文献。应该提到一个特别重要的表述，这个表述可在“无畏者”腓力(1270—1285 年在位)早年时期杜兰特(Guillaune Durant)的《法鉴》(*Speculum Judiciale*)中找到。在该著作第 4 卷，第五部分，第二段，国王的绝对主权在 princeps in regno suo[在其国中为元首]的表述中得到肯定。该著作一直到 17 世纪都是权威。有关王权之兴起的历史背景考察见 Ernst Kantorowicz：《国王二体论》(*The King's Two Bodies*, Princeton: Princeton University Press, 1957)；更晚近的概括见 K. Pennington：《1150 年至 1300 年的法律、立法机关与统治理论》(Law, Legislative Authority and Theories of Government, 1150—1300)，载《剑桥中世纪政治思想史》第 15 章([译注]原文误作第 14 章)，前揭。

与教宗之权力》(*Tractatus de potestate regis et papali*)[1]中作了系统的论述。这一书名昭示两条政治战线:这部论著不是泛泛地探讨世俗权力,而是专门探讨法国国王的权力。欲捍卫世俗王权的独立,必须既防帝国,又防教廷。从时间上看,它发表于博尼法切八世与法国斗争的高潮时期,是在三级会议时代对罗马的吉莱斯的一个回击。

就吉莱斯而言,我们需要透过有关属灵权力与属世权力各自有哪些权利的表面争论看到其背后的情绪,这些情绪与格拉西乌斯式的最高权力归属问题关系不大。当情绪已倾向于将属灵权力从政治体[2]的本体中剔除而不再倾向于在一个属灵-属世共同体中恪守自身的界限时,它本身已成为世俗主义的情绪。借以表达这种情绪的手段可以在亚里士多德主义政治理论中找到。约翰是一名多明我会修士,因而必然受圣托马斯影响,但他强调的重点略有改变,这使他能够损益圣托马斯巧妙设计的平衡体系,以服务于世俗的民族政府。在托马斯那里,何种政治体可以取代作为 communitas perfecta[至善团体]的城邦是个悬而未决的问题。约翰则断定 regnum[王国]是至善类型,较小的单元不能自足,而较大的单元会使政府控制与法律实施变得困难。在他看来,至善团体不是像托马斯以为的那样起源于精神上成熟的人们的自由合作,[57]而是需要国王的号令之权赋予那些从自然主义角度被理解为人类的爱好和技能以社会的一致性。约翰反驳了人生中灵魂的目标高于俗世的目标的看法,断定国王本人拥有属灵权力,因为他不单单为人们提供物质的秩序,还领导他们追求由德性生活所构成

---

① 录于 Melchior Goldast:《神圣罗马帝国帝政》(*Monarchia Sancti Romani Imperii*,1612—1614,Frankfurt,1614;影本,Graz,1960),2:108 以下。

② [译注]polity(政治体),是指一个政治上组织起来的整体(民族、国家或共同体),而不是亚里士多德意义上的融合了寡头制和民主制的政体。

的"国民之共善"。为了避免 spiritual 一词的含糊性,我们也许可以说,约翰提出了国王领导下的文化上封闭的政治体(a culturally closed polity)的观念,将宗教生活划归一个独立部门,这个部门也许可以被列为世俗政治体的一部分,却不构成它的实质性部分。然后他以一系列理论阐述了世俗领域对宗教领域的清楚分立,断言国王权力直接受命于上帝,否认教廷基于属灵权力在等级上高于属世权力而有权干预属世事务的声称。

这些为法兰西王权辩护的独特理论彰显出混合的属灵-属世 imperium[帝国]观念已毁坏到何等程度。约翰试图表明,从《君士坦丁御赐教产谕》(*Constantine Donation*)中引申不出任何教宗高于法国的声称。这道圣谕既未将西罗马帝国、也未将帝国的权标转给教宗,而仅仅是将一些特定的领地转给教宗,这些领地不包括法兰西。此外,这种赏赐在法律上是无效的。最后,在任何情况下帝国对法兰克人的主权都无法成立,因为他们从未臣服于它。这一理论表明,translatio imperii[帝国转移]的原初意义已彻底丧失。在上帝旨意下基督教人类帝国向西方的转移,被化简为法学家们关于领地和法令有效性的争吵。帝国观念已经死亡,国王领导下的世俗主义民族文化王国上升为新的政治中心。

四 灵异的王权

国王权力问题尽管是一个全欧洲的问题,却首先在法国案例中得以表达。在英国,殆至 14 世纪末理查二世(Richard II)统治期间,这个问题才出现。[1] [58]法国国王所以能成为独立于帝国的民族王权的典范,法国所以能成为自立自足的主权国家的典

---

① McIlwain:《西方政治思想的发展》,前揭,第 268 页。

范,原因是多方面的。前面有关“大迁徙”(the Migration)的分析已说明法国走上独特发展道路的一般原因。[①] 法兰克王国相对稳定和持续的发展,它之远离拜占庭的宰制,在克洛维[②]改信正统基督教后基督教对墨洛温王朝的神圣世系的促进作用,卡洛林王朝与教廷的联盟关系,以及查理大帝(Charlemagne)禀受 rex et sacerdos[国王兼祭司]的最高荣耀,[③]为卡佩王朝诸国王成为其王国的神圣统治者,具有等同于皇帝的地位,奠定了基础。

查理大帝在法兰克人与德意志人竞争史中的命运尤其值得注意。Gaston Zeller 在发表于《历史杂志》第 173 期(*Revue Historique* 173 [1934])的“Les Rois de France candidats à l'Empire”中搜罗了那段关键时期的资料。“法兰克国王”的称号——这表明是查理大帝的遗产——在亨利四世(Henry IV,1056—1106 年在位)以前一直为德意志的皇帝所用。然而由查理大帝加诸法兰克国王头上的皇帝称号,却被编年史家们加诸卡佩王朝早期的几个国王。

12 世纪,一项决定性的举措开始将查理大帝这个人物纳入法国国王的世系。路易七世(Louis VII,1137—1180 年在位)于 1160 年娶了卡洛林王室的后裔香槟区伯爵之女。他们的儿子奥古斯都(Philipp Augustus,1180—1223 年在位)被拥戴为 Carolide。奥古斯都娶埃诺伯爵(Comtede Hainaut)之女;经过一番系谱的七拐八拐之后,她变成了下洛林的查理(Charles of Basse-Lorraine)即被胡格·卡佩(Hugh Capet)所废的那个卡洛林国王的后代。在他们的儿子路易八世(Louis VIII)手里,根据当时编年史家的看法,法国王位复归于卡洛林王室。为了与此相抗衡,红胡子弗里德里希在奥古斯都出生那年,即 1165 年使查理大帝受封为圣徒,以便使他和神圣罗马帝

---

① 见《政治观念史稿》卷二,《中世纪(至阿奎那)》第二章,第 41—51 页。[译注]指原书页码,即中译本正文“[ ]”中的随文编码,下同。

② [译注]指墨洛温王朝的创立者克洛维一世(Clovis I,466—511 年在位),他是最早拥护基督教的法国君主。

③ 此说法是由北部意大利教区的主教在 794 年法兰克福会议上提出的。见《日耳曼史材荟萃·会议卷》(MGH,Conc.)II. i. 142。

国密切联系起来。在此之前，查理大帝在德意志传统中主要是“萨克森人的屠夫”。然而，这一相对古老的传统在德意志并未消失殆尽，而且随着纳粹的出现，它还强大得足以变成一个主要的争论对象。

卡佩王朝诸王作为 reges Christianissimi[基督教世界的王]而享有卓越声望的最重要因素之一，在于他们有治愈疾病（尤其是瘰疬）的能力。这一奇迹般的能力究竟可以不间断地追溯至哪位国王，人们并不是十分有把握。有证明说是从罗贝尔二世（Robert II，996—1031 年在位）开始的，但罗贝尔二世作为圣徒，无论是否成为法国国王，均可行奇迹。而对于他的继承人亨利一世（Henry I，1031—1060 年在位）有无此能力，我们一无所知。在腓力一世（Philipp I，1060—1108 年在位）和路易六世（Louis VI，1108—1137 年在位）统治期间，治愈瘰疬是作为一项由来已久的王室成就被记录的。此后直到法国大革命时期，[59]这一传统似乎一直未曾间断。该治疗法固定下来的时代具有重大的意义，其时间在格雷高利时代边疆诸国的反帝国组织开始形成至 1124 年圣丹尼斯的舒格（Sugar de Saint Denis）首次确切表达了法兰西民族情绪这两个时段之间。①

① 英国的相应治疗法是模仿来的。英国国王的治疗能力似乎形成于亨利二世（Henry II，1154—1189 年在位）时代，不过亨利一世（Henry I，1100—1135 年在位）或许已做过最早的尝试。詹姆斯二世（James II）仍进行过这项治疗；威廉三世（William III）拒绝举行此种仪式；安妮女王（Queen Anne）又予以恢复；最后的一次治疗仪式发生于 1714 年 4 月 27 日。直到 1732 年，英文版祈祷书才删除了该仪式，拉丁版祈祷书删除该仪式的时间则在 1759 年之后。

有关该治疗能力的详情及其历史，见 Mare Bloch 的 *Les Rois Thaumaturges：Etude sur le caractère surnaturel attribué à la personne royale* (particulièrement en France et en Angleterre，Publications de la Faculté des Lettres de l'Université de Strasbourg 19，Strasbourg，1924)。英文版：《御触：英国、法国的神圣君王与瘰疬》（*The Royal Touch：Sacred Monarch and Scrofula in England and France*，trans. J. E. Anderson，London：Routledge and Kegan Paul，1973）。[译注]圣丹尼斯的舒格，原文作 Suger de Saint Damis。注文中的威廉三世，原文误作威廉二世。

这一灵异的、神圣的王权通过圣徒路易九世(1226－1270年在位)而大见成效。治病能力作为这个超凡魅力家族的一种法力,本身似乎具有非基督教奇迹的味道。圣路易的传记作家博利厄的戈佛(Godfort of Beaulieu)强调,国王把十字圣号加进其前辈们所用的魔法祷告中,“因此疗效就会归功于十字圣号的力量而不是国王陛下的力量”。[①] 国王的超凡魅力已成为作用于身体的基督徒神力。圣路易对法国王室和民族意识之成长的作用,无论如何高估也不为过。当帝国的领袖人物是敌基督的人物弗里德里希二世时,代表法国的却是一位圣徒。这位圣王死于1270年,当时他正指挥一次十字军远征。他对法兰西君主国之肇造的影响,至13世纪末随着1297年他被追封为圣徒而有增无已。我们必须看到,在法国王室的超凡魅力威望的背景下,这个民族在“美男子”腓力与博尼法切八世的斗争中以腓力为核心的集结。

五 安茹的查理

法国之崛起成为欧洲执牛耳者的另一层原因在于圣路易之弟安茹的查理的纵横捭阖。[60]意大利法学家在13世纪提出一个法律表述:“不承认有上级的国王就是其王国中的皇帝。”这条规则的产生却是受到安茹的查理事实上位居皇极的影响。[②]第四次十字军东征之后,法国势力向地中海以东渗透,为查理的异军突起提供了广泛而可靠的基础。佛兰德伯爵鲍德温(Bald-

---

① 《法国史》(*Histoire de France*),引自 Kaempf:《迪布瓦》,前揭,第37页。

② 参见 Francesco Ercole 的作品,收于《意大利历史档案》(*Archivio Storica Italiano*)第7辑,第16卷。Rivière:《美男子腓力时代的教会与国家》,前揭,第424页以下,Kaempf:《迪布瓦》,第23－26页。对意大利人所进行的讨论的详细说明,见 Skinner:《现代政治思想的基础》第1卷,《文艺复兴》,前揭。

win)于1204年当上拜占庭皇帝，1216年，佛兰德伯爵们[1]被科特尼家族(the Courtenays)取代。拉罗什家族(the La Roches)开始成为雅典公爵，亚该亚掌握在威列哈督因家族(the Villehardouins)手里。以教宗克雷芒四世(Clement IV)为讨伐西西里的曼弗雷迪(Manfred of Sicily)而召集的一次十字军东征为契机，安茹的查理开始实施其地中海政策。贝内文托战役(1266年)和塔利亚科佐战役(1258年)确立了安茹的势力在西西里和那不勒斯的统治。仗恃在意大利已取得的阵地，查理于1267年征服科弗。以此作为新的军事基地，他开始向伊庇鲁斯专制国(the Despotate of Epirus)施加影响，并在1271年伊庇鲁斯的米歇尔二世(Michael II)死后自称阿尔巴尼亚的国王。通过《维泰博条约》(*the Treaty of Viterbo*，1267年)，他获得鲍德温二世(Baldwin II)对拜占庭帝国的权利。通过他儿子与威列哈督因家族女继承人的婚姻，他成为亚该亚宗主。通过他的另一个儿子与阿帕德家族(the Arpads)女继承人的婚姻，他在匈牙利建立王室。与塞尔维亚人、保加利亚人的联盟使他的影响力遍布巴尔干。圣路易领导的最后一次十字军东征，1270年进入突尼斯，亦是这一总政策的组成部分，暴露了法国对北非，或许还有对埃及的企图。法国的这种帝国主义扩张政策的顶点是查理的侄子腓力三世(Philipp III)1273年作为皇帝候选人问鼎帝国。查理为此事提出的几条理由充分显示了经过圣路易一生后法兰西君主国所获得的同情。从国王路易就可以看出，法国王族很显然得到上帝青睐，往后应该完全致力于侍奉上帝并增加他的权力。路易九世以身殉道，其子应当证明自己不愧为父亲的真

---

① [译注]指鲍德温(1204—1205年在位)和他的弟弟亨利(1205年摄政，1206—1216年在位)。

正继承人。全力侍奉上帝的唯一途径就在于担负帝国最高职务，[61]rex Christianissimus[基督教世界的王]需要统一整个基督教人类的力量，以完成他的侍奉。① 东、西两个帝国在法国王室手中实现统一，实在是个伟大的梦想。

六　迪布瓦

这一政策在1282年的“西西里晚钟事件”(the Sicilian Vesper)②中首度遭受挫折，1285年，安茹的查理过世。尽管查理的宏图大业未曾完全实现，但他赋予法国政策的动力却没有随之而逝。向意大利相地中海地区的扩张仍在继续，对拜占庭皇位继承权的要求以及对西方神圣罗马帝国皇帝职位候选人资格的要求被重新提出。1305年教廷从罗马转移到阿维尼翁，或许可以理解为法国君主与13世纪诸位法国籍教宗的亲密关系正式形成。

只有在这种帝国主义冲动甚嚣尘上的氛围中，才可能孕育出法国法学家迪布瓦所著的文字怪胎《论圣地之收复》(*De re-*

① 《日耳曼史材荟萃》，*Constitutiones et acta publica imperatorum et regum*，vol. I，Hanover：Hahn，1893，第585页以下。有关故事陈述和解释，见Kaempf：《迪布瓦》，前揭，第47页以下。

② [译注]1282年西西里各个城镇屠杀法国人、反抗法国统治和宣布独立的事件。当年3月30日复活节那天，一大群西西里人聚集在巴勒莫附近一所教堂外等待晚祷钟响起。一伙法国官员也加入了人群。后来法国人和西西里人发生了激烈冲突。随着全城的晚祷钟声响起，西西里的报信者们在巴勒莫四处奔走，召唤人们暴动。西西里人屠杀法国人以及同法国男子结婚的女子，侵袭房屋、客栈和僧尼修院。接下来一段时间，起义在岛屿四处蔓延。城市和乡镇纷纷宣布独立，法国人逃的逃，被杀的被杀。查理带领军队于8月来到西西里，欲再次征服该岛。次月，阿拉贡国王佩特罗带兵来支援起义。他在巴勒莫公社被拥戴为西西里国王，并开始对围攻墨西拿的查理军队作战。战争很快集中于意大利的本土。阿拉贡王后康斯坦茨到西西里摄政。1285年1月安茹死后，西西里的统治完全从安茹家族转移到西班牙的阿拉贡家族手里。

cuperatione terre sancte，1306 年）。[1] 这部论著之所以是个怪胎，因为它不是基于哲学或神学的立场，也不是基于现实政治的党派偏见，而是基于一位在思想和政治上都属不负责任的人物的头脑，他对时代的氛围有一种令人震惊的神经过敏，对持久不变的力量却有一种同样令人震惊的麻木不仁——后者决定平稳的历史进程，且只会缓慢地受到时代氛围的影响。结果，迪布瓦的作品有时被煞有介事地视为法国称霸野心的一种表达，有时被贬斥为乌托邦。或许诚如朗格卢瓦（Ch. V. Langlois）所言：

> 一点都不奇怪，14 世纪初，法国有些人的脑筋被这一切事件弄得颠三倒四……不负责任的顾问们[62]难免产生某种乐观主义的陶醉，幻想一个由法国控制的、服务于全人类福祉的普世帝国。[1]

迪布瓦的大多数观念在政治上是不切实际的，然而这并没有削弱他对时代趋势的敏锐洞察。如果就他的宏图来讲，他是"陶醉

---

① 迪布瓦：《论圣地之收复》（*De recuperatione terre sancta*，ed. Ch. V. Langlois，Paris，1891）。有关迪布瓦，除了 Kaempf 的《迪布瓦》之外，又见 Richard Scholz：《美男子腓力与博尼法切八世时代的出版物》（*Die Publizistik zur Zeit Philipps des Schonen und Boni faz'* VIII，Stuttgart：Enke，1903）；Fritz Kern：《1308 年之前法国扩张政策的开始》（*Die An fänge der französischen Ausdehnungspolitik bis zum Jahre 1308*，Tübingen，1910）；Eileen E. Power：《迪布瓦与法国统治权》，载《伟大的中世纪思想家的社会政治观念》（*Pierre Dubois and the Domination of France*，in F. J. C. Hearnshaw，*The Social and Political Ideas of Some Great Medieval Thinkers*［London，1923；rpt. New York：Barnes and Noble，1967］）；Peter Klassen：《欧洲观念史》第 1 卷，《作为历史的世界》，载《世界史研究期刊》第 12 卷（*Zur Geschichte der europaischen Idee I*，Die Welt als Geschichte，Zeitschrift für universalgeschichtliche Forschung，Vol. 2，Stuttgart，1936）。

① 朗格卢瓦语，见《中世纪法国》（*Medieval France*，ed. Arthur Tilley，Cambridge，1922），第 102 页。

的”,他对他周围一切“进步”事物的洞察却极其冷静。凭他那睿智明断的建构论——既不拘泥于传统情绪,又在追求某项政策时表现得冷酷无情,他代表了像诺加雷和弗洛特(Pierre Flotte)这类新型的王室法学家。①

这部论著的主要目的,书名“圣地之收复”已经表明。扩张性的基督教西方世界的普世政治观念是既定的,但如今必须由法国国王来实现,因为帝国正在衰败,而教宗则因职务性质的关系不能担任十字军东征的军事领袖。这一政策在灵感来源方面是中世纪的,旋即在百年战争中被谋求生存的民族战争完全取代,但迪布瓦所设想的政策实施手段却显然是后中世纪的。旧日的帝国情绪已不再流行。皇帝被视为德意志国王,他会因同意法国在意大利的主导地位而得到世袭王权和摆脱选侯控制的补偿。教廷的俗世附着物必须被剥夺。教宗在意大利的领地及其对英国、西西里和阿拉贡的宗主权必须割让给法国。各大修会尤其圣殿骑士团的财富必须充公成为战争基金,以支持法国国王的宏图大业。教会将由国家支持,教宗将变成法国的食俸禄者。对属世权力的放弃将把教廷局限于其属灵职能范围内,这一限制实质上会使教会获得净化和精神化。

若教会问题得以解决,法国的地位通过它对意大利的统治以及在塞浦路斯建立一个适于东征的法国附庸国(secundo geniture)而得以保障,[63]欧洲就有机会应用一套新的政治秩序,以确保内部和平与权力的集中,这对于在东方所推行的征服政策是必要的。迪布瓦提议建立一个欧洲主权国家联盟,联盟

① 弗洛特,在腓力与博尼法切八世的纠纷中王室的辩护士之一,曾针对教宗的主张如是回击道:“你们的权力是言辞上的,我们的却是真实的。”引自 Burns 编:《剑桥中世纪政治思想史》,前揭,第 347 页。

由一个僧俗君侯们的理事会构成,理事会由国王和教宗在图卢兹召集。成员之间的冲突由一个专门法庭裁决:理事会任命一组法官,这些法官从他们当中选出六人判决案件。

这种简化的陈述掩盖了原始材料中难以索解之处,这部分材料对国际组织的研究者而言相当重要。迪布瓦用了一些术语来说明仲裁委员会的构成(《论圣地之收复》第2卷,前揭):

> 而那些不承认任何更高的权威有权根据某地的法律和风俗对之加以审判的城市和君王该怎么办呢?这些城市和君王卷入纠纷时,应该在谁的面前控告和打官司呢?人们可能答复说,理事会应当决定仲裁者的遴选,这些仲裁者无论是宗教人士还是其他人士,都应是审慎之人,经验丰富,值得信任,在起誓之后,他们将选出三个高级教士、三个代表争吵双方的其他人士来当法官。这些人应有财产,有可以不为情欲、仇恨、恐惧、贪欲或其他方式所败坏的正直个性,他们应在有利于目的之达成的地点举行会议,并为最严厉的誓言所约束。控诉和辩护的陈述状应以简明扼要的形式写出,在他们开会之前呈送到他们手中。在一开始就把那些言过其实的、不相干的东西舍去之后,他们应当听取口供和接受书面证词,并对之进行最细致的审查。(译自迪布瓦:《论圣地之收复》英译本[*The Recovery of the Holy Land*, trans. Walther I Brandt, New York: Columbia University Press, 1956],第78—79页)

这段话并不清楚。对于迪布瓦的意思,人们可以做出如下几种推测:(1)理事会或者自己任命一个仲裁委员会,或者推动其他机关来任命。(2)仲裁委员会将由宗教人士和世俗人士不分彼此地构成,或是由一个圣职者仲裁团和另一个世俗人士仲裁团根据法律组合而成。(3)仲裁者将从他们的成员中选出法官,或是从不属于仲裁委员会成员的人当中选出法官,或者他们可随意选择。(4)仲裁们根本不选法官,而是由冲突各方从仲裁委员会中选择法官;或者根据仲裁们与冲突各方之间达成的共识,从委员会或委员会之外的人当中选出法官。(5)审理委员会将由十二名法官组成，六名圣职者，六名世俗人士；或是由九名法官组成，三名圣职者，代表冲突双方的各三名世俗人士；或是由六名法官组成，三个圣职者，三个世俗人士。①

上诉可能会被呈送到教宗面前，以保证法国有最终的影响。若出现破坏和平或拒不服从专门法庭的决议之事，惩罚违规者的方式是对其进行食物和供给品的封锁，最终方式是战争。[64]战败了的制度违反者及其支持者将被押往圣地，在那里他们好勇斗狠的精神可以在不信教者身上找到用武之地。

这个设计颇有吸引力，因为它显然与现代国际联盟观念相契合。这一观念以及这种契合的重要性既不容贬低，也不可高估：如果建构一套适于主权国家间关系的程序宪章是既定的技术问题，任何一位优秀的法学家都可能提出类似的模式，他几乎不可能提出其他方案。这种契合更应该视为一种警示：建构一套国际宪章是世界上最容易的事，但建构出来不等于就可以行得通。比这种建构的内容更为重要的事实是，当时已存在许多理智的、进步主义的法学家，在他们看来，基督教帝国观念已彻底丧失召唤力量，因此在一个霸权之下以特殊化了的各民族的力量为基础来重构欧洲，似乎是可取的。这种霸权主义国际联盟的观念以及西方人类的统一可由法学家造就的智识信条，迄

① 对这段话的各种理解，见 Jacob Ter Meulen：《1300 至 1800 年的国际组织发展思想》(*Der Gedanke der Internationalen Organisation in seiner Entwicklung 1300－1800*，The Hague：Nijhof，1917)，第 104 页；Christian L. Lange：《国际关系史》(*Histoire de l'internationalisme*，Oslo：Aschehoug，1919)第 1 卷，第 104 页；Frank M. Russell：《国际关系史》(*Theories of International Relations*，New York：Appleton-Century，1936)，第 108 页。

今仍是西方政治观念中的一种重要倾向。从迪布瓦为了促成其计划而提出的实际理由中,以及由此引申出的众多建议中,我们可以感觉到一个新时代的到来。世界和平对于稳定的商业贸易而言是值得追求的。十字军东征是经济与殖民政策的一种手段,昂贵的东方产品将变得更便宜,地中海沿岸的贸易路线将更安全——这颇符合后来重商主义战争的真精神。货币铸造应该由王室垄断,货币的价值应该稳定。书中还提议一套由国家监管的公共教育体系,为了增加国家的经济力量,学校教育首先必须讲求实用性。教科书必须对庞大的知识体加以浓缩和简化。女子可以入学。司法程序必须简化,[65]法律必须法典化,法院必须降低诉讼费而使全体人民都可以利用。

这些经济考虑和有关教育、司法改革的建议与当时普遍的政治构造的情绪是一样的:那就是冷酷无情的政治和行政理性主义以及为了民族君主国的利益而推翻传统制度,进行制度重组。这些建议毋庸细述,它们与后来事态发展的契合以及对后来事态发展的预见都是显而易见的。但我们应该清楚,迪布瓦的作品总体上讲是民族君主国这一新兴力量最为令人信服的征象,在接下来几百年里,这股力量驱动的政治改革在文艺复兴时期的绝对主义中达到顶峰。

第十六章　但　丁

一　政治思想家的孤立

[66]随着但丁的出现，一类新型政治思想家进入西方历史舞台，他在作品中所表达的心态在西方政治思想的模式中注入了一种新的元素。但丁（Dante，1265－1321 年）是第一位这样的西方思想家，他没有在任何可赋予其言辞以代表性权威、可为其想说的话语组织听众的社会群体中占有一席之地。他既不是一位在俗或修道院的教士，也不是教宗、皇帝或国王的法学家。他曾试图晋身仕途，却成为佛罗伦萨内斗的牺牲品，因为他从性格上讲与作为意大利城市政治之主题的意气之争格格不入。他自成一派，以 majestas genii[天才巨匠]的权威讲话。

但丁身上开始明显体现出来的政治思想家的孤立，前两个世纪就已在酝酿之中。在"主教叙任权之争"期间，参与斗争的各方仍受神圣帝国的社会框架的刻板约束。紧接着，社会束缚开始松动。菲奥雷（弗洛拉）的约阿希姆（Joachim of Fiore[Flora]）提出了一套新体制，主张废除封建社会结构，但这位菲奥雷的院长却羁身于西笃会(Cistercian Order)及后来佛罗伦萨修会(Florensian Order)的狭窄的社会现实中。圣方济各不得不冲破他来自的社会现实,但就连方济各会这个他亲自创造的现实,在他去世时也因跟他的观念相冲突的制度化问题而黯然失色。圣托马斯在多明我会(Dominican Order)的氛围中成长,但其政治作品在欧洲事务的更广阔舞台中的反响事实上等于零。布拉班特的西格尔(Siger of Brabant)是圣职者,[67]但他的观念使他脱离教会的羁绊,死于监狱。

罗马的吉莱斯展示了自由心灵免受孤立的出路。他并没有面临被孤立或进监狱的危险,他早已经深思熟虑地把自己的智识影响力投靠当权者一方了。结果,他的观念回响在没有任何东西值得欲求的《一圣教谕》中。而他的成功显出在新的权力政治秩序中思想家不得不为其公共地位付出的代价,他不得不牺牲精神上和智识上的独立,这种独立无论在圣托马斯抑或在布拉班特的西格尔都是弥足珍贵的。对于像但丁这样对精神之实在性有强烈体验的人而言,这条出路是不可接受的。他以自信的笔触——这说明他早已获得私人空间——将西格尔与托马斯这两位前代势不两立的人物并置于第四重天,因为西格尔的veri[真理]尽管 invidiosi[招人憎恶],却同圣托马斯的正统理论一样发自对真理的真诚追求,如果说不能在人类面前得到辩护,在上帝面前却是可辩护的。① 在但丁时代,[68]精神和智识的

---

① 《天堂》第 10 篇,第 136 行以下:"那是西格尔的永恒的光芒,/他曾在穷人的街区中讲道,/推究招人憎恶的真理主张。"《神曲》中但丁和西格尔的并置是对但丁的诠释中最棘手的问题之一。在这个问题上,最近的两篇论文值得注意:Herbert Grundmann:《但丁与菲奥雷的约阿希姆》(Dante und Joachim von Fiore),载《但丁年鉴》第 14 卷(*Dante-Jahrbuch*, vol. 14[1932]);以及 Martin Grabmann:《西格尔与但丁》(Siger von Brabant und Dante),载《德意志但丁年鉴》第 21 卷(*Deutsches Dante-Jahrbuch*, vol. 21, Weimar: Böhlaus (转下页)

超凡导引者已不复存在。这位天生极其渴望追随他们的人，却发现自己迷失在恣意横流的激情的黑暗森林里。这就是《神曲》(*Divina Commedia*)开篇的主题：

在我们生命之旅的中途，
我发现自己在黑暗的森林里，
因那坦坦大道已经迷失。

要再次看到那许多指路的“星”，须走一段漫长的旅程。《神曲》三篇，每篇都以“星”这个关键字收尾，上帝以他的爱运转它们(《天堂》第33篇，第145行)。

(接上页注①)Nachfolgr，1939)第109—130页。Grundmann令人信服地表明，但丁试图调和当时互相冲突的各种趋势，调和的方式并不是证明各种趋势彼此相容，而是将各种学说、心态的冲突理解为精神和智识的根本单元的表面现象。Grundmann特别论及非奥雷的约阿希姆与波拿文都拉(Bonaventure)的并置、托马斯与西格尔的并置，论及波拿文都拉和托马斯的互相称赞。Grabmann在他的文中概括了Fernand Van Steenberghen的《西格尔及其未刊作品》，《卑尔根哲学家文本与研究》第12、13卷(*Siger de Brabant d'après ses oeuvres inédites*，Philosophes Belges，Textes et études，vols. 12－13，Louvain：Editions de l'Institut Supérieur de philosophie de l'Université，1931)一书的成果。Van Steenberghen认为，托马斯与西格尔之间的私人冲突并不像人们所想的那么严重，他们对对方抱有极大的敬意。此外，西格尔后来的《关于灵魂的探问》(*Quaestiones de Anima*)显示出一种接近于托马斯主义的灵魂论倾向。在我看来，在这个问题上，人们过于想当然地认为但丁本人绝对是一个正统派，西格尔在他眼里是一个异端，决不应该与那位正统学说的巨擘并置在一处。最近我们对但丁的一般看法有所改变，对他身上的约阿希姆主义和阿威罗伊主义倾向也有所理解，这使得对整个西格尔—托马斯问题出现一种不同的见解。关于这些问题，见本章对《神曲》和《世界帝国》的探讨。一般了解，见Étienne Gilson：《哲学家但丁》(*Dante the Philosopher*，trans. David Moore，New York：Sheed and Ward，1949)；Giuseppe Mazzotta：《但丁的想象与智环》(*Dante's Vision and Circle of Knowledge*，Princeton：Princeton University Press，1993)；Alison Morgan：《但丁与中世纪的彼岸想象》(*Dante and the Medieval Other World*，New York：Cambridge University Press，1990).［关于西格尔的讨论，见卷二，《中世纪(至阿奎那)》，第178—204页。］

二　精神脱离于政治

自但丁时代以降，精神的实在论者就面临这样的问题，身边的西方世界之政治现实不再能够将精神充分地纳入它的公共制度。西方历史中的这个断裂，相当于希腊文明中的赫拉克利特时代。我们可以看到，精神与政治分道扬镳的过程有三个主要阶段。但丁以及他发现精神的孤独，标志着第一阶段开始。但丁以后的两个世纪曾被形容为中世纪的“衰落期”或“黄昏”，因为整个欧洲露出解体的种种迹象，在有些国家早一些，有些晚一些，在有些国家比较彻底，有些不大彻底。在法国，内部的失序是随着法国在克雷西战役(1346 年)和普瓦捷战役(1356 年)中败北而出现的，持续至 1445 年的军队改革。在英国，同样的失序以及相当于 1358 年法国扎克雷起义的农民起义来得稍晚，时间在理查二世统治时期(1377—1399 年)；在兰开斯特家族(the Lancasters)的统治下的短暂恢复之后，随即是玫瑰战争(1455—1485 年)中秩序的全面崩溃。[69]直到 15 世纪下半叶，王朝的巩固和对彼此为战的国内武力的制伏才达到一个新的水平：法国是在路易十一世(Louis XI，1461—1483 年在位)期间，英国是通过都铎王朝的建立(1485 年)，西班牙是通过阿拉贡的斐迪南(Ferdinand of Aragon)和卡斯蒂利亚的伊莎贝拉(Isabella of Castile)联合当政(1479 年)，葡萄牙是在约翰二世(John II)的手里(1481 年)，俄罗斯是通过伊凡大帝(Ivan the Great，1462 年)，在德意志的领土上是随着马克西米利安一世(Maximilian I)即位(1493 年)。在中世纪社会解体期间，也就是从但丁时代至 16 世纪期间，没有出现任何一位一流的政治思想家起来收拾乱局。

第二阶段以宗教改革家和世俗的实在论者出现为标志。以路德和加尔文为代表的宗教改革家试图以衰落的教会本体重建由精神主导的政治制度。这一导致教会分裂的努力总体来讲失败了，精神运动最终被诸特殊化的西方政治领域所吸纳。世俗的精神实在论者，马基雅维利、博丹、霍布斯、斯宾诺莎，他们每个人都以人格的力量，试图在一个多元特殊政治单元的世界中为精神寻找居所。马基雅维利尝试过召唤魔鬼般的领袖；博丹设想以国家作为沉思的起始点，借以通往 fruitio Dei[神赐予的享受]；霍布斯开创了对政治激情的心理学分析，并召唤一个极权主义的属灵权力来慑服它们；斯宾诺莎试图找到一种统治构造，使世界可以容纳知性的神秘家。他们四人都作为政治思想家受到孤立，且因其无神论、不道德或"不辨是非"而背负骂名。

第三阶段再次使上述两类思想家发展到一个新的高度。对应于先前宗教改革家的，是以马克思为代表的政治－宗教活动家，他们试图以革命摧毁现存社会，以便为无罪的"新人"——无产阶级——开辟活动空间，从而实现精神与社会制度的重新结合。对应于 16 和 17 世纪的精神实在论者的，是尼采的彻底孤立的自由心灵，他对欧洲虚无主义的分析是对后中世纪的西方世界的最后判决，正如《神曲》是对它的最初判决。

三　精神的实在论：人间天堂

[70]这个更广阔的视野使我们可以更深入地理解但丁的问题。解决西方人类的精神统一丧失问题的两条道路——一是改革和革命，一是寻找个体精神实在论者与当时政治结构的适当关系的努力——在但丁那里尚未分化。他对一个新的约阿希姆传统的属灵教会的出现仍抱有希望，这在《神曲》中有明确的表达。同样的希望在路德以及 19 世纪的革命者那里再次出现。

另一方面,但丁对精神之实在性的深刻体验决定了他个人对政治场域的消极态度,他认为它被无精神性的、破坏性的物质力量的激情所支配。这种类型的消极主义在马基雅维利至斯宾诺莎以及后来的尼采等实在论者的态度中再次出现。

我们曾用"精神的实在论"(spiritual realism)一词来表示但丁本人及后来那些思想家的情绪。为了避免使用一个仅能表达环绕最本质心态的从属现象的术语,这种使用是必要的。但丁被称为一位理想主义者(idealist),因为他相信基督教人类的精神秩序、和平及共善等理想是政治的指导原则。这一归类并无可议之处,只不过"对理想的信仰"是一个从属现象,在任何具体事例中都需要对决定这种信仰的隐秘情绪结构作一番研究。一位思想家表达了对某些理想的信仰,因为在他那个时代这些理想是约定俗成的,他没有足够的个人力量,因此除了因循传统之外别无办法;或者因为他大概对传统延续下来的伦理价值体系具有丰富的洞见;或因为他可能为精神所触动,能够以自己切身的精神体验创造出一套价值秩序。区分情感所构成的基本领域与理想所构成的从属领域之所以特别重要,因为属灵的敏感性和力量全然不需要以对我们通常所谓的理想的鼓吹来表达自身。如果不考虑马基雅维利的意大利的国家梦,很少有史学家愿意把他称作一个理想主义者。但像他这样一个了解宗教改革并呼唤用魔鬼般的政治主子——这个主子最起码能够创建出外在的秩序——来当代理人的人,[71]当然曾强烈地为精神所触动。霍布斯从形而上学方面讲是个唯物论者,但没人能够像他那样看透了 17 世纪的某些政治宗派类型的虚假精神性,除非一种对精神的真正体验使他能看到细微的差别。因此,我们将用"精神的实在论"来标识 14 世纪以来的政治思想家的态度,这种政治思想家在思想上、有时甚至在实际生活中自离于身边的政治制度,因为他无法赋予它们表意功能(representative function),以表达他内心体验为真实的精神之生命。但丁是第一位明确地意识到那道把唯灵论者和后中世纪的政治实存隔开的鸿沟的思想家。

此外,但丁还被称为一个保守派和一个浪漫派。如果我们只关注他的政治理论中的显白内容,而不考虑各种激发性的情绪,这一归类还是有其真实性的。彼时,帝国的连续性曾因"大空位期"而中断,复辟了的帝国权力正朝着通往世袭领地政策的道路前进,在这样一个时代里,去召唤作为和平状态下基督教世界政制形式的世界帝国(world monarchy)观念,当然有几分浪漫情调。然而若我们从但丁身上只看到一个过时的帝国拥护者而不见其余,我们可能就领会不到《论世界帝国》(*Monarchia*)的最重要方面,正如若我们从罗马的吉莱斯的作品中仅仅摘出那些使他像个过时的教宗权力至上论者的段落,在他身上我们可能就领会不到那种全新的权力哲学。

我们曾经把但丁置于从文艺复兴时期的实在论者到尼采的演变过程的起点,我们必须强调,他的 monarchia temporalis[世界帝国]计划原则上不是中世纪的,毋宁说是在着眼未来:它处于一系列计划的起点,这些计划试图建构一个西方世界政治组织,作为各特殊政治单元之上的上层建筑。世界帝国的表述,并非中世纪的遗产,而是但丁召唤的。他意识到这一功绩并引以为豪,因为他相信自己已经为新的秩序找到令人信服的符号,在新秩序中,永久和平将取代当前的政治苦难。但丁的帝国观念并非意在复旧。他不是想恢复一种旧有的暴力体制,而是展望一种仍体现为帝国形式的新体制。[72]他的帝国具有约阿希姆"第三王国"的终末论味道,它与后来的和平秩序组织观念不无联系,甚至在用词上也是如此:他希望造就的尘世幸福之国是以"人间天堂"(Earthly Paradise)这个神秘概念来象征的(《论世界帝国》第 3 卷,第 16 章),这个象征在列宁那里还被用来指共产主义王国。《神曲》明确地宣布,“人间天堂”与古代诗人在吟咏黄金时代的神话中所表达的是同样的象征(《炼狱》第28篇,第139—141行)。考虑到但丁的帝国中的终末论因素——这与中世纪基督教对世界的妥协南辕北辙——至少就这个方面而言,我们必须把他的这个概念列入帝国崩溃后西方的重组计划之内。我们不应该忘记,它跟迪布瓦所设想的在法国霸权宰制下的欧洲组织计划属于同时代。

四 文体与权威符号

但丁作为普通个人要向听众发表言论,就必须创造出与这种新的职司相适应的新文体和权威符号。在他早期政治著述里,他以书信为文学媒介,这种文体经弗里德里希二世改进,圣方济各已用过。公开信作为一种政治宣言,成为这位缺少有组织的听众而诉诸“舆论”的个人的表达手段。至于他凭何种权威写作《书信集》(*Letters*)的问题,但丁已通过他在这些宣言中所扮演的各种角色给出了回答。[①] 在写给君王和意大利人民的《书信五》中,他称自己为 humilis Italus[卑微的意大利人]。在写给佛罗伦萨市民的《书信六》中,他是作为 Florentinus[佛罗

---

① 但丁:《书信集》(*Epistolae*, ed. Paget Toynbee, Oxford: Oxford University Press, 1920)。关于但丁与政治秩序之间的关系,见 Donna Mancusi-Ungaro:《但丁与帝国》(*Dante and the Empire*, New York: Peter Lang, 1980); Joan M. Ferrante:《神曲的政治愿景》(*The Political Vision of the Divine Comedy*, Princeton: Princedon University Press, 1984); C. Grayson 编,《但丁的世界:关于但丁及其时代的论文集》(*The World of Dante: Essays on Dante and His Times*, Oxford: Oxford University Press, 1988); Alessandro Passerin d'Entrèves:《政治思想家但丁》(*Danteas a Political Thinker*, Oxford: Oxford University Press, 1952); John A. Scott:《但丁的政治炼狱》(*Dante's Political Purgatory*, Philadelphia: University of Pennsylvania Press, 1996)。

伦萨人]发言的。在写给皇帝亨利七世的《书信七》中，他是以佛罗伦萨人以及所有渴望和平的托斯卡纳人的身份发言的。他在这三封书信里都把自己称为[73]“无辜的流亡者”。在那本系统地论述了《书信集》教义的《论世界帝国》里，他又恢复了政治论著的传统文体。[①] 但在《神曲》中，他最终实现了 lingua volgare [民间语]政治诗歌的伟大创新，以此形式向操意大利语的全体人民讲话。[②]

这些权威符号不是按时间顺序出现的，它们必须被理解为在一个更复杂整体中同时并存的成分。我们可以分辨出三个权威来源。《书信集》中的自称和《神曲》中民间语的使用揭示了第一个来源。但丁以意大利人和佛罗伦萨人的身份向他的人民讲话。他避免卷入党派团伙中，这并未使他彻底失掉政治身份。作为政治共同体的一份子，他可以使自己承担代言人的职能。第二个权威来源是约阿希姆的唯灵论。作为一位基督教唯灵论者，但丁在有关和平王国以及将来的属灵教会的问题上能够扮演与约阿希姆同样的先知角色。最后，但丁可以凭诗人的天赋

---

① 但丁：《论世界帝国》第 3 卷(*De Monarchia Libri* III，ed. Ludovicus Bertalot，Genennae，1920)。英文版和拉丁文版 *Monarchia*，ed. Prue Shaw(New York：Cambridge University Press，1995)。

② Tommaso Casini and S. A. Barbi 编的《神曲》(第 6 版)(*La Divina Commedia di Dante Alighieri*，6th ed. Florence：Sansoni，1926)。《神曲》英文版：*The Divine Comedy*，translated with commentary by C. S. Singleton，6 vols.，Princedon：Princedon University Press，1970—1975。最近有关的研究包括 Ferrante 的《神曲的政治愿景》，前揭；Jeffrey Schnapp 的《但丁〈天堂〉中部的历史转形》(*The Transfiguration of History at the Center of Dante's Paradise*，Princedon：Princedon University Press，1986)；Richard Kay 的《但丁的基督教天学》(*Dante's Christian Astrology*，Philadelphia：University of Pennsylvania Press，1994)；以及 Steven Botterill 的《但丁与神秘主义传统：〈神曲〉中的明谷的伯尔纳》(*Dante and the Mystical Tradition：Bernard of Clairvaux in the Commedia*，New York：Cambridge University Press，1994)。

讲话，这种天赋是他最个人的也最成问题的权威来源。这一来源之所以成问题，是因为在基督教秩序中，诗人并没有特别的神赐权威，可以作为预言家讲话。但丁意识到这个问题，为此他援引维吉尔（Virgil）以及居于灵薄狱的另外四位异教诗人[①]来支持自己的权威，这几人满怀敬意地接纳他为他们同道中的第六人（《地狱》第4篇，第64—105行）。维吉尔的权威尤为重要，因为这是《牧歌》（*Eclogue*）第四篇和《埃涅阿斯纪》（*Aeneid*）的作者的权威，前者预言了黄金时代和圣婴的降临，后者宣告了罗马人的帝国使命。不过，这位为神所感动的诗人，[74]在除了德意志之外的基督教世界中却从未有过令人信服的权威。在德意志，自荷尔德林以后，这位诗人作为该民族的神圣喉舌，扮演着一种令西方各族人民感到陌生、几乎不可理喻的角色。[②]

五 《书信集》

《书信集》之重要就在于，它是但丁作品中表达其政治学中的终末论色彩的符号盛宴。一个时代即将来临，那是古人的黄金时代，是《哥林多后书》和“第二以赛亚”（Deutero-Isaiah）中的tempus acceptabile[悦纳的时候]。但丁像施洗者约翰（John the Baptist）那般宣告agnus Dei[神的羔羊]，像维吉尔那般宣告圣婴和农神时代，像撒母耳（Samuel）那般责令扫罗（Saul）去击打亚玛力人。皇帝亨利七世是使他的敌人惊惶失措的凯撒（Caesar），是带来pax romana[罗马和平]的奥古斯都（Augus-

---

① [译注]荷马、贺拉斯、奥维德和卢卡努斯。

② 见Max Kommerell：《作为领袖的诗人》（*Der Dichter als Ftehrer*，Berlin：Klostermann，1928）。

tus)，是创建新罗马的埃涅阿斯(Aeneas)，是带领自己的人民去往迦南地的摩西(Moses)第二，是击杀歌利亚(Goliath)的大卫(David)。但丁力劝意大利人不要冥顽不化。尤其是伦巴第人，应牢记他们的特洛伊血统，接纳这位皇帝，忘却他们的斯堪的那维亚祖先的野性，臣服于这位如日中天、像《启示录》的"犹大之狮"(Lion of Judah)一般来临的和平之君。这些丰富的符号恣意流泻，说明我们不再处于某个约阿希姆的艰涩而谨慎的符号艺术时代了。这些符号还没有施展出其威力，但它们使用得文采斐然，且用来服务于召唤一个完全超出格拉西乌斯式的 sacrum imperium[神圣帝国]问题的和平世界。

六《论世界帝国》

在但丁的中世纪语言与那些适应于后中世纪的新形势的情绪之间做出区分的困难，上文已经涉及。这个困难严重地妨碍对《论世界帝国》作恰切的解释。我们在前面曾分析过 temporalis monarchia[世界帝国]的概念及其在造就人间天堂过程中的作用。这本论著的实际内容无关宏旨，因为恢复西方皇帝的潜在计划事实上是一种时代错乱(anachronism)。在这方面，[75]批评这部作品保守、反动或浪漫，是相当说得过去的。

(一) 普遍的理智：阿威罗伊主义

不过，有几个特别之点值得在一部观念史中加以关注。《论世界帝国》第一卷探讨社会的一般结构，认为社会起源于人性，需要有一个世界帝国来作为共同体秩序的恰当形式。这个理论大体上是亚里士多德(Aristotle)的，其结论却与《政治学》

(*Politics*)的结论相去甚远。这个理论在但丁手里的改造,显示了希腊政治理论的局限及基督教特有的种种问题。亚里士多德的政治学在任何非希腊的环境中都会引起的基本问题是:至善社会的标准是什么?在亚里士多德看来,城邦是至善的,这点不证自明。在托马斯的体系中,我们已注意到王国以至善社会的面目出现。但丁第一次从原则上提出这个理论问题。政治社会的基本框架具有为全面发展的人类天赋充当活动场所的目的。在但丁看来,人类特有的天赋是那种人人皆有的potentia intellectiva[理智潜能]。据但丁所说,认为人类可以在任何 regnum particulare[特殊王国]里找到某种完全自足的存在,是与人性的普遍性相矛盾的。对应于理智的普遍性的,必定是在世界君主之下组织起来的 universitas hominum[人类共同体]。因此,亚里士多德式的社会形式链条必须在家庭、村坊和城邦之后加上王国和世界帝国,以使我们最终达致与人类天性相符的至善形式。有关但丁的这个概念的来源,我们实际上可从讨论 virtus intellectiva[理智能力]是人的本性那个关键段落(《论世界帝国》卷 1,第 3 章)中看出一些端倪,但丁征引阿威罗伊(Averroës)对亚里士多德《灵魂论》(*De Anima*)的注疏来支持自己的主张。鉴于这是但丁在上下文中唯一提到的一处原始材料,我们可以认为,阿威罗伊主义观念在但丁的建构中有压倒性的影响。他从理智的普遍性中推导出世界帝国的做法,实际上与布拉班特的西格尔提出的政治体系相当一致。[1]

---

① 我发现文本中的这个暗示跟 Karl Vosesler 毫无保留地表达出的看法是一致的:完全地,即在人类普遍性的程度上实现"理智的潜能",在最宽泛的意义上组织全球的普遍智力的沟通和实现,从人类的整体中造就一个集体主义的阿威罗伊主义哲学家,这些最终必然导致一项准则,所有政治的与超越教会(转下页)

（二）智识主义的与霸权的世界组织

［76］若一套政治科学中的人性论研究受到严肃对待，若人的本性在于理智能力，但丁对世界帝国的证明就是无可辩驳的。作为理论家，但丁在这点上要胜过托马斯和亚里士多德。我们的讨论必须基于但丁自身的人性论来了解他的论证。但丁的建构之所以不再令人满意，不是因为世界皇帝观念是中世纪的因而是过时的，而是因为我们现代的人类学由于有了对人类心灵历史结构的洞见而更加丰富了。将人的本性等同于非历史的理智已不再可能——这种做法当然还是很常见的。人类的统一在理智上并非固定不变，它是一个敞开的场域，人类心灵的诸多可能性在一个又一个的文明和民族中历史地呈现并证明自身。在任何时间点上停住历史，把某个文明的片段，或者更常见是把某个片段的碎片，抬到绝对的高度并称之为人类的本性，已变得不再可能。由于这种对心灵之历史性的洞

（接上页注①）的制度和努力均由此产生。德文版《神曲》第 2 版（*Die Göttlche Kornödie*，2d ed.，Heidelberg：Winter，1925）I：340 以下。同意这种观点的有 Helene Wieruszowskl：《但丁的帝国思想》（Der Reichsgedanke bei Dante），载《但丁年鉴》第 14 卷（*Dante-Jahrbuch* vol. 14［1932］）。此外，我想请读者注意一种奇怪的巧合。但丁以世界帝国类比上帝对世界统治的思想，在观念上非常接近于蒙古人"天无二日，地无二汗"的原则——记载在 1245 年至 1255 年间蒙古帝国的文献中。向蒙古朝廷的一次最重要的出使活动是由方济各会实施的，我们不能绝对排除这种可能性，即但丁通过与方济各会的交往了解到这次出使活动的报告以及蒙古人的基本政治观念。不过，除了但丁的观念出现在蒙古人的观念为西方所知 60 年之后这一巧合外，没有证据支持这种相干。关于蒙古人的观念，参考我的论文《蒙古致欧洲列强的归顺令，1245－1255 年》（The Mongol Orders of Submission to European Powers，1245－1255，载《拜占庭》第 15 卷［*Byzantion* 15，1949－1941］），重印本见沃格林：《记忆：历史和政治理论文集》（*Anamnesis*：*Zur Theorie der Geschichte und Politik*，Munich：R. Piper and Co.，1966），第 179－223 页。

见，一个固定不变的“组织”可以为“人的观念”（the idea of man）提供政治答案的看法瓦解了。[77]人类历史剧不能被一个——帝国的或其他形式的——统治权力组织所囊括，也不能交由庭审规则来裁定。

但丁理论的缺陷在于其智识主义，尽管他没有走到主张一个世界国家的地步，他并未触动那些特殊的政治组织，只是为世界君主保留了仲裁者的职能。史学家们已经本能地感觉到，像迪布瓦或稍后自从苏利（Sully）[①]以来的世界组织计划——它们都来源于一个特殊的民族或民族之集团的权力意志——更与历史的力量相契合，因为它们坦白讲是霸权性的。

不过，但丁的提议不可因为没有产生进一步结果而受忽视。智识主义并没有死亡，或许永远不会死亡，对人类心灵的历史结构的洞见远非为我们时代的政治思想家所普遍地拥有。我们现代关于世界组织的计划通常是霸权性的，鉴于它们所基于的原则是，应该使起源于某个特殊地区的秩序的政治观在整个西方世界——如果不说在全球——居主导地位，它们从历史上讲是实在论的。但鉴于它们所基于的预设是，特殊的秩序观念并不特殊，而是反映了普遍的人性，因此所有抱持善意和良好理性的人都会对之心悦诚服，它们照例是智识主义的。这两者混为一体，不能不令人感到失望。14 世纪早期由迪布瓦和但丁所体现的冲突，即霸权性的权力政治与期待一个政治上有组织的人类共同体的智识主义梦想之间的冲突，至今尚未解决，而且离一个解决方案还相当遥远。

---

① [译注]指苏利公爵贝蒂纳（Maximillian de Béthune，1560－1641）。他是法国国王亨利四世的亲信，曾任国王的财政委员会主任。他主张产品自由流通，制止森林破坏，推动筑路和排水工程，并计划修建庞大的运河网，加强军事机构，指导边防工事的建设。

（三）意大利人神话

《论世界帝国》第二卷探讨罗马人民是否有权承担世界帝国的职责以及罗马的帝国地位是否由僭权而得。这一考查的细节与本文关系不大,尽管它们对诸多征象——借之可知晓上帝在历史中的意志——的宗教哲学分析足以垂范示例。对于我们而言,重要的是一种全新的形势,[78]在此形势中,受到捍卫的不是皇帝免遭属灵权力侵犯的主张,而是 populus romanus[罗马人民]——也就是但丁眼中当时绍续古罗马人之遗绪的意大利人——免遭所有竞争者(比如法国人)冒犯的主张。鉴于罗马帝国所再造的文明业绩与和平秩序,鉴于基督让自己受审于罗马人的法庭的事实带给罗马帝国的荣耀,意大利人民乃是 kat' exochen[优秀的]帝国民族。

将这些情绪解释为民族主义的情绪是轻率的。民族意识虽在但丁心中激荡不已,他的想象力却不像马基雅维利那样深陷于一种效法法国的意大利民族国家的愿景。他希望结束内讧和驱逐外国人,但复兴运动应该使意大利人可以重新以帝国民族的身份承担起他们的重任。我们应该记得,被但丁寄予厚望的那位皇帝不是意大利人,而是卢森堡人。从但丁的文字中浮现出来的是 Italianità[意大利人]神话,这个神话后来成为从意大利现代历史的历代兴衰至法西斯主义观念的意大利政治思想的一个永恒要素。在 18 世纪维柯(Giambattista Vico)的心目中,这个神话已获得意大利人民在其他民族面前的特殊优越性的意识,因为她是唯一在"大迁徙"之前就经历了一次历史大轮回的现代西方民族。如今,它表现为意大利知识人对盎格鲁—萨克逊蛮族的那种不太明显的妒恨(ressentiment)——当意大利人在领袖人类时,后者还是些在森林里追逐猎物的生番呢。

第一卷把我们带回到皇帝的权威与教会的权威的关系上来。其论点是支持皇帝，断言皇帝的权威直接由上帝赐予，反对等级制的构造。它的重要性在于世界帝国和地上天堂理论的意涵，前文对此已有讨论。

七 《炼狱》第29—33篇的愿景

《论世界帝国》不是但丁关于政治问题的定论。他的人格成熟过程的阶段反映在《神曲》第三部灵魂的等级中。在第四重天(《天堂》第10—14篇)，我们看到了神学家，第五重天(《天堂》第15—18篇)，是为上帝作战的武士，第六重天(《天堂》第18—20篇)，是行正义的统治者，第七重天(《天堂》第21—22篇)，是这个冥想者生活的写照，在那个时代，[79]他所受到的影响分别来自方济各会属灵派，他在佛罗伦萨中活跃的政治生活，他对即将造就新的和平时代的皇帝亨利七世的希望，以及最后，他之遁入《神曲》的冥想态度中。

一部观念通史所要求的简洁不容许我们详尽地分析《神曲》的政治哲学，我们必须集中关注《炼狱》第29篇和第32—33篇中明确的启示性愿景。这个愿景是以精神性的象征表达出来的，所以对它的解读很难在每一点上都达成一致。但经过数世纪以来解释者们持之以恒的努力，基本线索已经清楚。通过洞察但丁召唤中的约阿希姆根源，我们就会找到一条解释的指导原则。其中对堕落的封建制度与贫乏的属灵教会的区分是约阿希姆的，对那个罪恶时代将被一个救世主般的人物所开创的净化了的教会和王国所取代的期待是约阿希姆的。

然而，《炼狱》的愿景并不是对约阿希姆的“圣灵第三王国”预言的简单接纳。约阿希姆的精英主义唯灵论是远离帝国的属灵一属世统一的一种运动，它通过把历史还原为精神的历程而弃绝人类的世俗生活，它关于完全人之兄弟会的狭隘的概念，与组织化的基督教人民观念并不相容。但丁生活在他那个时代更广阔的帝国问题视野中。他看到了教会的式微及其与世俗权力的式微相联系的 renovatio evangelica[福音革新]。对于神圣帝国的存在，其惨况已在最大程度上被认识，阿维尼翁教廷及法国在西部的主宰地位是它解体的两个面相。帝国的重建必将既涉及属灵权力，又涉及属世权力。然而，恢复属灵和属世"共管主权"的观念并不是对前约阿希姆式的"主教叙任权之争"问题的一种回归。往昔的帝国已经死亡。我们甚至可以怀疑但丁是否希望在不远的将来就实现这一革兴，尽管他在这个问题上含糊其辞，但有许多迹象表明，他认为这个事件的发生会在长达 500 年之后。帝国问题被从当时的权力政治背景中抽取来，移置到了符号主义历史的范畴中。

[80]我们说过，文中的基本符号都是约阿希姆的。帝国将由一个"元首"(Dux)开创，[①]然而，这个元首是俗世的最高领袖，而不是像在约阿希姆那里，是一个精神领袖。只是到第二级，才出现一个精神领袖，其名为灵猩(Veltro)。约阿希姆范畴表中的双头领导权得以恢复。

关于"灵猩"，见《地狱》第 1 篇，第 100 行以下。而应当注意的是，俗世的领袖在《神曲》中地位太突出了，以致有些专家倾向于将"灵猩"等同于"元首"，并认为在但丁心目中帝国只有一个领袖人物。"元首"的突出地

---

① 见《炼狱》第 33 篇，第 37 行以下。这个领袖被称为 the cinquecento diece e cinque[五百一十五]，写成罗马数字就是 DVX。Duce 的发音对法西斯不无吸引力，参看 Domenico Venturini：《但丁与墨索里尼》(*Dante Alighieri e Benito Mussolini*)第 2 版（罗马，出版时间未注明），这一富有启发的研究探索了《神曲》对法西斯统治的预言。

位无可争议，但将两个人物等同的做法，似乎忽视了但丁作品中的约阿希姆主义因素。这个问题的细节，见 Casini 和 Barbi 对《神曲》的出色注释以及其中开列的书目。自 Casini 和 Barbi 的 1926 年注本发表之后，“灵猩”问题出乎意料地风靡起来。Alfred Bassermann 本世纪初就大胆地表达了这样一个论点，即“灵猩”这个人物是从蒙古人的大汗传奇中得到的灵感（参见 Bassermann：《灵猩、大汗与帝王神话》[Veltro，Gross-Chan und Kaisersage]，载《新海德堡年鉴》第 11 期[*Neue Heidelberger Jahrbücher* 11，1902]）。《地狱》第 1 篇，第 105 行，讲到“灵猩”那句诗——他诞生在菲特罗与菲特罗之间的地带——被认为是指他诞生在蒙古包的毡墙之间。这个论点不大为其他但丁专家所接受。在 20 世纪 20 年代后期，这一争论又重新走热，因为研究中世纪统治者象征的重量级权威之一 Fritz Kampers 倾向于同意 Bassermann 的论点。接下来有一场激烈的争辩，有兴趣的读者可以检阅《但丁年鉴》第 11、12、13 卷；参与争辩的有 Kampers、F. Frh. von Falkenhausen、Bassermann（[译注]此处原文 Albert Bassermann，应为 Alfred Bassermann）和 Robert Davidsohn。这场争辩最后以 Davidsohn 的那篇结论性的论文《论灵猩》（Ueber den Veltro. 载《但丁年鉴》第 13 卷[*Dante-Jahrbuch*，vol. 13，1931]）草草收场。达维德松查到意为毡子的 feltro 一词在托斯卡纳的山地居民的古语中也有，它在那里指的是羊毛皮。很可能这就是但丁的意思。若是如此，《地狱》第 1 篇，第 105 行就只能意味着，“灵猩”是完全按基督教的风俗在牧羊人中间诞生的。

我在前面的注释中提到过，Venturini 试图把 DVX 的预言跟墨索里尼相联系。希特勒上台后，巴塞曼急不可耐地认为，希特勒完全应验了“灵猩”预言（*Bassermann*，*Für Dante und gegen seine falschen Apostel Streifzüge*，Buhl-Baden，1934，第 7 页以下）。值得一提的是，Josef Hermann Beckmann 在一篇纪念 Bassermann 的论文中接受了这一观点：“对 Bassermann 而言，希特勒掌权是个令人愉快的事件。在他看来，这个渴望已久的梦想终于因元首这个人物而成为现实。他发现了‘灵猩—太阳神话—希特勒’三部曲。他发现希特勒应验了但丁赋予未来拯救者的各种品质，他是以民族主义的眼光而不是世界主义的眼光来看‘灵猩’的。由于这样，希特勒身上当然完全具有灵猩的特质，他是罪恶恐怖夜之后的恢复者、重建者、启明者。……希特勒的每个新成就都宣示了悦人的福音：世界帝王的古老预言不是梦想，而是注定要随着世界转折点的来临而成为现实。而且，但丁的广阔视野将由此而获得其真实的意义及其最终的幸福开创的确证。”（Hermann Beckmann, Alfred Bassermann, ein Leben fur Dante, *Neue Heidelberger Jahrbücher*, n. s. [1938], 18）

但这是一个未来的帝国，它不会由在任的教宗和皇帝的行动所带来，它根本就不会由凡俗意义上的政治行动所带来，因为帝国是神命历史过程中的一个时代，拯救者们将在上帝注定的适当时间出现。如果我们拿这个[81]概念与约阿希姆的预言比较，我们或许可以说，宿命论的因素——它们是每一套试图召唤一个延伸至未来的固定事件进程模式的历史哲学所不可或缺的成分——重新出现了。但丁的宿命论甚至比约阿希姆还有过之，因为但丁并没有承担起开示未来王国的先知之职，他的预言不是存在论的（existential），而是假借于符号话语的装备，是智识主义的，我们在讨论符号在其《书信集》中的作用时已注意到这点。他的宿命论接近于对一套永恒法令之下的一个历史进程的屈服，这是布拉班特的西格尔和阿威罗伊的特征。

在另一方面，但丁的召唤或许可以与圣奥古斯丁的相媲美。登普夫正确地评论说，但丁的愿景与《上帝之城》（*Civitas Dei*）相辅相成，因为它使在圣奥古斯丁作品中一个基督教王国的召唤得以完成，这个召唤一直残缺不全。[1] 这种比较可以超出内

① Alois Dempf：《神圣帝国：中世纪和政治复兴时期的历史哲学与国家哲学》（*Sacrum imperium*：*Geschichts-und Staatsphilosophie des Mittelalters und der politischen Renaissance*），Munich and Vienna：Oldenbourg，1929，4th ed.，1973，第482页。

容方面而延伸至情绪领域。《上帝之城》在某种程度上标志着罗马－基督教时代的终结，因为它接受了基督教帝国观念的失败。saeculum[时代]是 senescens[衰老的]，在历史的世界里已不再有希望，我们必须等待基督的第二次显现，这种显现将终止本质上毫无意义的人类事务进程。但丁时代的形势和情绪在某些方面与圣奥古斯丁时代相仿。帝国再次陷于失败，[82]而且在不远的将来绝无再造帝国的希望。有一段相当于 saeculum senescens[衰老的时代]的等待期。个人除了收摄心神于宗教沉思之外无能为力。他可以对当时的种种罪恶作出评判，但时代将对他不予理会。世界将同样因神的干涉而终结，而与奥古斯丁之概念的一个重要不同在于，这个终结将不是天国的降临，而是基督教人类的历史迎来一个全新的帝国体制。我们在《神曲》中首次碰到这种无望的希望情绪，希望某个解围之神废止世间力量破坏性的离心趋势，同时建立一个至善的世间基督教王国。但丁所采用的范畴在某种程度上是中世纪的，因为他想象中的至善王国是完美的中世纪帝国。但他的情绪在某种程度上却是现代的，因为它吸纳了早已成为 12 和 13 世纪事业的 saeculum[世界]重建。这个希望是无望的，因为在一个已成为上帝之国下降到物质层面的基督教世界中，世间的力量将作为正当性的力量与我们同在。这些力量将永远是离心的、破坏性的。它们不可能被革除。只能使它们屈从于一套基督教的精神秩序的目标。然而，把它们革除的梦想是我们现代世界中的一股巨大力量，当它们行将彻底颠覆基督教秩序时，这股力量至少可能对它们有所抑制。

第十七章 帕多瓦的马西利乌斯

一 德意志宪政发展之开始

[83]教宗在路易四世统治期间(1314—1347年)的干涉为帝国和教廷之关系的确定以及我们对世俗和宗教权力之关系的深入分析提供了契机。教宗拒绝承认路易四世为皇帝,激起了德意志诸侯的民族情绪,导致经过一系列法令之后,皇帝获得不受教宗节制的宪法地位。1338年伦斯选侯会议(Kurverein of Rense)召开,宣布一位皇帝由选侯的多数选出,即便没有教宗的确认,选举也是有效的。接下来在不征求教宗意见的情况下召开的法兰克福会议(Diet of Frankfurt)宣布选侯有权选择一位皇帝,使皇帝制度彻底脱离教廷。最后,1356年的《金玺诏书》(*The Golden Bull*)确立了不受教廷干预的皇帝选举规章。这份诏书至1806年前一直生效。追随英国和法国的脚步,德意志领土开始了民族性的缩合过程,逐渐发展出取代从前格拉西乌斯式的西方帝国政制的民族性制度。随着伦斯选侯会议的召开和《金玺诏书》的颁布,德意志帝国的宪政演化可以说已经开

始。当时所开创的联邦体制，即德意志诸侯组成一个联邦，并由一个选任的皇帝担任首脑，在数百年以来的历史变迁中原则上一直是德意志的宪政体制。这一传统是如此强大，以至于它到1871年更成为德意志帝国的基础。研究俾斯麦宪法的首席权威拉班德（Paul Laband）曾将德意志帝国的政体解释为[84]皇帝统领下的德意志诸侯的贵族式共和制。

二 《和平保卫者》

在这场斗争的双方所制造的派性文学洪流中，反教宗的《和平保卫者》（*Defensor Pacis*）出类拔萃，它第一次召唤至高无上之世俗国家组织的观念，其激进作风与吉莱斯《论教会权力》召唤至高无上之教宗权力的观念时不相上下。这本论著长期以来被视为中世纪晚期最重要的理论性文章之一。但直到最近，它在思想史上的恰当地位才在许多原因导致的误解面前得以澄清。

对于达致一种正确的理解无足轻重的一个问题是作者问题，这问题已有很精彩的讨论。这本论著以帕多瓦的马西利乌斯（Marsilius of Padua）的名字流传，但在它成书之后两年，即1326年，马西利乌斯被迫和他在巴黎大学文学院的同事简登的约翰（John of Jandun）一道逃出巴黎，因为他们被视为共同作者。人们做出许多尝试，基于内证把书中不同部分归于这个或者那个作者，但这些尝试尚未取得一致，尽管《论一》和《论二》（第一、二卷）文风的差异使至少这两部分的原稿不是出自同一人之手的说法听起来有些道理。这部作品照现在的样子而言结体紧凑，感觉不到有合写或许会有的那种不可避免的瑕疵。尽管知道两个作者分别写了作品中的哪些部分可以使我们更加清晰地勾画他们的思想轮廓，但很难看出这种知识能够改善我们对作品内容的理解。

对于恰当地理解该作品而言更严重的障碍可归纳为三点。本书直到1928年才有一个校注本。[①] 以前那些版本正好[85]在全书最重要的一节即卷一第十三章第三节中有阙文，以至于从这个单独有阙文的小节中可以得出，马西利乌斯曾提出人民主权和多数统治的理论。校勘本出版后，这个误解就不可能有了。不过，就算校勘本不出，这个误解也并非不可避免，因为《论一》第十三章对那个关键的小节给出七页纸的清楚而毫不含糊的解释，因此一位善于权衡的读者并不是非得犯这个错误不可。[②]

无论如何要在一部中世纪著作中读出现代观念的倾向是导致误读的第二个原因。进步主义时代的史学家们总是乐于让一位以前的思想家敏锐地"预知"后来的观念，以宣扬他的伟大，因为"后来的"观念据信是更加进步、开明的，因此他的"预知"是一种特别的功劳。如今，这种癖好逐渐消失了，将一位思想家的观念严格地置于他所处的环境这种更科学的态度开始风行。[③]

---

① 《和平保卫者》(*The Defensor pacis of Marsilius of Padua*, ed. C. W Previte-Orton, Cambridge: Cambridge University Press, 1928)。英文版：*The Defender of the Peace*, trans. Alan Gewirth, 2 vol., New York: Columbia University Press, 1951—1956；关于晚近的研究，见 Cary Nederman:《共同体与同意：马西利乌斯〈和平保卫者〉的世俗政治理论》(*Community and Consent: The Secular Political Theory of Marsiglio of Padua's Defensor Pacis*, Lanham, Md.: Rowman and Littlefield, 1995)。马西利乌斯其他作品的译本可见《论帝国：[和平]保卫者小卷及论帝国转移》(*Writings on the Empire: Defensor minor and De translatione Imperii*, ed and trans. Cary Nederman, New York: Cambridge University Press, 1993)。

② 许多优秀的史学家，以及细心的分析家，也会犯这个错误，登普夫的《神圣帝国》第435页就为这种事的出现提供了例证。对于正确观点的一种优秀陈述，见 McIlwain:《西方政治思想的发展》，前揭，第303页以下。

③ 参见 McIlwain:《西方政治思想的发展》，前揭，第303页以下。他在那里对以现代意义误读中世纪概念的癖好进行了理由充分的批评。

史学家在恰当地定位马西利乌斯的观念时所面临的种种难题，是误解的第三个来源。《和平保卫者》在很大程度上是以亚里士多德《政治学》为基础的。与亚里士多德的相干又一次引起我们前面在托马斯那里不得不讨论的问题：[①]“接受”亚里士多德并不意味着采纳他的城邦理论，毋宁说意味着选取亚里士多德的许多孤立的理论安插至一个基于完全不同原则的体系中。马西利乌斯对亚里士多德的引用常常以其字面意思而为人们所理解。对照一下可以发现，在许多关键点上这些引用是毫无道理的。在那些根本性的论点中，马西利乌斯与亚里士多德的相干并没有那些引文可能暗示的那样密切。

对于恰当地理解该作品而言，还有一个更大的障碍是，直到最近我们一直对拉丁阿威罗伊主义缺乏足够的了解。马西利乌斯和简登的约翰都是阿威罗伊主义者。如果把《和平保卫者》作为那个时代的一份孤立文献拿出来，读者一定会因[86]它的种种现代思想（modernisms）而感到惊讶。如果知道先前布拉班特的西格尔和波埃修斯（Boetius）的历史，这本论著看起来就不那么时代错乱。它首先不应被视为那些在后来时代发展得更充分的观念的先声，毋宁说是一种发展的最后一步，这种发展已历时 70 余年，此时在《和平保卫者》中步入死胡同。

三　与亚里士多德的关系

这本论著由三部分即所谓的 Dictiones[论]组成。《论二》最长，里面泛泛地驳斥了祭司权力，专门驳斥了教宗权力。它把 sacerdotium[教权]——就它的强制性权力而论——降格为世

① 见卷二，《中世纪（至阿奎那）》第十二章，第 207—232 页。

俗政治体的一部分，唯有在世俗政府所制定的法律的默许下才能活动。短一些的《论一》含有对政治原理的阐述，《论二》的应用法则就是从这些原理中推导出的。简短的《论三》主要列举由前两论中归纳出的二十四条法则。对观念史而言，最重要的部分是阐述原理的《论一》。

《论一》通篇不停地把“圣人亚里士多德”（divine Aristotle）作为政治理论的终极权威来引用。可是马西利乌斯还是像托马斯那样，以 civitas[国家]或 regnum[王国]取代城邦，把亚里士多德不予考虑的民族领土性政治体作为 communitas perfecta[至善团体]。此外，马西利乌斯在其政治环境中的处境，跟亚里士多德正好相反。亚里士多德可以将数百年来的城邦视为当然，他感兴趣的是在一种不成问题的政治形式中的人们和公民的生活。创建一个特定的城邦可能对他是个难题，但城邦的存在和结构却不是。所以，他可以从人“天性”注定在城邦中生活的预设出发，仅需考察这种生活的条件。因之，其理论体系的中心是作为人生意义的 eudaimonia[幸福]和作为公民品德的 arete[德性]。相反，马西利乌斯的世俗政治共同体并不是一种具有古老传统的生活体制，而是一种经过艰苦斗争、与旧有帝国决裂的新型组织。亚里士多德的《政治学》是垂死城邦的遗言，《和平保卫者》是世俗国家的新声。[87]马西利乌斯只是附带地运用人注定在世俗国家中生活这个观点。他的首要题目是国家之发生，这需要历经艰辛，通过世俗国王的努力加他的专业法律人和财政官员的辅佐，整饬国内社会群体的秩序，尤其是将目空一切的祭司阶层还原到它在一个政治身体中的适当位置上。幸福和德性的问题不得不退居幕后。这本论著的标题表明其主要旨趣：通过将令人不安的祭司权力纳入作为政治法律秩序保卫者的垄断性的世俗权力之下，在共同体内确立和平与安宁（III. 3，“论本书的标题”）。

四 有机体比喻

《和平保卫者》是对政治体安宁所需之条件的探究。马西利乌斯在至善团体与动物的比拟中找到他分析的起点。安宁之于王国,如健康之于动物。"国家就像一头动物"(I. 2. 3),若周身百骸秩序井然,各司其职,则四境安宁(I. 2. 3),良序的共同体类似于一头体格匀称、周身百骸任运自如的动物(I. 2. 3)。在有机体比喻的问题上,马西利乌斯征引亚里士多德《政治学》1254a 和 1302b。阅读这些段落以及其他段落会发现,其中 1302b 确实把政治共同体的各部分比之为动物身体的器官。但这个比喻在理论体系中的位置,在马西利乌斯和在亚里士多德那里却有所不同。在《政治学》中,这个比喻是在变革理论的语境中出现的,贫民部分或富人部分的畸形发育将会扰乱共同体的和平,并且或许会变成导致变革的根源之一。就变革的此种特定原因而言,城邦与动物的比附不过是附带性的。在马西利乌斯的理论中,它却成为国家理论的最重要环节。在另一处,1254a,这个比喻具有非常不同的作用。城邦的结构不是与动物身体的各部分相比,而是与有生命事物的灵魂和身体的关系相比。灵魂是统治的部分,控制身体的各种官能。亚里士多德[88]得出的政治学推论是,对应于灵魂的较优秀的人,天生就该统治对应于身体的奴隶,这一论点因较优秀的人应该像统治动物那样统治较低的人这一暗示而得以强化。很明显,有机体的比喻在两处语境中毫不相干,亚里士多德的体系中没有一以贯之的有机体理论。

所以,在马西利乌斯的体系中,有机体比喻有一种作用,这种作用不可能是从亚里士多德那里来的,它与《政治学》多少只有一些表面上的联系。它的先导,我们必须在萨利斯伯瑞的约翰(John of Salisbury)作品里的前亚里士多德主义的有机体比喻中寻找。《治国者》(*Poticraticus*)试图将世间的统治权力限定为旧有帝国中特定国民共同体(commonwealth)的代表者。这一尝试在当时不可能完全成功,因为这种国民共同体尚未被全力召唤,以使国王充当这个貌似真实的“整体”之代表者的角色。萨利斯伯瑞的约翰使用有机体比喻,目的在于使国民共同体的存在和内部结构易于理解。至马西利乌斯时代,这些召唤性的困难大都已经消失,世间的政治单元已经获得令人印象深刻的实在性,没有人需要反复劝说才肯相信英国或法国存在。但理论性建构的诸多难题依然鲜有触及。马西利乌斯必须在几乎是萨利斯伯瑞的约翰把这个问题放下的地方把它拾起。对他而言——对先前的那位思想家也一样——有机体比喻是把国民共同体确立为政治权力场域中的一种实体的手段,因此他能够着手解决这一问题:国民共同体中的统治者个人或者统治集团,用他的术语来讲就是 pars principans[领头部分],如何能够以代表性的权威履行其整顿共同体生活的职能。

五　世间的代表性权威问题:立法者

有机体比喻对于作为整体的国民共同体之召唤是一种支援,但它对于第二个问题——代表性权威的问题——的解决却没有多少帮助。如果统治者的权威非由神授,[89]而被认为是来源于国民共同体本身,就会引起一个问题:把权威的本源定位于世间政治体内的什么地方。与动物身体的比附并不能提供答案,因为统治者本身是它的成员之一,因此不能从这个机体的其他成员中导出他的权威,他反倒要规范他们。权威来源必定存在于全然“整体”中单独的成员们背后的某个地方。用现代的话来讲:在宪法背后，在政治社会赖以运转的东西背后，存在着人民的制宪权(constituent power)，它可以被制度化为一个制宪会议或议会。马西利乌斯的历史功绩在于，在现代西方世界里，他第一个从原则上着手解决这道政治思考题。他的分析深透而清晰，我们甚至可以说他对这个问题给出了当时最好的答案。但因为它是当时的最好答案，所以它不可能是一套人民主权理论。合法组织起来的现行国民共同体背后的那个本源——统治者权威源出于此，马西利乌斯称之为“立法者”。这个词不可以简单地译成英语的legislator[立法机关成员]，因为我们现代的立法职能是受根本法约束的。而马西利乌斯的立法者译自亚里士多德的nomothetes[创制者]，是授予宪政秩序以权威的世间能动者，在这种宪政秩序下，统治者可以执行其包括法规制定在内的职能。立法者及其职能在《论一》第十二章第三节这段著名的段落中有界定：

> 根据真理和亚里士多德《政治学》卷三第六章(按现代算法是卷三第十一章)的意见，我们作如下界定：populus[人民]或civium universitas[公民整体]或其pars valentior[在社会上相干的部分]是立法者，或曰法的初始和真正有效的原因，凭它的选择或它在全体公民大会上用语言明示的意志，以现世的惩处或刑罚指示或决定在人们的社会行动方面做或不做某事。当我说“在社会上相干的部分”，我的意思是，这些人的数量和质量在共同体中是相干的——法律是颁布给共同体的。前述公民整体或者它的在社会上相干的部分是立法者，无论它是自己制定法，还是把法的制定委托一人或多人——这一人或多人当然不是也不可能是立法者本身，而仅仅是为了特定目的、在特定时间、据原初立法者授予他们的权威而行事。

[90]对此界定的评判有赖于理解 civium universitas[公民整体]和 pars valentior[在社会上相干的部分]这两个术语的意义。以前人们以为，universitas 是指人口中达到投票年龄的现代宪政意义的人民，而 valentior pars 则指人民中的多数，这个假定如今即便从语言学上讲也已经不能成立。以前的文本把 valentior 界定为 considerata quantitate[从量上考虑]，校勘本则加上 et qualitate[与质]。我也放弃了其他译法，比如说 prevailing part[占优势的部分]或 dominant part[主导部分]，它们在字面上没错，但除非加以精心阐述，否则无法传达任何意义。为此，我使用了“在社会上相干的部分”(socially relevant part)这个术语——这个术语取自韦伯(Max Weber)，意指共同体中一切不可能在政治上受忽视而不引起社会秩序的革命性震荡的成员。只要这个译法符合亚里士多德《政治学》的意图——马西利乌斯的观念正是基于此书，并符合马西利乌斯自己在《论一》第十三章所阐述的意图，它就是有道理的。由两个文本看来似乎是，共同体的某些成员，由于其量和质的缘故，他们的重要性不能在政治上受到忽视，在这个意义上，他们可能是在社会上相干的。穷人经常会因他们的人数而相干，然而那些因其道德品质、教育和财产而相干的人，却常常是少数富人，尽管亚里士多德设想过，有可能富人阶级因其人数而相干。在马西利乌斯，量与质的分界线似乎在于下等阶级农、工、商与上等阶级牧师、军人、法律人之间的划分(I. 5)，在《论一》第十三章的语境里，有质的人是指从 indocti[未受教育的]大众中脱颖而出的受过教育的、精明的法学专家。

马西利乌斯为立法者的行动提供了一个详尽的方案(I. 13)，以保证受过教育的少数人的创议权，同时将审核批准的权力留给未受过教育的大众。普雷维特—奥滕(C. W. Previte-Orton)的意见是,这一方案反映了当时意大利各自由市所真正采用的程序。但是我们先不管真正的程序是什么,由于技术原因,这点在意大利市镇里一定不同于在像法国这样的广袤领土内,我们可以说,马西利乌斯勾勒出的这幅地位团体等级体系的社会结构图,大体上是对晚期中世纪社会的令人信服的描绘。他的立法者仅仅是在任何政治单元中分层化的中世纪社会。[91] 这点很重要,因为就算是在马西利乌斯时代,也并没有绝对的必要以这些术语设想出一个共同体的"整体"(the"whole" of a community)。13 和 14 世纪的政治理论并非全然没有可能转向大众民主统治的建构。我们已经注意到托马斯的观念中这方面的倾向。本可以为一种大众统治的召唤造就物质基础的那些社会力量,存在于意大利的宗教团体运动中,以及在较轻微的程度上,存在于西部和西北部欧洲的许多市镇中。然而,当时历史并不支持这种发展。宗教性的平民造反被视为异端而受到镇压,直到 16 和 17 世纪,平民力量才侵入制度领域。马西利乌斯对这些运动中的精神力量不感兴趣,在《和平保卫者》中,找不到在托马斯的理论中所具有的一个观念:精神上自由、成熟的基督徒构成政治体的本体。此种平民主义的因素在他的立法者概念中确实班班可考,但它们不是由于马西利乌斯本人的任何召唤努力,而是像普雷维特－奥滕所正确指出的,是由于对现实的市镇制度的描绘。

综上所述,我们可以说,马西利乌斯的立法者理论是关于世间政治单元最早的连贯一致的建构,其中政府的权威不是从外部源泉中导出,而是从共同体各部分背后的一个特别建构的"整体"中导出。人们把马西利乌斯的建构与人民主权理论联系在一起,因为后者也有创建世间政治单元的相同目标。除了目标相同以外,它却是一种货真价实的中世纪理论,以分层化的中世纪社会作为"整体"概念的质料,无视政治－宗教市镇运动中所提出的平民主义建构的可能性。

六　有限政府:意大利主义

在前面的分析中,我们已强调了决定《和平保卫者》在中世纪观念通史中的位置的因素。如今我们继续分析统治者的地位和职责的细节时,我们必须明了,[92]共同的西方问题的表层已逐渐淡薄,民族的特殊问题的深层已厚重起来。在"主教叙任权之争"时期,一本反教宗的论著理所当然是支持皇帝的,至 14 世纪,教宗权力与皇帝权力之间的紧张已经变为教宗权力与多元的民族世俗权力之间的紧张。马西利乌斯的理论,尽管是反教宗的,却带有意大利问题的特殊印记,这些问题在其他民族区域中并非同样真实。

当我们考虑凌驾于 pars principans[领头部分]之上的立法者的权力时,这点必须纳入考虑。统治者是由立法者创制的,他必须服从立法者的纠正性权力,甚至罢免或废黜——如果权威被公然滥用的话(I. 18)。由"整体"行使罢免权的观念实际上解决了困扰萨利斯伯瑞的约翰的问题,先前这位思想家的不可靠的解决方案,即通过诛暴的方式来实行纠正,现在被代之以国民共同体一方的适当方式的行动。这一将"整体"等同于 universitas 的世间政治体建构,其内在的逻辑趋向于有限政府观念。然而,把马西利乌斯标举为宪政和有限君主制的先驱尽管时有发生,却是轻率的,因为在整个西方世界中,观念与制度的发展过程不是一致的,不存在什么势所必趋的理想形式。

马西利乌斯所解决的问题严格讲是对世间政治体的建构,"有限性的"色彩对于这个主要问题之解决而言是附带性的,这个主要问题可以有多种解决方案,并不必然要求对统治者加以限制。因为没有必要把国民共同体的“整体”等同于其在世成员的 universitas,这些成员被认为是分层化的中世纪社会或现代的人民。把这个“整体”挤回在世民众之外的一个非物质的共同体本体中,以使统治当局成为共同体内一切经验性团体背后的那种非物质本体的直接代表者,这同样是可能的。这就会导致统治精英或统治领袖拥有不受限制的权威,正如我们在俄罗斯和德意志所看到的那样。作为理论性的建构,这些方案可以互相区别开来,但在我们现代各个共同体的统治实践中,却可以看到它们[93]以不同的强度在同时起作用。很难想象,一个政府违反现实中人民的同意而能持续地运转,就算它的权威完全是终极性的;也同样难以想象,一个代议制政府从来不会发现自己偶尔有必要无视在世者的意见而行事,因为对国民共同体的非物质实体的更高级权威的服从要求这样的行动。

在 universitas[整体]对统治者施以控制的技术可能性和有效性方面,国民共同体的规模是一个重要因素。帕多瓦走出来的一介平民会提出政府受 universitas[整体]限制的观念决非偶然。亚里士多德关于这个问题的理论对马西利乌斯非常有用,因为他可以把它们与意大利市镇的政治经验融为一体。《和平保卫者》是第一本展示希腊城邦理论与西方市镇问题之间特有的亲和性的政治论著。把亚里士多德的范畴延伸到市镇范围之外,长期以来是导致困境的一个根源,卢梭在《社会契约论》里甚至明确排除移植其观念的可能性,这种移植意味着把日内瓦模式应用于像法国这样的民族王国。马西利乌斯尚未意识到这些困难,我们已经看到,他毫不迟疑地用 regnum[王国]或 civitas[国家]取代了城邦(polis)。不过,只有在意大利市镇政治的历史背景下,他的理论才有其全部的意义。

这一点对诠释《和平保卫者》而言至关重要，因为我们若不把关于立法者及其权力的理论视为与后来有限政府观念相干的早期观念，而把它视为意大利的，与源自各民族 regnum[王国]的阿尔卑斯山以外的观念属于同时代，那么它的许多想当然的预言性特征就会消失。这一论著在当时不能发挥作用，部分地是因为西欧的政治演化正朝着一个相当不同的方向进行，最终发展为英国和法国的绝对王权君主制。只有在平民运动的力量被释放出来的时候，阿尔卑斯山以北才迎来向有限政府和人民主权的转变。以中世纪的"整体"来限制政府的观念，是在具有地中海市镇政治传统的意大利的环境中提出的，[94]而以人民来限制政府的观念，却是在西欧提出的，并随着 19 世纪的民族复兴将其影响力延伸至意大利。

七　阿威罗伊主义的自然论

我们将从世俗政治体的内部结构回到问题的一般性层面。马西利乌斯理论的这个一般性部分在性质上是隐秘主义的，因此它的陈述会面临某些特定的危险。两位作者都是阿威罗伊主义者，发表一本阿威罗伊主义的政治论著意味着个人不幸这一现实的必然。阿威罗伊主义的倾向可以从这本书的关键性部分中嗅出，但它们既没有受到强调，也没有被融入一个清晰的体系之中。大可认为，作者尽管不隐瞒他们的观点，却也不刻意地热情推销它们，而是让会心的读者去完成作者自己仅止于暗示的一个理论模式。

用以遮掩阿威罗伊主义内容的主要手段是对亚里士多德的歪曲性引用。《论一》第四章第一节给人造成一种印象，它完全采用了亚里士多德的优良生活理论：人们集合在一个共同体里，是为了满足日常生活的需要，人们融入至善社会，是为了优良生活的缘故，优良生活由实践的和沉思的灵魂的自由职务所构成。但这段话却是前后不一的引用。在亚里士多德的体系中，良好生活的学说在关于好人和好公民及其品德的理论中得到了详细的阐述，而在马西利乌斯的体系中，这种阐述或者说相应的部分却付诸阙如。相反，我们却看到一套自然主义的社会哲学。在马西利乌斯看来，农、工、商、军人、牧师和统治者等职司的区分是自然的旨意造成的。自然赋予人们不同的倾向或习性，以便为人类过上至善社会的生活提供质料（I. 7）。马西利乌斯特别提到自然所决定的尚武习性和统治智慧，以及劳作的倾向和沉思的倾向。人类单元被分解为一个由许多自然习性的拥有者所组成的整体，因此马西利乌斯并没有一套人格主义的人性论（personalistic anthropology）[①]——无论基督教的还是其他的，而是有一套典型阿威罗伊主义式的关于自然人的集体主义哲学。如果我们拿它同亚里士多德理论的相应部分即《政治学》卷七第八、九章（1328a—1329a）作比较的话，这一学说的激进的自然论是显而易见的。[95]亚里士多德也关注人的自然倾向，但他还重视各行各业的问题以及理想人格观念。由于劳役会让公民的生活没有闲暇，因此它被派给奴隶或野蛮的 perioeci[贝里俄季]去干，奴隶和野蛮人是劣等人，因此不能成就理想人格。

---

① [译注]人格主义（personalism）的基本看法是：认为人的自我、人格是首要的存在，整个世界都因与人格相关而获得意义；人格是具有自我创造和自我控制力量的自由意志；人的认识是由人格内在地决定的，为了认识实在，只能凭借直觉、即人格的内在经验，不能凭借概念和推理；虽然每一人格是独立自主的，但都是有限的，它们朝向一个至高无上的、无限的人格。人格是一种道德本体，其内部存在着善与恶、美与丑等不同价值的冲突，这种冲突是一切社会冲突的根源。为了解决社会问题，就要调节人格的内部冲突，促进人的精神的自我修养和道德的再生。

技工和商贩在天性上不一定是奴隶，但因其职业卑贱而不能成为完全公民，他们是否天生就不适合当公民的问题却存而不论。最后，理想的公民不是根据自然倾向来区分的，每个人都必须在其一生中的适当时期相继履行军人、统治者和祭司的职责。因此，城邦是根据理想的人组织起来的，至少上层阶级的成员需满足全面发展之人格的条件，因为他们有完整的人类品质，所以能构成共同体的本体。

八　领头部分

马西利乌斯没有与亚里士多德相类似的人的观念。civitas［国家］能够基于人类习性的多样化而建立起来，但它不可能是逐渐形成的。在马西利乌斯的术语中，不同的自然习性是国家的 causae materials［质料因］，而不是它的 causae formales［形式因］或 causae efficientes［动力因］。社会秩序的形式因存在于立法者所颁布的根本大法中，其动力因则是立法者本身。国家不是有机体，而是组织，其各部分在顺从实现一套创制性的权威所颁布的秩序的意义上是 officia［职司］（I. 7. 1）。在这种结合中，pars principans［领头部分］即统治者的职能成为最重要者。立法者之所为不过是勾画出社会秩序的大轮廓。留待统治者去做的是持续不断地整饬和协调国家的其他部分。出格行为必须予以纠正，公正与均衡必须予以维持（I. 5. 7）。这一职能被描述为 judicialis et consiliativa［审断机能和议事机能］（I. 5. 7）以及 executiva［执行机能］（I. 15. 4），它还包括制定规则的 praecipere［权力］（I. 15. 6），特别留待统治者去做的还有颁布规章来规定诸社会群体成员的人数和资格，以保持它们适当的均衡（I. 15. 10）。［96］统治者是主部，因为他创制、决定和维持所有其他部分（I. 15. 14）。

由于在马西利乌斯的概念中，civitas[国家]不是从其成员们的自由联合的努力中历史地生长出来的，而是，其存在须有赖于统治者的定序活动，因此除非统治者拥有对权力的垄断，否则它不可能是稳定的。如果国土的规模要求有众多地区性的统治权威，它们必须严格服从中央权威的规制性和纠正性的权力。只要一群人(a multitude)有一个具有终极世俗权威的统治者，这群人从定义上就是一个国家——civitas(I. 17. 11)。[①] 强调统治者具有决断国家之统一性与单元[②]的主权，并非对 populus[人民]或 universitas[整体]是国民共同体的最主要本体的理论的彻底背逆，因为统治者仍需由立法者创制，不过它显示出关于一个主权者整体的设想，基础是何等贫乏。在现代诸民族达到一种使它们能够作为主权者起作用的凝聚程度之前几百年里仍必须履行统一事业的政府组织机构，被赋予了极大的权重。

九 纷纭战国

这套严格意义上的世间国家政治理论，藉一些关于普世帝国问题的评论而告完成。马西利乌斯认为一个最高统治者之下的一个全人类的政治组织是不可取的。相应于人类的不同地域、语言、文化，应该有众多国家。因为人类的繁衍应该由战争和瘟疫来节制，以便使有限的空间足以支承人类的永恒代传过

---

① 《和平保卫者》I. 17. 11："同样，一城或一州的人被称为一个城邦或国家，因为他们想要数字意义上的一个政府。"(据 Gewirth 译本)见 Marino Damiata：《马西利乌斯论全权与公民团体》(*Plenitudo potestatis e universitas civium in Marsilio da Padova*，Florence Studi francescani，1983)。

② [译注]determining not only the unity but also the unit of the state，unity 指对内而言，国家是统一的整体，地方权威服从于中央权威；unit 指对外而言，国家不承认皇帝或教宗等其他更高权威。

程，这似乎是大自然的旨意。由于战争和疾病的作用或许会因世界和平而减少，因此人类在政治组织方面的努力就不应当去克服诸自然政治体的多元性(I. 17. 10)。阿威罗伊主义的永恒代传过程是政治哲学的终极原理。

十　法

[97]有何种政治理论，就有何种法的理论。圣托马斯的那些体系化的难题如今被轻松化解，因为在“法”(law)一词的众多意义中，只有与世俗国家相干的一种被接受。法被界定为关乎公民事务中何为正义、何为有益及何为不义、何为无益并以现世赏罚来实施的一套普遍教义，强制规则是从其中导出的(I. 10. 3—4)。法结合了正义内容与现世奖惩，但强制成分比正义内容更为重要。马西利乌斯认为法学作为关于正义与不义、有益与无益的学问是可能的(I. 10. 4)，但他并不这样看待自然法。一套关于正义(just)(刻意避开 lex 一词)的 vera cognitio[真理认识]并非法律(I. 10. 5)。相反，一套关于正义的 falsa cognitio[错误认识]，如果有现世的奖惩作为后盾的话，却就是法律，就正确性而言它是有缺陷的，即便如此它也是法律(I. 10. 5)。对自然法内容的阐述，在《和平保卫者》中耐人寻味地阙失了。[①]像在吉莱斯的《论教会权力》中一样，potentia coactiva[强力]

---

① 在《和平保卫者》II. 12. 7 中，马西利乌斯以引用亚里士多德《伦理学》第 5 卷第 7 章的形式，列举了一套传统意义上的自然法内容。然而这个段落接下来有几句话：“尽管这些都有赖于人类的创制，但它们在比拟的意义上被称为‘自然的’正当原则，因为在所有地方，它们都同样地被相信是正当的，它们的反面则是不正当的，正像那些缺乏意志的自然存在那样，在任何地方都是始终一样的，比如火，这里燃烧的与波斯燃烧的完全一样”(据 Gewirth 译本)。ius naturale[自然法]等同于 ius gentium[万民法]。我注意到这段话是因为 Friedrich von Engel-Janosi 教授。

(I. 10. 4)主导着理论场景。

十一　基督教与教会

与关于国家的实证性理论相比,反对教权的论证却平淡无奇,尽管它占全书的大部分篇幅,而且是该书现实的主要意图所在。马西利乌斯对基督教的态度是阿威罗伊主义的:在任何地方都承认信仰的真理,但对待信仰真理的内容却又无比淡然,以至于马西利乌斯的立场甚至不能算是唯信论的,[98]他绝不想付出哪怕半分的努力去获取托马斯意义上的信仰与理性的和谐。生活及优良生活的意义是哲学家的话题,亚里士多德是关于尘世问题的权威导师;在永生问题上,人们尚未达成共识,它远不是理性讨论所能及的(I. 4. 3)。基督教被视为众多教派中的一个"教派",尽管它在形式上被视为一种正确的宗教,与众多错误的宗教相对立。

在《论一》第六章中,这种超然态度达到荒诞不经的地步。在那里,基督教的信仰教义被以一种小学教科书的方式概括,仿佛这本论著是写给以前从来没有听说过基督教的读者似的。对于一个能写下这一章的人来说,基督教肯定已成为文化古董,不再能够吸引任何深远的情绪了。这个假设可以从马西利乌斯对宗教的评价中得到进一步证实——他认为宗教是一种适于平民的神圣恐惧,这些人的品德将会因想到某些行为逃脱了尘世的审判却逃不脱彼岸的惩罚而得以加强(I. 6. 11)。惩罚存在于彼岸,存在于 saeculum aeternum[永世]之中;无论如何,教士也不可能获得独立于世俗权威的对人们的强制权力。基督教尤其被解释为专注于彼岸的宗教,因而不能以一个对其成员拥有 potestas coactiva[强制权力]的教会的形式加以制度化。基督本人除了在永世中以外,也未被允许担任国王和审判;而在此世中,他可以当一名"医生",可以告知、预言、表达关于某种生活会通往永恒幸福或永恒惩罚的判断,但不能由教士们以此生的强制维护他的劝告(II. 9. 2;又见 II. 7. 5)。在这个语境中出现一个费解的段落,可惜有错讹,但如果复原了的话,这段话只能有一种意义:基督出于仁慈,"每个时代终了"没有降下惩罚,为的是给人时间行善悔罪。① "每个时代终了"一语只能意味着马西利乌斯接受阿威罗伊主义的永恒复归的世界循环理论,在每次循环终了时,基督都担任审判人的职司,就像他在每次循环中都出生、受难一样。

[99]可以想见,从这一立场中会得出哪些支配教会与世俗政治体之间关系的原则。我只摘取几条主要规则:教会绝无强制权力,而是在各方面都服从于那个规范人们生活、使他们为尘世的幸福而努力的人类立法者的权威(II. 4—5);教会的处罚,包括绝罚,只有世俗法律许可的情况下才可运用(II. 6);教士无世俗法庭的豁免权(II. 7);教会内部的等级制组织应予废除,因为一切教士都是平等的,而罗马教宗的地位有历史的理由,却没有精神的理由(II. 5);只有《圣经》本身才应该为一切基督徒所信仰,对《圣经》的解释是教会公会议的职能之一(公会议由来自世界各教省的代表组成,这些代表由信众根据人类立法者规定的条款选出,应给予品质才学相应的权重,诸如国王等平信徒应像教士一样被包括在内)(II. 19)。

十二　隐秘教义

从前面对《和平保卫者》的陈述中可以清楚地看出,其学说

---

① 《和平保卫者》II. 9. 1:"出于仁慈,基督愿意给每个人机会,以使他在生命的每个终点之前变得值得奖赏,忏悔因违敌基督的律法所犯下的罪。"(据 Gewith 译本)

不能化简为一套简单的准则。太多理论性和实践性的问题相互交织,太多情绪倾向汇流而出,想逃过教廷审查的作者把自己的原理隐藏得太好了。然而,尽管其根本性的学说带有隐秘性,我们却依然可以像教廷的审查官一样洞察那些情绪和观念的本质,将它们放在当时的时代中来理解。我们说过,这套政治理论是阿威罗伊主义的,但这一表述需要一个重要的限定。在讨论布拉班特的西格尔那一章里,我们已发现阿威罗伊主义理论的集体主义不无含糊。[①] 人类是一个集合体,既因为囊括全人类的永恒代传的自然过程,也因为唯有人类享有 anima intellectiva[智慧心灵]的同一性。如果把这两个层面分别拿出来作理论性建构的基础,所导致的政治观念显然会大相径庭。智慧心灵本身有助于一个全人类世界帝国的召唤,[100]政治组织的普世性相应于集体心灵的普世性。而如果自然过程成为理论的决定因素,就有可能召唤那种有许多前后相继的并存政治体无休无止地涌出的观念。第一种可能性,在但丁的世界帝国观念中成为现实;第二种可能性,在马西利乌斯的众多封闭而相互为战的世俗国家观念中成为现实。因此,《和平保卫者》应当跟《论世界帝国》归为同类作品,这两本论著一起代表阿威罗伊主义在政治学中的不同可能性。

《和平保卫者》的隐秘性,使人们难以断定这本论著在整体上是否可以称为一个政治学体系。通行意见似乎是,《论一》中提出政治理论与《论二》中的教会制度是不相容的。这种意见有很好的理由支持。一种对基督教的唯信论态度就已经会斩斫基督教作为一种共同体构塑力量的元气了。但马西利乌斯走得更远,他明确将宗教视为人民的鸦片,而且如果基督是一个在世界

---

① 见卷二,《中世纪(至阿奎那)》第十一章,第 178—204 页。

循环的永恒之流中有规律地重复出现和消失的人物，基督教就丧失了所有意义。对于持自然论的知识人来说，基督教或许更多的只是一种幻觉，不能与世俗政治体制结合得天衣无缝。

然而，我们也可以换个角度来看问题。我们记得，阿拉伯哲学家对伊斯兰教曾持有一种宽容的态度。[①] 尽可以放任大众去信仰一种正统宗教，因为他们不可能上升到更高水平的推理和洞见，智识主义的教义则只有隐姓埋名的哲学家群体才能掌握。《和平保卫者》的作者有可能就采取这种态度。若是这样的话，他们的教会制度就是应付平民信仰的一个相当可靠的办法。这个办法听任平民去信仰，甚至通过公会议的方式，让这些信仰有一种制度化的表达，同时限制祭司阶层对该由智识专家们占据最高位置的政治体的影响。

我们不能断定该赞同哪一种意见，因为马西利乌斯学说中的一个关键部分可能丢失了。[101]《论一》推导出一套世俗国家的制度理论，但它没有涉及智识和精神共同体之本体的问题。我们听到关于优良生活、何为正义及有益、实践的和沉思的灵魂的自由职务等问题的含糊其辞的谈论，却没有听说任何伦理法则、自然法的东西，也没有听说生活——比如亚里士多德所讲的bios theoretikos[静观生活]——有一个核心的目标。由于基督教也无法提供共同体的本体，我们可以猜想，在这显白出来的政治理论背后，作者们还有某种智识主义的教义来决定他们的生活操守，使他们可以凭借一种功利性的尘世政策自由地赐福于人民群众。从《论一》实质性的空洞中我们可以看到空白之处，但我们不知道上面写着什么。

---

① 见卷二，《中世纪（至阿奎那）》第十一章，第183－186页。

十三　技术政治论

就政治体而言，这一态度在精神上是虚无主义的，尽管它背后或许有一种智识主义的教义。这些情绪的一个结果是，政治思想家在理解权力问题时，他个人却不分享共同体的忠诚和信仰，在这个意义上，对政治问题的研究变成一种技术性的研究。对变革及预防措施的探讨，是亚里士多德《政治学》中马西利乌斯最感兴趣的部分。马西利乌斯的这种技术性研究总被认为跟马基雅维利的政治学相干。马西利乌斯并没有把他的希望集中于那种可与马基雅维利笔下的君王争辉的世俗政治家身上，如果我们考虑到甚至在两个世纪之后的马基雅维利都被强加了种种恶名，而且今天的舆论仍然如此，这点就不应该指望。但是这种立场从一切要素上而言已经预先形成。马基雅维利作为后中世纪世俗主义政治学开山的名声，大部分应归于马西利乌斯。这种关系值得强调，因为它可以使我们洞察马基雅维利立场的来源，让我们找到它至少有一个构成要素是阿威罗伊主义的自然论。[1] 此外，这种关系值得强调，原因还在于马西利乌斯和马基雅维利都是意大利人。[102]人们对意大利政治中的教会有十分糟糕的经验，在这些经验的影响下，意大利的情绪氛围变得有利于对政治问题进行宗教上超然的、冷静的、术业型的研究。这种意大利特有的政治思想形态——在它最近两位杰出代表莫斯卡(Gaetano Mosca)和帕累托(Vilfredo Pareto)那里，它甚至还引人注目——在14世纪早期就已经成形。

---

① 见 Antonio Toscano:《马西利乌斯与马基雅维利》(*Marsilio da Padova e Niccolò Machiavelli*, Ravenna: Longo, 1981)。

第十八章　奥卡姆的威廉

[103]通过对罗马的吉莱斯、巴黎的约翰、但丁和帕多瓦的马西利乌斯的分析，我们发现 14 世纪特有的一种政治理论模式。在此有必要对这种模式稍加考虑，厘清它与前几个世纪的政治理论模式的区别，因为对它的澄清将有助于分析当时最复杂的思想家奥卡姆的威廉。

一　一种理论模式：威廉的问题

"主教叙任权之争"末期，对世界的激进精神化使接下来两个世纪诸世间力量的兴起黯然失色。13 世纪末，圣托马斯的体系在综合当时诸力量方面取得辉煌的成就，但我们看到，它们随后又以全力再次出场。只有在当时，那些力量才因它们种种巨大的问题而变得可以辨识，这些问题，接下来时代里无论哪个思想家都无法单独驾驭。因此，中世纪晚期最重要的特征就是缺乏一种可视为该时代的典型象征的经典哲学体系。相反，我们发现了理论性表达的一个敞开场域，每一种表达都是一块意义碎片，如果单独来看，都不能使人们对该时代有完整的理解，要想描绘这一时期的思想家所致力从事的那些问题的真实图画,必须把它们合在一起,在它们的相互关系中审视。在这方面,圣托马斯之后的那个世纪类似于他之前的那个世纪:为了理解托马斯以前俗世凸显的程度,我们必须回顾萨利斯伯瑞的约翰的世俗个人主义和圣方济各的精神个人主义,弗里德里希二世的帝国情结和布拉班特的西格尔的智识主义情结,[104]菲奥雷的约阿希姆的历史意识和诸位教宗、皇帝行动中初露端倪的法条主义。同样一些力量出现在 14 世纪,但它们的表达已不再能够等同于一系列鲜明的典型人物。12 和 13 世纪的革命性工作已经做出,诸世间力量已经确立,这意味着它们已扩展到教义体系里,有时还扩展到制度里,将其自身的动力作为一种要素加诸当时的形势。先前那个时代的基本特征消失了,我们现在所面对的是多种更为复杂的众多决定因素的混合模式。

要想拆解情绪与观念之间的纠结,以便将它们化简为一些决定性的要素,我们必须首先将西方人类的分殊化置于诸特殊的集体中来看,这些集体为本编提供了标题("教会与诸民族")。一方面,教会的唯灵论已发展为博尼法切八世和罗马的吉莱斯的教会主义;另一方面,我们可以看到民族情绪已达到足以将民族性制度的问题引入基本政治理论中去的地步。我们已注意到巴黎的约翰对法兰西君主国的反思与帕多瓦的马西利乌斯对意大利市镇制度的反思,我们现在要考察奥卡姆的威廉的理论中的英国背景线索。不过,在任何情况下,这种集合体都绝不是一套理论中的唯一决定因素。集体性的世间诸力量的表达混和着先前时期的那些个人力量的表达。约阿希姆对第三王国的期待,随同但丁对复兴罗马—意大利的帝国使命的希望一道再现,西格尔和波埃修斯的阿威罗伊式的智识主义,随同马西利乌斯的意大利共和主义、反教会主义(anticlericalism)和技术政治论一道再现。霍亨斯陶芬家族的帝国梦转化为安茹的查理的帝国主义和迪布瓦的法国霸权论。在奥卡姆的威廉那里,英国制度的成分在一种从方济各会的唯灵论中汲取力量的心态中是一个次要因素。

同样一些力量在起作用,但新的观念不仅仅是旧日主题的重新洗牌。业已获得自身冲力的12和13世纪的观念提出了一组问题,这些问题可以视为[105]在其他方面有广泛歧异的14世纪观念的一个共同的新要素。在罗马的吉莱斯的作品中,我们可以看到权力与精神的分离,通过召唤一个等级制——在这个等级制中,权力和精神的本体均集中于首脑一身——两者再次不稳固地被结合在一起。在但丁的愿景里,精神已从当时的权力和激情场域中退出,它们的再次结合变成一个遥远未来的希望。在《和平保卫者》中,世俗权力结构已变成一个封闭的单元,基督教是一种适于人民的教义,而在半遮半掩的帷幕中,则出现一种适于知识人的阿威罗伊主义教义。这一趋势显而易见。自从枢机主教洪贝特(Humbert)和《约克论册》(*York Tracts*)以来,接受世界作为神之创造的一部分,使世间诸力量的兴起成为可能。世界中已确立的力量,如今将要摆脱基督教的精神性,在世间秩序中寻找新的平衡。14世纪的思想家,既涉足新的世间秩序之确立——比如帕多瓦的马西利乌斯;又涉足一套可维持基督教之超越秩序、同时整合世界结构的原则之提出——比如吉莱斯和但丁。

奥卡姆的威廉对付这一形势的非凡之处在于,他对之有彻底的洞察,并以方济各会的唯灵论为资源提出一种理论性的见解,这种见解在后来的现代观念史中再次出现。威廉问题的固定数据(fixed data)如下:基督教唯灵论和基督教神学必须保持原封不动。这种保持所面临的主要危险在于世界的实在性和以科学的方式对这种实在性的把握。然而,科学已成为西方文明的既定事实之一,是不可抛弃的,因此,必须提出一套存在论和认识论来对实在性进行一种批判的、自由的探讨而不危及神学性的见解(theologoumena)。这一任务最大的思想对立面是以阿威罗伊主义的形式出现的亚里士多德主义,所以新的形而上学必须完全站在阿威罗伊主义的自然论和人格决定论的对立面。托马斯主义本身就是一种危险,因为信仰与理性和谐的假定会因为理性的、哲学的探究活动,导致自然神学与超自然神学之间的紧张,这最终可能会损坏教义体系的纯全性。

二 唯名论和唯信论

[106]我有意用数据(data)一词陈述这个问题,仿佛它会通过计算方法而得以解决似的,因为奥卡姆的威廉的形而上学的确就是一个具有鲜明计算色彩的、关于许多既定问题的答案体系,却缺少一个决定其哲学态度的存在论核心。威廉是一系列著名现代哲学家中的第一人,他们所思考的问题不是产生于极端的哲学经验,而是环境要求对之加以知性的解答。在威廉那里,没有什么东西具有圣托马斯理论中的那种崇高的确定性,认为世界秩序是神的理智的一种示现,且必将由人类在真理的命令下进行再创造。在威廉看来,世界的秩序是上帝创造的,但它并非 ratio aeterna[永恒理性]的启示。世界之所以如此,其结构不是归因于神的本体,而是归因于神的意志的一次行动。全能的上帝如果愿意,也可以把它造成另外的样子。世界没有一个本质性的结构,而是实现了上帝从无限的可能性中选择的一种。① 威廉通过

① 对此问题的陈述不得不从简。读者应该清楚,坚称威廉的神学与圣托马斯的神学之间存在种种差异,会过度地强调威廉神学的唯意志论要素。为了获得一种不偏颇的理解,有必要作一种详尽的分析。在本文里,我们尽量点出那些独特的弦外之意。

运用司各脱(Duns Scotus)关于上帝的 potestas absoluta[绝对权力]与 potestas ordinata[普通权力]的区分,把自然之秩序设想为一套由普通权力所决定的假言秩序。它是一种稳定的秩序,因此我们能够基于经验知识在同等条件下阐述关于属世事件序列的普遍概念(general notions)和法则,但是上帝随时都可以凭借他的绝对权力的行动介入秩序,改变事件的预期进程。自然秩序没有真实共相的结构,所以我们无法认识它本身的任何本质,而只能通过它的偶性认识它。自然秩序中的因果关系不可否认,但这种因果关系依赖于上帝意志,没有必然性的特质,上帝可以改变它。这一把自然视为假言秩序的观念是奥卡姆唯名论知识理论的基础。①

[107]这一建构背后的意涵对于奥卡姆的体系以及后来的观念史均有极大的重要性。如果自然的本质是不可知的,我们关于外部世界的知识就成为一个如何依靠人类理性的概念工具

---

① 关于这些问题,见 Erich Hochstetter:《奥卡姆的形而上学与认识论研究》(*Studien zur Metaphysik und Erkenntnislehre Wilhelms von Ockham*, Berlin and Leipzig:De Gruyter,1927),尤其是第 2 章"形而上学的预设"("Metaphysische Voraussetzungen")。又见 Sytse Ulbe Zuidema:《从〈哲言录注〉看奥卡姆哲学》两卷本(*De Philosophie van Otcam in zijn Commentar op de Sententien*, 2 vols. ,Hilversum:Shipper,1936);第 1 卷由刚提到过的那篇论著构成,第 2 卷是选自《哲言录注》;尤其见卷 1 第 452 页对奥卡姆的上帝观念——作为 Uebermensch,agens fortissimum[神、动力因]的上帝——的讨论。论 agens fortissimum[动力因]的那段话,见奥卡姆的《哲言录注》(*Commentary on the Sentences*)II. 19. L(Zuidema's Supplement,210)。关于一般问题的讨论,见 Gordon Leff 的《奥卡姆的威廉:经院学说之嬗变》(*William of Ockham: The Metamorphosis of Scholastic Doctrines*, Manchester: Manchester University Press, 1970)和《中世纪观念的瓦解》(*The Dissolution of the Medieval Outlook*, New-York:New York University Press,1976),以及 Heiko Oberman 的《中世纪神学的果实:加百列・比尔和中世纪晚期的唯名论》(*The Harvest of Medieval Theology:Gabriel Biel and Late Medieval Nominalism*, Cambridge: Harvard University Press,1983)。

组织经验材料的问题。知识的客体不是"真正的"客体，而是客体之表象及其被想到的样子（intentio in naturaliter significans omnes illas res de quibus praedicatur[心灵中的意念当然意指一切可以成为谓词的事物]）[①]这就开启了一条经验科学和理性批判之路，这条道路在康德的体系中达到顶峰。然而，知识批判理论的建立主要不是为了确保科学的进步，而是为了批判地把科学限制在它的可能性领域。世界的本质，包括人（康德的Ding an sich[物自体]）和上帝，并不是科学所能理解的。把科学批判地限制在偶性上，目的在于使信仰免受科学的侵蚀。在启示信仰和神学领域，上帝的绝对权力是主宰，它是一个全然非理性的领域，拒斥任何理性神学的企图。启示宗教是上帝的一个奇迹，不能通过科学范畴来理解，其内容不能为自然理性所洞悉，所以对它的接受只能靠上帝在人身上所施行的信仰奇迹。教义的非理性内容是可信的，因为上帝已凭借他的绝对权力在人身上注入信仰，迫使人牺牲理智。威廉给出了一种严守唯信论的宗教立场的最早建构，以上帝的奇迹在人身上所造就的一种信仰影响来接受理性不可洞悉的教义。[②]

[108]这一立场所处的情绪氛围之所以难以把捉，恰恰是因为它是一种氛围，而且这种情绪并未深入到存在之根基。毫无疑问，威廉的基督教信仰，不是基于一种保罗意义上的对"所望之事的实底"的 pistis[信心]，或一种对通往超越性实在的积极道路的信心。我们或许最好把这种情绪理解为方济各会基督教

---

① 关于意念和意指，见 Ernest A. Moody：《奥卡姆的逻辑》（*The Logic of William of Occam*, New York, 1934; rpt. New York: Russell and Russell, 1965），尤其是第 2 章"术语的逻辑"（"The Logic of Terms"），第 47—50 页。

② 见 Zuidema 的《从〈哲言录注〉看奥卡姆哲学》，前揭，第 1 章第 6 节"神与神工"（"God en zijn werk"）。

信仰的一种演变。我们已看到，圣方济各对基督的世间效法表明一种对耶稣受苦受难的专注，但这种效法却不能十分敏锐地把捉到构成基督教共同体本体的那种丰富的、灵魂的信仰体验。在圣方济各那里，他那种作为受造物的强烈谦卑之情能够以其光辉掩饰其基督徒体验中其他方面的贫乏。在威廉这里，世间的基督教信仰更加清楚地化简为对教义的诚心接受。这种化简至一种较低水平的信仰热情，就会产生其他一些独特的后果。在现实的信仰体验中，这种情绪有其确定与摇摆、坚强与软弱、不同程度的 metanoia[悔改]与彷徨不定的恪守等维度，但即使在最极端的怀疑和拒斥中，灵魂的运动依然受制于超越性实在的影响。奥卡姆的态度没有给怀疑留下任何余地，但它意味着对不信之可能性的深刻理解。信仰之于人变成一种可能，如果上帝没有行奇迹，就不会有信仰，有创造力的鲜活信仰的意义消失了。奥卡姆能够理解，如果没有神圣的绝对权力的介入，他或许也会不信。①

有时与威廉相连用的怀疑论(skepticism)一词，并不能确切地描述这种情绪的特征，因为它遮蔽了该现象的历史意义。在威廉这里，[109]西方基督教信仰的一个大循环已经走到尽头，这个循环开始于《约克论册》的唯实论，如今在晚期经院哲学家的唯名论中逐渐淡出。世界可以从精神上被纳入上帝的王国，其结构却无法从理智上被纳入信仰的理性体系。协调精神与理

---

① 关于这个问题，见 Nicola Abbagnano:《奥卡姆的威廉》(*Guglielmo di Ockham*, Lanciano, 1931)，第 9 章"奥卡姆的性格"("La Personalità di Ockham")，尤其是第 340 页以下："就奥卡姆的看法来说，古语'我相信我可以理解'不是一个从信仰前进到理性、在一个思想体系中表达和陈述教会信条的问题，毋宁说是一个完成经验所提供的数据的概念化表述的问题，就此而言，这句谚语已真正失去它自身的意义"(译自 Leff:《奥卡姆的威廉：经院学说之嬗变》，前揭)。

智的努力早已失败。因此，看到在威廉为挽救信仰免于一场劫难——信仰本身已无力自救——而进行的惨淡经营中恰恰存在他所试图阻止的那种崩坏的征象，我们并不感到惊讶。信仰和理性权威之间的阿威罗伊主义冲突已被克服，但为此付出的惨重代价是，须承认哲学家在诸如世界是永恒的还是在时间中的造物等重大问题上的理论是无可辩驳的。因此，威廉认为司各脱对无限 causae[原因]序列之假设的反驳以及主张在时间上必有一个 causa prima[初始因]的理论是站不住脚的。他通过把知性分析局限于自然领域、把超自然领域排除在知性分析的支配范围之外来解决这一困难。正确的知性解决方案本来就应该承认，无限序列问题作为一个辩证的临界问题，不可能在明确有限的诸范畴中有答案。它所属的那类问题，康德在"纯粹理性的二律背反"的标题下处理过。然而，这一解决方案的后果是，人们必须承认，这类问题中的神学性见解如果被理解为一些关于世界的经验性结构的命题是毫无意义的，除非能从其他来源得出其正确性。康德称这种来源为"实践的利益"，如今我们更喜欢用符号来谈论根本性的宗教经验的表达，这些符号从它们所表达的经验中获得说服力。尽管直到 19 世纪末，这种解决方案才在现代主义运动中，在比较宗教学的刺激下被完整地提出来，然而鉴于阿威罗伊主义运动中的各种倾向均支持它，它或许在奥卡姆的时代就已成为可能。

三　世俗文明以及教会之退出

但奥卡姆不得不拒斥这一解决方案，罗马天主教会直到现在仍然拒绝朝这个方向迈出哪怕最轻微的步伐。[110]威廉的拒斥标志着教会开始撤销与世界的妥协，这一退出，是世界的意义变得丰富而有可能吞没信仰之本体的必然结果。以批判哲学、批判经验科学和后来的批判史学为形式的世间人类的表达模式加上自由的智识活动，一个新的坐标系得以创建，把基督教的绝对教义还原为历史上众多宗教信仰之一。理性批判在实践上可以与一种教条主义的知性神秘主义相容，却无法同一种历史宗教相容。基督教的历史经律主义无法在任何一点上被舍弃而不危及其核心：历史上的基督以及他作为人类救主的事实。威廉所采取的态度征示着一个重大格局：自西罗马帝国创立以来基督教对“世界”所不断进行的渗透如今已经中止。已在世界中兴起的诸要素必然在世界中持存，曾经至少企图把人类生活彻底纳入 corpus mysticum［神秘体］的生命中去的一统基督教时代已走到尽头。一个世间的（intramundane）文明进程如今将同教会所组织的基督教文明进程齐头并进。西方文明的世俗世界与基督教世界之间的分裂空前拉大，直到*庇护九世*（Pius IX）担任教宗期间做出一番重大规划为止。根据 1864 年的《谬说要录》（*Syllabus Errorum*），任何认为罗马教宗应该顺应、赞同“进步、自由主义和当代文明”的想法均属谬误，除此而外，自然论、民族主义、宗教无差别论（indifferentism）等均被宣布为谬误。

世俗领域与教会领域这种分流具有在威廉和 14 世纪早期其他思想家的作品中已昭然可见的许多后果。我们在罗马的吉莱斯那里已提到以智识活动服从于宗教信条的形式出现的理智牺牲的要求。在威廉那里，这一要求更为稳健地再次出现，其形式为承认一个超出世间知识范畴的超自然领域。在这两个案例中，与教会生活中的这个新问题密切相关的精神权威主义问题也已变得清晰可见。据吉莱斯所说，教会的精神权威集于教宗一身。而在威廉的体系里，［111］这种见解则由人类领域上升到超越领域：他提出了一种绝对权威主义的上帝的观念，这个上帝任由自己的意志设定信仰的内容。

独立理智与信仰权威之间的紧张从根本上改变了教会与属世领域的关系，因为自此以后，正是在作为批判性的理智权威下组织起来的一个人类生存领域的意义上，属世领域日益变得与世俗主义（secularism）和政权还俗主义（laicism）相一致。作为基督教人类身体内部品级的两种权力的协调屈服于一套新的秩序，其中教会在世俗文明进程的包围下处于守势。对教会而言，这使得它的智识生活变成一潭死水，了无生气；因为任何运动只要可能触及教义领域，就有从原则上动摇教义体系的危险，使它容易遭受世俗理智的毁灭性打击，所以必须加以避免。桑塔亚纳（George Santayana）在《现代主义与基督教》（Modernism and Christianity）一文中曾巧妙地写道，局部异端邪说的时代已经过去，全面异端邪说的时代继之而来。①

由于 1564 年的《特伦托信德宣言》（*Professio Fidei Tridentina*），教会的教理运动事实上已经结束。自特伦托会议之后，新增的最重要教义是由庇护九世于 1854 年颁布的“圣母无原罪始胎论”（Immaculate Conception），这一教义不支持公会议的权威。300 年后召开的首次公会议是 1869－1870 年的梵蒂冈会议，颁布了“教宗永无谬误论”（Papal Infallibility）的教义。在 19 世纪进步主义文明勃兴的巅峰时刻，教会的演化达到制度和教义的形式化阶段，应验了罗马的吉莱斯的格言：“教宗之所为可谓之教会所为。”在世俗领域，我们可以看到与教会的演化相类似的运动。罗马的吉莱斯和奥卡姆的威廉有绝对上帝、绝对教宗和绝对信仰，世俗领域就出现绝对君主、绝对人民和绝对

① 《桑塔亚纳作品集》（*The Works of George Santayana*，New York：Scribners，1937），第 7 卷，第 24－49 页。

启蒙理性;19 世纪有无谬误的教宗,20 世纪就出现绝对正确的领袖这一世俗对应物。

最后,文明的分裂要求对两个进程的代表制度之间的关系做出调整。[112]教会与作为世俗权力单元的国家之间的关系问题变得越来越重要,产生了国教、非国教、自由教会和教派、宗教宽容、祈祷自由、教派对国家法律的服从、政教协约等形形色色的现象。然而在这场分裂的整个演变中,罗马天主教会始终坚称它是西方文明的主宰,坚决要求从历史中抹去世俗文明进程。标志着教会的这一态度的重大事件有耶稣会的创立(1540 年),普世裁判所的组建(1542 年),自 1599 年起的《禁书目录》(*Index Prohibitorum Librorum*),枢机主教贝拉尔米内(Bellarmine)关于教宗有权干预属世事务的声明(《论教宗对属世事务之权力》[*De potestate summi pontificis in rebus temporalibus*],1610 年);18 世纪后期的低潮之后,又有耶稣会的重新建立,1814 年的宗教裁判所和《禁书目录》,还有前面提到的 1864 年的《谬说要录》,宣称教会有权控制文化、学术和教育体系,反对宽容和良心自由的观念,主张教会有不受国家控制的独立性。①

---

① 这一节写作于教宗通谕《圣神默示》(*Divine Afflante Spiritus*)于 1943 年 9 月 30 日发表之前。在这个时候推测这一通谕对教会和世俗文明之间的关系方面会产生的现实影响还为时过早,但这一重要的文件在许多决定性的方面对曾加深了两者之间的鸿沟的天主教立场有所保留,这应该是清楚的。[这一注释似乎是沃格林在稍后某个时期加到手稿上的。他显然因为庇护十二世(Pius XII)的这份对于教会对现代的《圣经》学方法的抵制态度有所保留的通谕感到惊讶。这份通谕作为表明了教会对现代世界的态度发生转变的较早几个公告之一而值得注意。这种态度的转变在第二次梵蒂冈会议(Second Vatican Council)中达到顶峰。这次会议的最有代表性的宣言是《喜乐与希望》(*Gaudium et Spes*),或题为《论教会在现代世界牧职宪章》(*The Pastoral Constitution in the Modern World*),在这份宣言里,一种对现代世界的同情心态取代了先前的一种防御心态。]

四 方济各会唯灵论的最后阶段

从威廉的作品中我们已发掘出精神权威主义的气质，且予以相当的关注，因为人们常常对之视而不见。这一时期的观念十分复杂，因此，将之简单化的诱惑几乎是不可抗拒的。关于威廉，有一种巨大的诱惑是，过分强调他作为一个批判[113]哲学家的成就，从他的作品中主要看到不可知论的世俗理性批判的端绪。这个诱惑之所以巨大，因为威廉并不是一个教宗权力至上论者，相反，他正好反对我们在前面的段落里所提到的教宗权威主义倾向。方济各会的影响促使他站到这个相反的立场上，而且他所提出的教会的制度性重组的观念甚至使人们有可能把他列为公会议运动的先驱。然而，他拒绝给予教会等级体系及其首脑的那种权威，他擅自将之赋予经过专门训练的、有知识的神学家，即赋予那类由托钵修会以一种值得效法的方式培养出来的人。

我们必须认识到，中世纪的政治紧张不只是存在于由等级制的教会与俗世的领土性君王们所体现的属灵权力与属世权力之间，由军人的和托钵僧的武士修会所构成的第三种权力尽管次要，也有可能与其他两种权力发生公开的冲突。在14世纪初的两个事件中，这种紧张的强度已达到极点，这两个事件是我们前面讨论过的圣殿骑士们与“美男子”腓力的冲突，以及几乎在同一时期方济各会修士与教廷的冲突。两个事件的结果完全相同。至高无上的武士修会不得不给民族君主国让路，方济各会神学家的智识权威主义不得不对教会的权威主义俯首称臣。

方济各会修士与教廷的直接冲突发端于双方就贫穷观念(the idea of poverty)在新的争论水平上所重新爆发的争吵。全然精神性的方济各主义观念在奥利维(Peter Olivi)那里又一次,也是最后一次迸发。他的《启示录注疏》(*Postilla in Apocalypsim*,1295年)是理解继约阿希姆范畴表中的封建教会废除之后来临的 novum et solemne saeculum[新神圣时代]以及在作为新 corpus mysticum[神秘体]的方济各会对此垂死世界的克服过程中领会它的内容的最后一次伟大尝试。1287—1289年期间,奥利维曾在佛罗伦萨布道,他的观念可能影响过但丁,约阿希姆的 renovatio vitae evangelicae[革新福音生活]和但丁的 vita nuova[新生]有密切的相干。奥利维死于1289年,死后被普罗旺斯的属灵派僧团当作圣徒崇拜,他的影响愈广入人心。这一运动对于教会似乎严重到了足以有理由发动一场残酷的清剿战争的地步,后来中止于教会给奥利维定罪。

[114]这次失败之后,方济各会属灵派的一个僧团在方济各会会长切塞纳的米迦勒(Michael of Cesena)的领导下重新挑起关于贫穷问题的讨论,但这次仅只限于法理上的争论。当切塞纳的米迦勒和奥卡姆的威廉于1328年逃出教廷在阿维尼翁的监狱去比萨寻求皇帝的庇护时,这场争论在整个欧洲已呈星火燎原之势。这场关于方济各会的贫穷观念的论战成为约翰二十二世(John XXII)与"巴伐利亚人"路易(Lewis the Bavarian)之间斗争的一部分。切塞纳的米迦勒1331年的一封传阅公函开启新的辩论,他在这份公函里宣称教宗的《致被责罚者通谕》(*Quia vir reprobus*)中有十二条内容为异端。重要的异端内容如下:基督作为真正的王和现世的主,有 universale dominium omnium rerum temporalium[对普天下之物的绝对统治权],他也有特定的财产,他从未给过使徒们完全放弃一切财产的劝告,他给使徒们留下了私有财产和不动产形式的共同财产,他从未立过放弃财产的誓言,修会规定的放弃私有财产的誓言范围不

包括生活必需品。

教宗训谕的条文和修道会长的抗议书表明,这场关于贫穷的辩论开始变成一场法律纠纷。基督教的本体日益变得淡薄。在基督教去精神化(despiritualization of Christianity)的重大进程中,我们已看到帝国转移中的上帝之手变成了一种法律交易,我们已看到教会的精神革新固化为教会文牍主义(ecclesiastical legalism),而我们现在看到,基督和使徒们的生活被人们以私有财产和共同财产的术语来讨论。这场论战的双方都错了,基督的国既不是那位教廷法学家所设想的具有王权的属世的公国(principality),早期基督徒对于财产的终末论式的淡漠也不是方济各会修士那位会长为其修道会的世间贫穷理想之故而愿意实现的一种共产主义。尽管如此,这场论战在观念史上仍然具有开启甚至今天仍在继续的关于早期基督教的共产主义的争论的重要性。①

五 威廉的政治学方法

[115]切塞纳的米迦勒的传阅公函遭到一位教宗权力至上论者的答复,这一答复反过来引出一篇奥卡姆的威廉的伟大的批判性评述,即1332年的《九旬书》(*Opus Nonaginta Dierum*)。

---

① 关于这场论战以及奥卡姆生平的资料,见 Abbagnano:《奥卡姆的威廉》,前揭,第1章"生平与著作"("La Vita e le Opere")。又见 C. K. Brampton 对《奥卡姆致小兄弟会士书》(*Gulielmi de Ockham Epistola ad Fratres Minores*, Oxford: Oxford University Press, 1929)的导读。更晚近的阐述见 Jürgen Miethke:《奥卡姆的社会哲学之路》(*Ockhams Weg zur Sozialphilosophie*, Berlin: De Groyter, 1969); A. S. McGrade:《奥卡姆的政治思想》(*The Political Thought of William of Ockham*, Cambridge: Cambridge University Press, 1974); C. Dolcini:《切塞纳的米迦勒的政治思想,1328—1338年》(*Il Pensiero Politico di Michele da Cesena, 1328—1338*), Ravenna: Faenza-Fratelli Lega, 1977。

不过，在分析威廉的这篇作品以及他卷帙浩繁的其他作品之前，我们有必要对他特有的研究方法谈上两句。[①] 威廉没有提出过一套政治学体系，只是在处理更重大的神学问题时顺带涉及当时的政治问题。他的巨大影响力在较大程度上是因为他处理法律和政治问题的方法，而不是由于他反对教宗的 plenitudo potestatis[完全权]和支持议会制教政构造的政治立场。因此列举他的观点远不及理解使他所以采纳那些观点的理由重要。

他的政治学方法显出唯名论和唯信论的结合，这也是他总体哲学见解的特征，但是只有当这种结合运用于政治问题时，它才显出其全部意义。唯名论在政治学中的出现给我们提出一个问题，类似于在希腊解体期间心理学（psychology）出现时的问题。在一个共同体的本体分崩离析，致使人的焦虑被释放出来，

---

① 所用的奥卡姆作品版本如下：(1)《对话集》(*Dialogus*)，载 Melchior Goldast 编的《神圣罗马帝国帝政》(*Monarchia S. Romani Imperii*)，第 2 卷，第 394—957 页(第一部分，第 394 页以下；第二部分，第 740 页以下；III. I,《论教宗和教士的权力》[*De Potestate Papae et Cleri*]，第 772 页以下；III. II,《论罗马帝国的权力和权限》[*De Potestate et Juribus Romani Imperii*]，第 868 页以下)；(2)《九旬书》(*Opus Nonaginta Dierum*)，同前，第 2 卷，第 993—1236 页；(3)《教宗权力八问》(*Octo Quaestiones de Potestate Papae*)，载《奥卡姆政论集》第 1 卷(*Guillelmi de Ockham Opera Politica*, vol. I, ed. J. G. Sikes, Manchester: University of Manchester Press, 1940)；(4)"中世纪哲学研究丛书"《奥卡姆简论教宗权力》(*Guillelmi de Occam Breviloquium de Potestate Papae*, ed. L. Baudry, Etudes de Philosophie Médiévale, ed Étienne Gilson, XXIV, Paris, 1937)；(5)《奥卡姆论帝制和教宗权力》(*The De Imperatorum et Pontificum Potestate of William of Ockham*, ed. C. Kenneth Brampton, Oxford: Oxford University Press, 1927)；(6)《奥卡姆致小兄弟会士书》(*Gulielmi de Ockham Epistola ad Fratres Minores*, ed. with notes and an introduction by C. Kenneth Brampton, Oxford: Oxford University Press, 1929)；(7)更晚近的译本：《僭主政体短论》和《致小兄弟会士书与其他著作》(*A Short Discourse on Tyrannical Government* and *A Letter to the Friars Minor and Other Writings*, ed. Arthur Stephen McGrade, trans. John Kilcullen, New York: Cambridge University Press, 1992, 1995)。

在风行一时的个体反抗和人类行为的本能中得以宣泄时，关于心灵现象的心理学就会成为特别重要的研究法。[116]唯名论，尽管作为一种理论上的可能性一直存在，但只有当共同体的本体已经失去其力量，致使各相关方面走上前台时，它才像心理学一样，作为一种解释政治实在的方法而获得其重要性。这一变化在法律理论中的最显著征象是从强调正义秩序的内容向强调终极解释权问题的转变。只要一个共同体的各个成员和群体从根本上同意接受一种客观秩序，那么尽管不可避免的意见分歧或许会导致许多严重的冲突，正如我们在“主教叙任权之争”中所看到的那样，但对于他们全都*在那秩序之下*生活，与它有同样的距离，却不存在任何破坏性的疑虑。然而，如果这种共同纽带之情因许多特殊共同体——比如说教会、各民族王国、教派和修道会——日益增长的情绪所引发的紧张而遭到破坏，在冲突中谁可以做出最终的决断以及为什么的问题就变得至关重要。在威廉的理论里，关系性的看法无处不在，在约翰二十二世与切塞纳的米迦勒之间的争讼中也同样如此。比*什么*是异端、*谁*是异端更重要的问题是，谁将*决断*何人为异端。在奥卡姆看来，问题的答案显而易见。最终的决断要由品德高尚的专业神学家做出，他们不会因任何争论而背离既定的真理，就算从天堂里降临一个天使千方百计要说服他们（《对话集》[*Dialogus*]）。一套唯名论的法学理论最感兴趣的问题不是秩序的正常运转，而是秩序瓦解的紧急状况以及能够做出决断来维持秩序的紧急权力。

不过，威廉的理论并非纯粹的唯名论。其唯名论的意图在于维持信仰结构之纯洁，使之不受阿威罗伊主义的自然论因素，甚至包括托马斯主义中的此类因素的污染，这些因素似乎会危及正统教义。所以我们发现，关于习惯法和决断论的敏锐分析与一些早已被托马斯的理性主义推到幕后的教义杂陈并列。在许多方面，威廉的理论比圣托马斯的理论显得更“中世纪”。后托马斯主义的唯名论和前托马斯主义的教条主义的这种混合，常常令史学家们大伤脑筋，以为威廉的“真正”意见是无法确定的，而最近一项[117]究得出结论说：在自然法问题上，“奥卡姆与阿奎那不存在真正实质性的差异”，“以唯名论与唯实论的对立来理解他们各自的自然法理论，总体看来是错误的”。① 这两种态度都可以自圆其说，它们显示出威廉不像他所应该的那么“唯名论”。但是，以为奥卡姆暧昧不清，或以为他的法律理论与托马斯的法律理论之间没有实质性的差异，这两种论点我们都不能接受。

六 法律理论

奥卡姆事实上是有一套自然法理论的（他若是一个相信理性之本体[the substance of reason]不可知的严格的唯名论者，就不可能有），但那不是关于一套人类关系的自然合理秩序的托马斯式理论。他从未以一种清晰的系统化的形式提出自己的理论。但是我们可以明确无误地注意到旧有的“相对自然法”观念的复活，统治堕落后的人类的相对自然法，与统治极乐状态的绝对的理性秩序形成对照。这个观念包含于奥卡姆的如下设想中：现实的人类关系的秩序是有约束力的，尽管它不是理想的秩序，却是上帝所决定的。此外我们还可以注意到塞内加（Seneca）在《书九十》（*Epistola XC*）中对文明的激烈批判的复活，认为现有秩序是人类堕落的产物。从这第二种观点来看，法律秩

① Max A. Shepard：《奥卡姆与高级法》（William of Occam and the Higher Law），载《美国政治学评论》（*American Political Science Review*）第 26 期（1932），第 1005—1023 页，以及第 27 期（1933），第 24—38 页。

序是人为的，且至少主要包括与自然法相区别的人类实定法。

这两种观念的混合造成术语上的许多难题，由于这些问题只是被顺带论及，这些难题更令人困惑。无罪的极乐状态是一种对 temporalia[世界]的合理 dominium[支配]而不受阻碍的状态；是一种没有暴力、因而没有最终需要以强力来捍卫的私有财产的状态。由法律统治的堕落人类状态与这种自然公正(natural equity)状态正相反对。《九旬书》区分了 jus fori[法庭里的正义]与 jus poli[天上的正义或自然正义]。法庭里的正义是[118]原本共同的 temporalia[世界]分化后的财产秩序，①这是一种在时间上先于、在秩序的等级序列上高于由统治者所制定的国法(civil law)层面上的法。就财产秩序先于政治秩序而言，它是一种对君王构成约束的习惯法这个特定意义上的 jus gentium[万民法]，只有在紧急状况下才可以被君王或被所有人的同意所违反。天上的正义(或自然正义)是自然公正，允许人们在某种异常情况下——比如说对生活必需品的占有——违反秩序。② “自然公正”是威廉体系中严格意义上的自然法的仅有残余。③ 然而，他也用自然法一词来指万民法意义上的人定法；他甚至竟把这个术语的外延扩大为任何不违背明显理性的人类立法。④ 因此，我们必须区分无罪状态的自然法与堕落状态的

① 《九旬书》，前揭，第 65 章，第 1110 页，行 27 以下。

② 同上，行 53 以下。

③ 同上，第 92 章，第 1150 页，行 11 以下。奥卡姆区分了三种 aequitates naturales[自然公正]：(1)曾在一种无罪状态下的自然公正；(2)在所有遵从理性的人们当中应有的自然公正；(3)在那些会有意见分歧和错误行为的人们当中的自然公正。

④ 《对话集》，前揭，第 3 部，第 2 论，卷 III.6 区分了三种自然法：(1)符合自然理性的自然法；(2)由那些只运用自然公正而不运用任何习俗和人类制度的人所保留的自然法；(3)由不言自明的理性取之于诸民族的法律或某些人类行为而积累起来的自然法。详见《对话集》前揭，第 933 页，行 51 以下。

自然法。堕落状态的自然法指大部分人定法，人定法内部又分为前政治的、习惯的万民法与人为制定的国法。万民法包括财产秩序，具有自然法、高级法的特征。最后，堕落状态靠自然公正的原理以及与无罪状态的纯粹理性相反的堕落人类的理性来统治。

七　此世秩序与贫穷仪规

一旦我们不是仅仅对法律分门别类，[119]而是去考察各类法律在解决问题时的作用，这一错综复杂的法律理论在术语上就不会显得那么令人费解。在威廉看来，首要问题是此世秩序与效法基督的贫穷仪规（the order of poverty）的关系。此世秩序在根本上是以强力为基础的未得救者的秩序；真基督徒的生命必将效法基督的生命，基督并没有承担对此世的 dominium［支配］——那些犹太人错误地指控他承担了，而且他生前没有财产。贫穷生活已经变成无财产的生活，然而直到当时，在法学范畴的影响下，才出现俗世与修道主义道德之间的清晰区分。① 世俗领域与真基督徒的生活之间的缺口日益拉大，其后果直到宗教改革中才充分展示出来。世界秩序在严格意义上的基督教仪规之外被确立为一个自主的人类领域，基督教仪规变得愈加接近于一种修道主义的、禁欲主义的生活准则。中世纪的属世－属灵双重秩序分解成两套秩序：一是非基督教的政治－经济秩序，一是基督教的禁欲主义纪律。其结果是，自此以后，要么此世秩序遵循其自身的法则而不理会基督教的生活仪规；要么必须做出努力，把此世秩序维持在修道主义立场所规定的束缚中。

---

① 这一观点见 Dempf:《神圣帝国》，前揭，第 515 页以下。

这两种可能性在16世纪的宗教改革中均得以实现。世界作为强制领域在路德的观念中遭到极端忽视，路德实际上是听之任之，唯一的例外是在世俗权威被用来强迫人们做任何违背上帝律法的事情时，有拒绝服从的忠告。与此相反，加尔文则试图使此世的行为服从基督教纪律，他最后没有成功，因为世界挣脱了他的纪律的束缚，仅在其自身目标的追求中才把它作为附带的紧张保存下来。

奥卡姆没有试图在他的作品中把这两种秩序的理论与他的唯名论—唯信论二分法系统地联系起来，但很显然，政治的二分法反映的是与哲学的二分法相同的思想倾向。[①] 对此联系的洞察将会大大有助于理解[120]宗教改革问题在14世纪所造就的那些情绪和社会范畴中的更深刻根源。现在回过头来看，奥卡姆的二分法更为清晰地展示了圣方济各的唯灵论的世间性质：对基督的信奉已经从Evangelium Aeternum[永恒福音]的新corpus mysticum[神秘体]阶段发展至一套能以法学范畴来讨论的行为章程的阶段。在这里，我们正在从那被理解为基督教人类之内的众多品级之一的属灵权力的"第一次改革"走向它的"第二次改革"，后者具有将普通信徒吸纳进精神秩序中去的世间意图，如果他拒绝被吸纳，则以把他驱入非基督教的俗世秩序（它已经取代了原先的基督教属世秩序）作为惩罚。

八 教宗与教会

威廉的第二个大问题与第一个问题密切相关。真正的基督

① 鉴于正是在关于基督拒绝接受对此世的dominium[统治]的讨论中，奥卡姆引入了上帝的绝对权力和普通权力，这个说法需要有所限定。见《九旬书》，前揭，第95章，第1171页，14行以下；另见登普夫：《神圣帝国》，前揭，第514页以下。

教仪规弃绝俗世统治。因此,教宗的权力不可能具有 plenitudo potestatis[完全权]的性质,完全权乃是包含对属灵事务的掌理与对政治事务的掌理以及对一切财产具有 dominium generale [总的支配权]。教宗的权力是《对话集》第三部第一论的主要内容,其主要的结论在威廉的最后一部作品,1346 年或 1347 年的《论皇帝与教宗之权力》(*De Imperatorum et Pontificum Potestate*)中得以重述。① 如果教宗具有完全权,那么 Lex Christiana [基督的律法]就是一种比摩西的律法还要糟糕的奴役法(a law of servitude)(《论皇帝与教宗之权力》I. 5)。教宗的权力并没有扩展到 saecularia[世俗领域](II. 2),也没有扩展到对分外之事的干预上(III),也没有扩展到甚至基督也不曾触动的人的权利和自由上(IV)。在政治生活中,教宗无权转移统治职权,对正式选出的国王,无确认权(XX. 1)。他的职责限于宣讲上帝的福音,限于在属灵事务中对一切信众的最高裁判权(X,XVI. 2),受贤明者忠告和神圣自然法的节制。② [121]教宗的属世权力不是得自基督,而是得自人们的承认、自愿服从、明确或默示的同意。而关于属世权力,是不可能有什么绝对教义的。据此,奥卡姆以亚里士多德的范畴继续进行他对适于教会的最优政体的独特分析(《对话集》III. I. II)。

最优政体是一个君主凭其智慧不受实定法约束,但对共同的福祉和自然法保持应有之尊敬的统治。不过,奥卡姆信从亚里士多

---

① 《奥卡姆论帝制和教宗权力》,前揭。

② 对奥卡姆的教宗权力理论的更详细分析,见 Philostheus Boehner,Q. F. M. :《奥卡姆的政治思想》(Ockham's Political Ideas),载《政治学评论》(*Review of Politics*),第 5 期(1943),第 462—487 页;W. Kolmel:《奥卡姆的威廉及其教会政治论稿》(*Wilhelm Ockham und seine Kirchenpolitischen Schriften*),Essen: Ludgerus Verlag Wingen,1962。

德,认为这样的君主制在当时并不存在。次优政体是实定法约束下的君主制,但在某些特定条件下,贵族制也可能是最优政体。对普世帝国的替代方案是由民族国王们组成的一个贵族制的世界政府。

这一观念后来被引入教会,奥卡姆设想过一个由民族主教们组成贵族制教会政府的可能性(III. I. I,第 20 章,第 807 页)。这一设想有几方面的重要性。首先,教会的组织问题被理解为人类行动的一个领域,奥卡姆事实上详尽地证明,教宗关于组织事务方面的敕令是人定法。圣方济各对信奉基督的一生与信奉罗马教会的一生之间的细微区别已显出其全部后果。奥卡姆所保留下来的唯一传统要素是,确信彼得拥有对于其他门徒的精神首席权,所以罗马教宗拥有一种对于其他各基督教派的精神至上权。这一设想的政治意涵也同样重要。对普世的基督教人类的经验已经变得非常淡薄,以至于普世帝国和教宗制已不再像在但丁眼里那么必要。民族情绪已强烈到足以让人设想,至少西方基督教世界是一个有各自的世俗和精神领袖的众多民族的自由联合体。此外,它还应该被理解为,在当时既定的政治形势中,它隐然将进攻指向法国的霸权政策和法国控制下的阿维尼翁教廷。在这里,威廉的情绪已不再随着罗马帝国与法国之间的紧张而走,而是表达了正在崛起的新民族尤其是英国在欧洲的权力平衡——包括属灵权力与属世权力——中分一杯羹的权利要求。

九 帝 国

[122]对于威廉而言,由民族国王们和主教们组建一个贵族制的世界政府的观念至多不过是一种值得讨论的可能性。皇帝仍然强有力地存在,威廉就生活在他的庇护之下。《对话集》第三部第二篇(*De juribus romani imperii*[《论罗马帝国的法律》])探

讨罗马帝国的法律。在错综复杂的世俗公法结构中，奥卡姆对法律的划分开始显示其价值。那篇关于教会的论文已经通过对这个"世界"与真正的基督教秩序之间的根本区分化简了教宗的权力。这篇讨论罗马帝国的论文则通过使政治秩序完全服从于在时间上先于、在等级上高于一切统治权的习惯的 jus gentium[万民法]而化简皇帝的权力以及国王的权力。政治秩序的起因在于堕落的人性，这种人性需要强制，罗马帝国的起因在于有必要给正在堕入无政府状态的世界一套秩序(《对话集》III. III. I，第 1 章，第 869 页行 54 以下)。皇帝的地位不应该由教宗来核准，皇帝的权力间接来自上帝，直接来自人民——或其适当的代表们，比如说选侯。[1] 无论教宗给皇帝的加冕礼还是给民族国王们的涂油礼，都不能增加他们的权力，这种权力乃是来自同意(《八问》[*Octo Quaestiones*]，参见 Goldast:《神圣罗马帝国帝政》，前揭，第 2 章，第 369 页以下)。法国国王和英国国王特别具有的灵异能力不是由于教会当局的涂油礼的效力(第 373 页)。

对人民同意因素的着力强调似乎表明奥卡姆是受英国制度的影响，不过在奥卡姆的体系中，这种强调乃是下述普遍理论的组成部分：统治权须服从于在整个人类中出现的法。皇帝不是 legibus solutus[不受法律拘束]，而是必须尊重不是由他所开创的风俗制度。他不可以改变有关财产和人身的法律制度，除非在某种紧急状况之下，公共利益可以证明对私人权利的干涉是正当的。臣民不是他的奴隶，也不是任何统治者的奴隶，臣民的财产也不是他的。夏柏(Max A. Shepard)尤其重视这一理论：[2]

---

① 对世俗权力结构的更细致分析，见 Boehner:《奥卡姆的政治思想》，前揭，第 477—480 页。

② Max A. Shepard:《奥卡姆与高级法》，载《美国政治学评论》第 26 期，第 31 页以下。

[123]就连人民也不能够把无限制的权力转让给统治者,因为在政治上有组织的人民并没有权力凌驾于孤立的个人及其权利,只有共同体成员全体同意才可以改变习惯性的财产制度。虽然普世帝国明显有利于保障世界和平与秩序,虽然皇帝在法律上有凌驾于民族国王们的最高权力,但奥卡姆却留心尊重在西方世界里已经兴起并成为万民法之组成部分的现实秩序。皇帝整饬秩序的权力不可以废除有关占领、战争和奴役等事项的法律,所以从民族国王们的权力政治冒险中所产生的秩序,跟臣民的财产秩序一样,肯定在皇帝的权力范围之外。

十　将本体化简为关系

我们以这样一种方式罗列了威廉的理论,以便使那些差不多遗失在他卷帙浩繁、漫无头绪的作品里的区分和化简环节可以一目了然。我们首先将那种真正基督教的、无财产的、精神的秩序与此世充分地作了对比;其次,将教宗权力中的属灵要素从属世要素中区分出来;再次,区分了教会的秩序与笼统的世俗政治秩序;复次,区分了世俗政治秩序中皇帝的权力与民族国王的权力;最后,区分了统治者统治下的秩序与作为个体的人们的前政治秩序。这样一来,我们就获得对威廉时代的权力场域中各种终极性力量的一个概观:罗马教宗和皇帝,民族国王们(和民族主教们),组织起来的政治体中的人民同意,以及孤立个人的人身和财产权利。sacrum imperium[神圣帝国]终于瓦解为其各部分的权力要素,灵魂的本体及其超凡魅力秩序被削弱到了消失的地步,仅有一个关系性的骨架保留下来。然而,尽管本体已被化简为一个关系性的体系,诸关系项依旧是一个基督教人类的组成部分。唯名论的分析在基督教信仰奇迹的问题上戛然而止。因此，我们必须回到教宗与方济各会属灵派互相指责对方为异端这个最初的问题。在讨论紧急状况中谁可以就异端问题做出裁决以及基督教人类如何对待异端教宗的问题时，这套关系分析又被相干到[124]真正的基督教秩序问题的开头部分。对这一系列问题的陈述，见 1334 年的《对话集》第一部分。

十一　终极决断权：公会议

这个问题的核心是教宗的无谬误性和公会议的无谬误性。对这个问题的讨论已由对异端之本质的分析作了悉心的准备。为了维护神学家在异端问题上高于教会法学家的权威，教会法学家的职责必须被限制在解释教会的敕令和法规以及司法程序上，而基督教教义的内容则是神学专家的职责领域(《对话集》I. I，第 11－15 章，第 407－410 页)。教宗和公会议当然有权解释教义的意义，但他们必须基于正确的经典来源达致对某个决议的赞成。经典来源有《圣经》，公认的使徒教义传统，以及由奇迹所证实的启示(I. II，第 5 章，第 415 页以后)。这种见解是唯信论和智识主义的，教会当局并没有创造性解释的权力。一种教义是否为正统或异端的问题要由熟悉经典来源的专业神学家来讨论。随着正统和异端的问题被置于知识层面讨论，已不可能说教会内哪个单独的机关会是无谬误的。无谬误性的允诺，即基督将与他的教会同在，仅适用于作为一个整体的教会，也就是说，适用于全体信众的集合。因此，在一篇详尽的分析里(I. V)，威廉依次否认了教宗(第 1－5 章)、枢机主教团(第 6－10 章)、罗马教会(第 11－24 章)、公会议(第 25－28 章)、圣职者整体(第 29－31 章)、一切男人和一切女人的无谬误性，因为基督的这一允诺在某时或许有可能仅通过三尺童子而得以应验(第

32—35章)。我们可以从这种无情的化简中观察到将精神之本体消解为基督教共同体的各构成部分之关系的倾向,我们在他的法律和政治理论中已看到同样的倾向。

这种消解的结果是,以下紧急状况变得显而易见:在反抗异端教宗中,谁将行使整个教会的最高权力?首先,[125]应该是召集全体信徒,但整个教会不可能被召集在一起,所以这种权威就被移交给公会议,接下来是被移交给教宗驻锡的主教教区,如果圣职者未能尽到责任,则它就被移交给普通信徒(I. VI至第64章[含])。不过,普通信徒的介入不过是基于平等原理考虑的最后一着,关于异端问题的正确权威首先是专业神学家。因此,公会议将是给异端教宗定罪的首要机关,而为了使它尽可能表达信众集体的意见,奥卡姆提出一套非常类似于我们今天谓之为大众创议的程序。各教区必须派代表参加主教会议或某个国王的议会,这些团体相应地选出公会议的代表,男女平信徒都可以被委任为代表(I. VI,第85章,第603页以下)。这一建议的原型可见于英国的制度以及托钵修会代表大会的程序。我们已经又一次回到基督教人类的终极成分以及作为属灵权威之来源的一个众多代表型关系的系统。

十二 结 论

威廉的政治理论过去常常被错误地理解,致使他作为一位政治思想家的重要性被低估了。当然,人们很可能发现他的法律分类与中世纪所通行的分类大体上并没有什么值得重视的差异,人们同样可能从他关于教会和帝国的理论中看到一种关于教权与帝国的无休止讨论的延续;此外,人们还有可能把他列为公会议运动的一个有趣的先驱,除此之外无他,并且说他关于公会议的建议，跟帕多瓦的马西利乌斯的建议没有显著的差异。

这都有可能，只要人们甘愿不顾各种本质性的要素。理解威廉的钥匙在于他的唯名论一唯信论的二元论，这种二元论源于早期方济各会的见解，预示着教会与政权还俗主义的文明之间即将到来的“大分裂”。传统法学范畴不过是为他以唯名论的方式将神圣帝国消解为其各组成部分打掩护而已。那些关于公会议的建议不仅仅是一种对公会议的诉求——因为[126]公会议的无谬误性差不多也跟教宗的无谬误性一样受到否认——而应该被视为解决紧急状况的方案，希望宽广的大众基础会使那个会议可以表达真灵(the true spirit)。即便如此，对神学家的终极独立性的保留说明他依然保持着这一确信：“如常规所言，群众爱犯错误”，“常常是单独一个人就可以扭转乾坤”(《论皇帝与教宗之权力》，第4页)。威廉的信仰迫使他在传统的属灵和属世权力依然实质地存在这个预设下讨论政治，但他的唯名论又是如此彻底地将这种本体消解为关系，以至于实际上唯有上帝的绝对权力的奇迹，才可以阻止这一关系的系统分裂成碎片。

将基督教精神的本体化简为众多个体臣民、政治民族、国王、皇帝、异端教宗、难免有错的公会议、自以为是的教会法学家、战斗的神学家，是神圣帝国之内部解体的令人信服的征象——继之而来是依次的外部解体阶段。这种化简还是对主导未来舞台的诸力量的表达：个人及其权利，诸民族及其国王，僧侣和神学家的精神反叛，普通信徒及其为反对教会权威而组织的众多团体，以及宗教改革时期对《圣经》作为教义源泉的依赖。如果我们毫无保留地说，奥卡姆是第一位后中世纪的现代哲学家，那么我们似乎是过分地看重了他作品里的唯名论因素，但人们只要依据他的唯信论做出必要的限定，是可以授予他这个称号的。

第十九章　英国民族政治体

[127]在英国民族政治体这个题目下面，我们打算探讨一类现象，这类现象既不大能归入观念，更不能归入理论，却在政治观念史上具有极大的重要性，因为它们构成了孕育出一种新召唤的土壤。中世纪盛期和晚期见证了后来以西方民族国家的面目出现的诸社会身体在情绪和制度上的整合。它们的成长显示了一个问题，与西罗马帝国的成长所显示的问题如出一辙，那就是，一种事实上的情绪和制度的状况，在新的政治实体观念能够以某种明确的方式被召唤之前几百年中已逐渐形成。在第十五章“法国王权”中，我们已探讨过灵异的国王个人的整合作用，它在14世纪初法兰西民族意识急剧勃兴中达到了顶峰。在英国案例中，由于制度的成长将各等级和集团收编进统治机构里，王权的作用比在法国平衡得还要好。法兰西民族之成长的特征在于国王、王室政府和绝对国家，而英国之成长的特征则在于强有力的民族政治社会的早熟，这个社会在17世纪的那场伟大的斗争里压倒了王室政府。英国制度变成了决定我们现代的代表制和议会制宪政观念的模型。在分析这些制度时，鉴于它们成长于13世纪至15世纪，因此利用英国案例作为中心取向，通过与

英国模式的比较和对照探讨其他国家中的并行现象，是再合适不过了。

一　岛国特性：干扰因素之阙如

[128]关于英国宪政史的事实，我们必须请读者参考有关这个题目的优秀论著。我们不打算回顾这些论著，哪怕只是草草地回顾，而是要澄清情绪、制度和观念的互动。为了恰当地陈述这个问题，我们首先必须撕碎至今依然掩盖着历史真实的目的论符号话语的帷幕。尽管较晚近的研究对我们所要探讨的过程已作了较为写实主义的解释，然而我们关于英国政治的一般图景仍然令人苦恼地受到一种目的论的英国政治史研究的影响。一个高度复杂的现代复合体作为这种解释的起点被挑选出来，它包括一大簇制度性的增生物，这些增生物从诸如“代议制政府”、“议会体制”、“宪政”等后来的召唤符号（evocative svmbols）中获得一种表面的统一性；因此历史分析就是试图洞悉这一现代复合体的“渊源”，以彰显将这一序列的两端连接起来的演化过程。这种研究法的形而上学前提是制度胚芽的假定，那些胚芽型制度赋有一种隐德来希（entelechy）[①]，会像有机体一样进化、成长为一个分殊化的现代形体。这种研究方法，可以从比较英国制度的演化与其他国家中统治制度的更多坎坷、更多革命的历史中得到某种经验性的辩护，但超出这一比较视角，它就会变得更易于遮蔽问题，而不是澄明它们。

---

① [译注]亚里士多德的术语，意为潜在具有生命的自然物体的原始实现。见亚里士多德《灵魂论》412a。

在英格兰政治体的历史中，看不到有朝向一个完美目标的成长。英格兰政治体朝其民族意识的最后阶段成长，这一成长过程的总体结构与欧洲大陆的情况如出一辙。追求社会统一的情绪逐渐变得强烈，最强有力的整合因素是王权，辅之以地理的、民族的、语言的因素以及一般的文明因素，直到分散的封建关系场域的诸反动力量被克服以及经历了百年战争的痛苦过程之后，这个社会单元的空间界限才大致固定下来。然后，在不同时间点上引入的制度因素在情绪压力下汇合为一个一体化的政府职能体系。[129]在最后阶段，各种适当的表述得以确立，制度因素的组合借之获得了符号的固定化。

英国制度进程的总体结构与其他国家里类似进程的总体结构只在一个方面有区别：在这个英国式的情绪－制度整合－符号阐述的序列中，制度的成长与其符号化之间有一段奇怪的时间差。安立甘教会的发展早于高卢教会，但高卢主义作为一个观念，其提出却早于安立甘主义；17 世纪的英国宪政成就，只有到 18 世纪法国人的学说中才获得其全部的召唤力量；而《王位继承法》(*Settlement*)之后的宪政发展，则到 19 世纪中叶才因白哲特(Walter Bagehot)获得迟来的阐述。

这个独特性常常被说成是由于英格兰民族性格以及这个民族不大喜欢沉溺于哲学思考。不过，这个解释忽略了，“民族性格”恰恰是从诸如符号化过程的时间差之类的特征中推断出来的特质，除非我们愿意把种族性格归为生物常数，否则这种时间差本身仍需要解释。诉诸这类盲目的常数是错误的方法，我们首先必须穷尽可理解的因果关系的一切可能性，而构成这一独特现象的最可能原因的一般因素是英国的地理位置，它有两方面的特殊，一是岛国特性，一是它处于西方文明的主要区域的边缘。我们有理由认为，由于地理上的孤立，英国的内部和外部的压力不像大陆国家那么大，因而在英国，智识活动的刺激因素就不是那么充分。例如在"巴伐利亚人"路易的宫廷里，一批外来的杰出叛逆者，如帕多瓦的马西利乌斯、简登的约翰、奥卡姆的威廉、切塞纳的米迦勒以及其他人等，形成了一个世界性的团体，英国当时就没有这样的团体。这一观点还可以通过以下理由得到进一步证明：在诺曼征服之后那段时期，由于民族融合与国际考验，英国因为坎特伯雷的安瑟尔姆（Anselm of Canterbury）和约克无名氏（Anonymous of York）等人而在西方的智识生活中独占鳌头。

英国的发展相对缺乏压力和刺激因素的预设可以由历史事实证实。诸制度的有机成长的性质——这种性质过去一直使史学家们感到惊讶，[130]认为它特属于英国——实际上似乎是因为英国遇到的难题比大陆更少。政治犹之艺术，格局之烜赫，亦可藉简严获致。在前文中，我们已提到诺曼征服对英国制度的理性化的成效。我们现在要更加确切地说，那次征服所形成的局面使国王权力较有力地强化以及诸侯的权力相应地弱化成为可能。结果，造成大陆的那些困难的第一种根源，亦即附庸的领土割据，在英国是没有的，它在法国直到17世纪才最终被克服，而在德意志，则一直拖到不久之前。第二，王室政府对法院系统的直接掌控，在早期就成功地将地方惯例统一进英国的普通法里，因此英国不存在大陆那种习惯法（coutumes）的多样化，这种多样化，必须靠引进罗马法以及后来的法典——作为较大的民族地区的普通法——来克服。第三，偏远的地理位置使英国不受因帝国野心而起的纠葛之累，帝国野心在13和14世纪曾让法国大费精力，并证明了德意志民族王权的软弱无力。第四，这使它不受对教廷的控制问题之累，这些问题曾随着法国和德意志的帝国主义尝试一道而来。第五,上述这些特征所指示的政治存在的简化和自我集中化使英国有可能缓慢地摆脱与罗马教会的联系,以至于正式脱离教会时相对来说不大费力。所以,第六,英格兰政治体得以不受16世纪那场撼动了法国和德意志的宗教改革斗争的冲击,到17世纪,这个问题与政治已彻底融合,因此教义方面已退居其次;对思想和宗教争议的压制是如此成功,以至于19世纪,枢机主教纽曼(John Henry Newman)著名的《九十论纲》(*Tract Ninety*)仍能激起英格兰教会中反罗马派人士的义愤,因为纽曼发现,16世纪的完美治国之才写就的《三十九条信纲》(*Thirty-Nine Articles*)并没有否认罗马教会的教义;19世纪三四十年代,英国仍有可能为圣公会属于天主教还是新教这个激动人心的问题而起争论。此外,第七,岛国地位使英国自15世纪后半叶退出在欧洲的扩张之后,[131]可以不用建立如大陆国家那般大规模的军备。最后,我们应当提到,英国的文职部门从来没有形成大陆那么大的气候和影响。

二 趋向整合的情绪:《大宪章》

列出英格兰政治体所缺失的或没有发展出来的特征是一项比较简单的工作。要描绘支配这个反倒不受阻碍之场域的情绪结构,就不是那么容易了。要理解这一关键时期,我们可以找到丰富的材料,但是还没有丰富到可以为我们想提出的一切问题都给出答案的地步。我们对该进程的描绘不得不在某种程度上是假设性的。毋庸置疑,直到14世纪,王权和封建效忠一直是最强有力的整合因素。我们必须把诺曼征服后教廷对国王职能的支持所带来的宗教强化排在第二位。之所以必须把这种支持排在第二位是因为，如果它被给予，它可以增加王室大业的正当性，如果它被收回，它也不能决定性地削弱封建的凝聚力。贝克特的圣托马斯(Saint Thomas à Becket)之被刺以及英诺森三世对“无地王”约翰(John Lackland)施以绝罚而没有起实际作用，表明了封建的和宗教的情绪分别有多大分量。最后，民族情绪按年代顺序来说排在第三位，但通观全局，它在重要性上要超过其他两者。

这三种力量——封建的、宗教的和民族的——的相互作用，可以从以1215年《大宪章》(*Magna Carta*)之授予而告终的那场斗争中充分地看出。有待解决的纠纷根源在于国王权力过大，从而有可能以下述方式侵蚀传统制度：滥用森林和渔业管理权，不讲正义和出卖正义，在封臣去世时干预封建权利，通过索要人质严重地妨碍贵族的生命安全，等等。这类滥用职权的现象在约翰之前的几任国王在位期间就逐渐增加，在约翰统治早年更是剧增，以至于怨声载道，只要有能干的领袖，[132]这种不满就可能变成一股抵抗王室进一步侵蚀行为的力量。然而，抵抗行动的更直接诱因——王室因为法国战争而欲征收代役税，遭到北方男爵们[①]的拒绝——表明封建传统情绪之外的情绪开始登场。从法律上争辩说，在英国之外服兵役和为一场外国的战争付代役税并不构成骑士土地承租

① [译注]鉴于我们习惯用汉语的“男爵”来翻译baron，而在中国古代五等爵位制度中男爵处于最低一级，有必要指出，此处的baron是指由国王直接敕封领地的贵族，亦即后文(见第135页以下)所说的王土承租人(tenant-in-chief)。baron一词所指的人，很长时期都是地位仅次于国王的重要贵族，有资格应召出席大会议(Great Council)。详见Bloch：《封建社会》(下册)，李增洪、侯树栋、张绪山译，北京：商务印书馆，2004年，第541—550页；Joseph Reese Strayer主编，《中世纪词典》(*Dictionary of the Middle Ages*，New York：Scribner，1982—1989)。

人(tenant-in-chivalry)之义务的组成部分,这种争辩至少是有问题的,因为有过这种性质的兵役和代役税的先例。这一拒绝的意义更多地在于,它征示着人们的情绪开始专注于领土意义上的英国事务。英国人和诺曼人的融合已进行了一个多世纪,无论是金雀花王朝的帝国政策还是理查一世(Richard I)的十字军冒险都无法真正地阻碍这种发展或地域性情绪。人们或许会倾向于认为,1202—1204 年的不幸战争之后诺曼底的丧失在英格兰民族情绪的形成过程中是一个决定性的事件,这个事件当然有这方面的重要性;然而有关这一败局最令人震惊的却是,在英国的诺曼男爵可以通过划分英国人与受影响的诺曼家族分支之间的利益而泰然处之。十年后的布汶之败,没有赋予各种情绪以新的方向,仅只是加强了原有的趋势而已。

在《大宪章》之授予中,宗教和教会因素的作用十分奇怪,而且略有些晦暗不明。1213 年,约翰把英国委献于教宗,然后把它作为封地而接受回来。尽管当时至少有一位史学家记录说,许多人觉得这件事很不光彩,但这一委献似乎更多是出于国王本人的愿望以及至少是某些男爵的愿望,而不是由于教宗的坚持。1213 年,英国的政治局势显然已到了非常关键的时刻,为了处理与法国的关系以及避免一次内部叛乱,教宗作为最高领主的威望乃是绝对必要的;这一交易事关民族利益——尽管国王对于新的封建关系的用意与男爵们的用意正好相反。男爵们首先抓住机会利用这一关系,1215 年初,一群反叛者呼吁教宗支持他们对宪章的要求。男爵们充分意识到国王也有可能获得这种支持,因此为了预防教宗的干预对之不利,他们在[133]《男爵法案》(*Articles of the Barons*)的《安全条款》(*forma securitatis*)中加入以下规定:国王不得请求教宗撤销该宪章,任何对它的撤销或裁减均属无效。[①] 根据封建法，这项规定并不能废除教宗的权利，因而是无效的。宪章于 1215 年 6 月 15 日授予，8 月 25 日即被教宗在约翰的请求下废除，继之而来的内部纷争则在 1216 年国王去世后得以解决。

这一由民族情绪、英国内部的封建效忠关系、教宗的属世领主权及其属灵威望的影响所组成的复杂模式，更因坎特伯雷大主教兰顿（Stephen Langton）在国内教会的领袖地位而复杂化。男爵们的不满最后转变为对一份宪章的明确要求，兰顿在其中起了推波助澜的作用，因为很显然，是他发掘出亨利一世的《加冕礼誓言》（*Coronation Oath*）及其于 1100 年授予的《自由权宪章》（*Charter of Liberties*），他还建议以过去的权利转让作为先例解决当下的纷争。在那场斗争的参加者看来，《大宪章》不是一份具有革命性的宪政法案，毋宁说是一次重建法律秩序的努力，在当时，就像在威廉二世的统治结束后一样，这样的法律秩序是必要的。宪章本身采取了如下形式：首先是向上帝承认英格兰教会应予自由，其次是向国内所有自由人承认自此后一系列详细的法规应予遵守。这些认可都是为了国王灵魂的利益、为了教会地位的提升、为了国内状况的改善而在许多参事的建议下做出的，兰顿在这些参事中是首屈一指的人物。叛乱的男爵们仅在这份文件的末尾作为二十五人委员会的成员而被提到，这个委员会负责监督对宪章的遵守。因此就其形式而言，宪章保留了王室的创议权，大主教则以男爵们的顾问和国王顾问

---

① 在宪章本身的第 61 条，这一规定只是在用词方面有所缓和："朕不得由本人或由他人从任何人取得任何物，使上述之任何物权与自由权有所消灭。"见 James C. Holt：*Magna Carta*，Cambridge：Cambridge University Press，1965，以及他的《大宪章与中世纪政府》（*Magna Carta and Medieval Government*，London and Roncevert，W. Va.：Hambledon Press，1985）。

的双重身份，成为王国之真正利益的护卫者。[134]大主教兰顿或许不仅仅是对这一安排的形式有影响，而且影响了它的内容。以为《大宪章》标志着英国宪政之开端的陈旧论调如今可以休矣，但以之为一份封建文件严格来讲也不完全正确。宪章的内容除了封建法的规章制度以外，还包括许多对于王国的繁荣具有普遍重要性的条款：法院改革，无遗嘱死者的财产分配，罪罚相抵，在全国内统一度量衡，对诸城市之自由权的确认，在英国内部以及越境通商的自由，免通行税买卖的自由，外国商人在英国的战时待遇，等等。这类条款并不反映男爵阶层的利益。我们或许会怀疑，叛乱的男爵们是否有足够的政治智慧设想出这些条款，是否有足够的法学才能制定出这些条款。这一系列条款表明了一种明确的政策：普遍地发展国内经济，尤其是发展内外贸易和作为经济活动中心的各大市镇。这种民族政策若不是归功于国王本人的贡献，则应该归功于兰顿，而不是男爵们。

《大宪章》之授予前后所出现的多重情绪与多方利益的互动，确实使人难以把英国制度的演化解读为有机体的生长或一个预想的计划。就决定此趋势的因素而言，我们最有把握的乃是那种对于诺曼征服所确立的政治秩序的意识以及内战各方都不愿意从根本上破坏这一建制。这种情绪在《大宪章》里所体现之政策的那位作者——或许就是兰顿——身上显示得很清楚。同样的情绪，只是程度相对微弱，也在国王和男爵们身上有所表达，当一些重大举措有利于王国的利益时，比如说把英国委献给教宗，国王就会断然采取这些举措，而男爵们也有足够的政治敏锐，尽管他们的不满有充分的理由，却仍然没有中断与国王的联系，并接受兰顿赋予他们的领导地位。但这一情绪只不过是巩固了诸制度已有的发展趋势；它并没有决定这些制度的结构。下面我们就转入制度结构的问题，我们的直觉是，[135]制度不会依照一个计划而演化，其演化充满偶然；即便是持久性的制度，也会经历意义的深远变迁。

三　制　度

（一）王权的力量

前面讨论过的英国制度的有机体生长的概念，无法在由情绪所决定的趋向与制度本身之间做出区分。此外，它之所以失灵，因为它无法彰显制度所经历的意义变迁。人们唯有抛弃人民、代表和自由权等术语的现代意义，进入封建制的概念世界里，才有可能获得一幅准确的制度演化图景。人民作为政治单元本体的观念，是西方历史中一个后起的产物。在英国历史上，这个观念在政治上起作用的时间不早于17世纪，人民代表制也是如此，就更不用说了。诺曼王朝和金雀花王朝的诸项自由权不是起源于个人的权利，而是由国王“根据对上帝的敬重以及朕对你们的爱”[1]所授予的。现代宪政体制绝不是在制度的平台上演化来的，而是由观念在制度上的叠置（superimposition）演化来的，这种叠置是在一个完全不同的情绪和观念场域中逐渐出现的。我们可以把中世纪与现代制度的关系问题简单地表述为，产生于封建权力场域的制度构成了一个新的事实，促使那些使制度进一步朝宪政方向发展和解释的观念与情绪得以兴起。

因此，说英国的自由权先于其他国家而发展，至少在某种程度上是时代错乱的（anachronistic），以封建制的范畴来看，与此相反的看法反倒正确。由于诺曼征服以后王权的力量，英国国

---

① 《亨利一世1100年的自由权宪章》(*Charter of Liberties of Henry I, of* 1100)，收于《历代宪令选》第8版（William Stubbs, *Select Charters*, 8th ed., Oxford: Clarendon, 1895)，第100页。

王可以责令王土承租人(tenant-in-chief)出席议会,其要求的出席率之高、出席次数之频繁,在法国是不可想象的。所授予的诸项自由权不是一种在欧洲大陆上无有其匹的成就,毋宁说,它们是[136]英国附庸们从强大王权手里扳回的令人沮丧的最小果实,而法国男爵们却享受着令英国男爵们做梦也想不到的不受王权控制的独立。同样的判断也可以适用于王权对郡选议员(the knights of the shire)和市镇的控制,在13世纪期间,这些市镇奉命遣送它们的代表参加王国的集会。法国诸城镇(villes)的代表首次出席1302年三级会议,较之英国市民代表(burgesses)在1265年的孟福尔议会(Montfort Parliament)中首次露面以及在爱德华一世(Edward I)1295年模范议会(Model Parliament)中露面,实际上并没有落后很久,但在法国,这种出席行为的法律基础不同于英国。

13世纪期间,法国开始召开城镇地方集会,目的是为了缴纳贡金(auxilium),参加会议时,城镇履行某种封建义务是因为,由于它们被给予了自治,它们享有附庸之附庸(arrière-vassaux)的地位。在英国,城镇的特权从来没有彻底到可以构成带有封建权利的自由城镇的地步,英国从来没有出现与法国封建自由市的兴起相仿的现象。伦敦似乎是个例外,因为《大宪章》第十二条规定不得征收代役税或贡金,唯全国公意所许可者,不在此限,这一规定明确地运用于伦敦市。大约伦敦是英国唯一享有封建自治、因而与王土承租人平级的市镇,这个假定看来是对这种独特性的正确解释。在英国,召集郡选议员和市民代表参加全国议会,其根源不在于一种特殊的封建关系,而在于郡市代表之出席郡议会的封建关系之外的行为,以及这种出席行为之被转移到全国议会层面。因此,郡市代表定期出席英国议会,其为时较早,次数更频繁,不是由于宪政权利的过早生发,而是因为英国封臣力量较弱,封建自由市发展较差。

在封建制术语中,自由权为数不多,出席政务会(consilium)是一项义务,而不是一项权利。关于一个男爵权利领域的暗示,仅可在《大宪章》第十二、十四条中找到,其中规定,除三项特定的税金外,[①]不得征收代役税(scutagium),除非公意允许。[137]1216 年(亨利三世[Henry III]朝元年)新修的宪章里,这两条被删除了。英国 13 世纪之发展的极大重要性不在于自由权的授予,而在于它把参与政治过程的义务强加于更广泛的英国社会各阶层。这些强迫带来了处理国事的经验、共同行动的习惯、个人认为自己是社会等级之成员的感觉,相应地赋予了英国社会以令人震惊的政治行动能力。对此过程的精妙而公允的描述,我们推荐读者阅读麦基文(C. H. McIlwain)的《中世纪的社会等级》(Medieval Estates)[②]一文,我们在这里只概述几个最重要的阶段和结果。

(二) 政治身体的连属化与整合

英国男爵从一群个体的王土承租人——无论是世俗的还

---

① [译注]分别为:(1)赎回国王之身体时所需者;(2)国王之长子受封武士时所需者;(3)国王之长女出嫁时所需者。译文见《外国法制史资料选编》,北京:北京大学出版社,1982 年,第 251 页。

② McIlwain:《中世纪的社会等级》(Medieval Estates),载《剑桥中世纪史》第 8 卷,第 23 章(*Cambridge Medieval History*[hereafter CMH],voL. 8[1936],chap. 23)。一般讨论见 Frederick Powicke:《亨利三世与爱德华爵士:13 世纪英格兰王国共同体》两卷本(*King Henry III and the Lord Edward*:*The Community of the Realm in Thirteenth Century England*, 2 vols., Oxford: Clarendon, 1947);Michael Prestwich:《三位爱德华:1272—1377 年英国的战事与国家》(*The Three Edwards*:*War and State in England*, 1272—1377, London: Weidenfeld and Nicholson, 1980);R. G. Davies 和 J. H. Denton 编:《中世纪英国的议会》(*The English Parliament in the Middle Ages*, Philadelphia: University of Pennsylvania, 1981)。

是宗教的，其封地均来自于同一个领主——转变为一个有能力做出集体行动的集团(commune)，这一转型完成了英格兰政治社会之形成过程中根本性的第一步。集团行动的征象在13世纪早期开始出现，《大宪章》的《安全条款》表明男爵们是作为一个整体与国王交易的。男爵阶层发展出的这一模式为后来的郡市代表在参加全国集会时所沿袭。郡选议员、市民代表以及教区圣职者选出的牧师代表在受召与会时，都像男爵们一样以团体的方式进行商议。形成有能力进行商议和决策的集团的过程，比已有大量讨论的附带而来的代表制之发展远为重要。因为这些集团是适于行动的社团，而由代议员代表郡市的代表制，只是一种不可避免的技术，一旦被代表的本体像这样被经验到，这项技术就会发展起来。

英国案例在同类案例中独一无二是因为，它所受的外来因素之干涉最少，我们由此可以观察到[138]这样一个过程，在此过程中，西方政治社会从精英等级(prime estates)[①]亦即从贵族和高级教士下至当时在社会上相干的最底层开始变得连属(articulate)[②]。这

---

① “精英等级”(prime estates)，此术语取自斯宾格勒。见《西方的没落》(*The Decline of the West*)第1卷，关于国家的章节。

② [译注]“连属”(articulate)一词，形容一种经过分化、融合后的社会状态。相应的，“连属化”(articulation)指一个“社会”的不同地域、不同阶层、不同文化群体分化、融合成一个有机相干的整体的过程。与连属状态相对的状态有两种，一是无区分、无层级的混沌状态，一是支离破碎、界划判然的碎片状态。当然，判断某个共同体、阶级是否连属，是否已经或正在经历一个连属化过程，必须以对相关共同体或阶级的成分和目标的意识为前提。比如说，一个具有简单分工的原始部落，从克服自然挑战、实现繁衍的意义上来说已经历了某种连属化，但这种连属化却不同于国家的发生与成长意义上的政治连属化。汉语“连属”出自《庄子·马蹄》：“当是时也，山无蹊隧，泽无舟梁，万物群生，连属其乡。”《毛诗正义》：“诸侯以国相连属，忧患相及，如葛之蔓延相连及也。”一作“联属”，魏庆之《诗人玉屑·初学蹊径》：“大概作诗，要从首至尾，语脉联属，如有词理状。”梁启超《中国道德之大原》：“其所以能联属全国人使之若连环相缀而不可解者，此最强有力之主因也。”

种为时一个世纪的急剧而彻底的连属化(articulation)。其原因是多方面的。有关材料是如此缺乏,以至于我们只有一幅不完整的图画,但总体来看,有利于连属化的压力似乎是来自社会金字塔的顶端,而不是底层。

不管莱斯特伯爵(earl of Leicester)是否期望通过吸收市民代表使他的1265年战时议会有更广泛的基础,不管爱德华一世是否想成为所有臣民的直接的王而不要王土承租人作中介,不管他是否需要通过下层阶级的直接同意而筹到更多的钱,不管他是否希望通过他们的参与以确保一个更有效的赋税征收体制,不管男爵们——世俗的和宗教的——是否希望让即将被课以重税的社会阶层的代表出席,首创精神似乎都在于国王和男爵们。

然而,我们不应该忽略,若非趋向连属化的压力被施加在一种能够连属化的社会本体上,首创精神就不会取得任何重要的成果。对于底层社会的机制——它或许表明上层社会的首创精神是一种有前途的行动——我们几乎一无所知。但根据种种迹象,比如说《大宪章》里的商贸条款,我们可以推断,至13世纪,经济发展导致了一个骑士和商人社会的兴起,他们充足的财力使他们缴纳的税收成为封建赋税之外国家财政的一大进项,他们对自身地位的充分意识使他们的商议符合情理。

13世纪末,一个连属的政治社会的要素终于齐备,但这些要素本身并不确保它们会聚合为一个民族的行动单元。好几个集团都显出离心趋向。1296年《平信徒教谕》(*Clericis Laicos*)禁止教士向[139]世俗当局缴税后,教士的出席开始变得难以保证。低等教士已不参加全国议会,而是参加某个单独的教士会议,这一制度一直延续到17世纪。高级教士的出席,也是作为封建法之下的一项义务才得以保证。商人一方就有关落在他们头上的捐税单独地与国王讨价还价中也出现了类似的倾向,这一倾向在 14 世纪中期始受到抑制。

在教士阶层一意孤行之后剩下的四个集团，本来有可能演化出在捐税及法规赞成方面具有平等权利的四个单独议院。把两个上层等级融入贵族院，两个下层等级融入平民院，从而避免了这一灾难，似乎是个幸运的偶然事件。个中原因在细节上不是十分清楚，但一个主要因素似乎是这一礼制：两个上层集团的成员是单个召集的，而市和郡的代表却不是。这一融入过程的最终完成花了相当长时间。据载，迟至 1523 年，两个下层集团还各开各的会议。将这几个集团召入两个议院，对英格兰政治体的结构具有决定性的后果。首先，它导致了英国中产阶级这一特殊现象，它是一个由乡绅和上等资产阶级（haute bourgeoisie）混合而成的社会阶层。英国由此而得以幸免于大陆上那种贵族与资产阶级或市民阶级（Buergertum）的严重分化之害。像 1789 年法国大革命那样的第三等级革命在英国体制下是不可能发生的，因为在英国，第三等级并没有作为一个连属的集团而存在。第二，将贵族分成世袭贵族和乡绅这一多少有点武断的划分以及他们在议会两院的分布，使两院制的设置没有在两个议院里演化出彼此不同的利益。贵族的社会团结确保他们对平民院之组成的影响足以防止两院的敌对，带来政治生活的平衡发展。贵族对平民院的这种影响一直保持到 18 世纪才微有削弱，到 19 世纪仍未受多大的触动。1832 年改革之后，社会紧张开始加剧，但传统的势头依然强劲——以至于使工党党员大为光火的是，许多选区从社会地位上讲本应投票支持工党的英国人民，反而更喜欢保守党。

（三）与大陆发展之比较

[140]对这一政治连属化过程的考察，如今使我们可以完

成对英格兰政治体在与欧陆型相比时有何差异的描绘。我们已看到，中产阶级的形成从消极方面表明，英国缺乏作为独立革命因素的一个连属的第三等级。从积极方面言之，它意味着将资产阶级整合入封建贵族所创造的政治格局中。这种贵族政治格局在英格兰政治体的结构和历史中的全面渗透，是其外观之烜赫、实践上大获成功的首要原因，其吸引力十分强大，正如我们前面所言，甚至足以将新的政治阶级纳入其轨道，将由社会工业化而不可避免地引起的阶级冲突至少暂时维持在革命性破坏的水平之下——尽管我们必须指出，这一成就从物质上讲是经济优势所促成的，较早的工业化和大英帝国的财源曾使英国经济一度执世界之牛耳。

然而，连属为几个集团的过程以及仅由贵族所完成的整合，并不能彻底解释在英国议会中所累积起来的政治经验传统，我们必须同时考虑那几个被融进议会中的集团的职能。迟至关键性的13世纪，英国王室政府仍维持着高水平的权力集中，而在当时，法国政府中已经出现职能的划分：司法职能已被委诸大理院(parliaments)，而政务会(consilium)的职能则被委诸枢密院(King's private council)。当法国城镇的代表受到召集时，他们的职能是给予贡金；反之，英国的郡选议员和市民代表，其处理事务的经验却不仅来自对郡议会的参与，还来自对尚未严格分殊化的中央朝廷的司法行政事务的参与。正是在全国范围内机构与职能的这种混合，使英国议会能够从15至17世纪期间文艺复兴的绝对主义中安然无恙地脱颖而出，在内战之后除担负国家审议和立法的职能之外，还担负统治和国家政治行动等职能。类似的发展在法国不可能出现，因为在那个[141]关键时代，国王的权力没有强大到足以实施社会连属化的地步；它在领土性诸侯割据的德意志则更不可能出现。自百年战争之后，法兰西君主国达到绝对主义阶段时，没有任何一个连属的社团能够抗衡新近集中起来的国王权力，在那段危险期把封建自由权保全下来，使它们将来发育成为国民的自由权。当第三等级最终变得连属时，这个过程不得不以一种社会革命的方式进行。在德意志，我们甚至找不到第三等级的连属化，结果德意志的中下层阶级不得不遭受特别非政治的习惯和信念的祸害以及严重的处事经验不足的祸害。19 世纪，这些阶层终于获得民族层面上的社会相干性和政治影响力。

（四）英国立宪论

总之，关于英国"立宪论"（constitutionalism），就其特征乃是确立于中世纪盛期和晚期而言，我们有必要指出，立宪论一词，不可能有一个令人满意的普遍定义。个中原因显而易见：这个符号所囊括的诸历史统治类型之间差异太大了。① 如果我们把一个在成文宪法框架内运作、受一套权利法案限制的政府定义为宪政的，则英国就没有立宪政府（constitutional government），因为继都铎王朝和斯图亚特王朝早期的绝对主义而来的是更激进的议会绝对主义。内战期间以法律文书来限制政府

① 把这个问题与立宪论的一个定义联系起来的一个精彩说明，见 Hugh M. Clokie：《宪政的起源和本质》（*The Origin and Nature of Constitutional Government*，London：Harrap，1936），第 3 章。同时见伯尔曼（Harold J. Berman）：《法律与革命：西方法律传统的形成》（*Law and Revolution：The Formation of the Western Legal Tradition*，Cambridge：Harvard University Press，1983）；Brian Tierney：《宗教、法律和宪政思想的发展，1150—1650》（*Religion，Law，and the Growth of Constitutional Thought*，1150—1650，New York：Cambridge University Press，1982）和《自然权利思想》（*The Idea of Natural Rights*，Atlanta：Scholars Press，1997）；Manlio Bellomo：《欧洲共同的法律史》（*The Common Legal Past of EuropIe*，trans. Lydia G. Cochrane，Washington，D. C.：Catholic University of America Press，1995）。

的尝试没有固定下来，后来也没有再度进行。如果我们把宪政更为宽泛地定义为奉行法治、具有被治者之同意的统治，实际上每个现实中的政府，只要没有为[142]专断和腐化的做法过分地腐蚀，而且在统治过程中受压迫的少数或多数的呼声没有持久性地证明同意之缺乏，那么相当多的社会区段（sections of society）[①]都可以归入这个概念之下。

问题更因对宪政技术方面——诸如代表、选举、成文宪法以及权利法案——的过分强调而被遮蔽。比如说在英国案例中，这些技术因素中的某几项或许付诸阙如，可我们仍然倾向于说它是宪政，又比如说在纳粹政府中，即使这些技术中的某几项存在，也不会诱使我们作此归类。问题的关键不在于宪政技术——它们的重要性一般被估计得过高——而在于社会的连属化以及将各连属的部分整合进一个单元中。例如，我们或许会发现一个极其守法的政府，有一个高度连属的上等资产阶级，有代表制、权利法案、选举以及其他设置等，但我们仍然不会认为它是特别宪政的，如果广大人民群众仍然处于不识字和贫穷的状态而对他们的利益不可能做出任何共同表达——尽管在法律上允许有这种表达，而且群众在选举日是被赶到投票站按照命令投票的。因此，在政治身体之彻底连属化和明示之同意的意义上，英格兰政治体早已达到一种高度的宪政性（constitutionality）。

不过，若我们以这些术语来阐述问题，我们也可以认为，英国由连属化而获得的宪政性在逼近一个临界点。在英国，完全的连属化从未超出乡绅和上层中产阶级的限度。随着旧制度在

① ［译注］指在一特定时间段中不同社会群体呈现出的形态，或同一个社会在不同时间段中呈现出的不同形态。不同于一个特定社会中各地域、阶层、群体或组织所构成的社会部门（social sector）。后者在本书176页出现过一次。

1832 年终结，由于赋予公民以选举平民院议员的权利的技术设置，广大群众被逐渐纳入体制。从政治连属化的观点来看这一设置，其值得怀疑的性质早已为人所知。这种可疑性首先在黑格尔（Hegel）对《1831 年改革法案》（*Reform Bill of* 1831）及其后果的精彩分析中暴露无遗，迪斯雷利（Benjamin Disraeli）在《科宁斯比》（*Coningsby*）里也以同样的语调对之有所讨论，格雷伯爵（earl Grey）在关于议会改革的论文曾中提出了补救措施。20 世纪，尤其在 1914—1918 年第一次世界大战之后，与劳工运动有联系的作家们已详细地探讨过中低阶级和劳工阶级充分连属化问题，提出了形形色色的政体改革建议，比如[143]科尔（G. D. H. Cole）的基尔特社会主义方案、韦布夫妇（the Webbs）的大不列颠社会主义共和国宪法、拉斯基（Harold J. Laski）的多元主义国家的设想。

阻止英国社会走向进一步连属化的障碍，恰恰来自那个历经数世纪风吹雨打的结构，它的坚不可摧，有时看来像是历史压在工业时代头上的一个千年梦魇。可以追溯至 13 世纪甚至是征服时期的那些集团的社会相干性依然是强有力的，但与新的下层阶级的社会相干性相比已经减弱了。新的社会阶层的彻底连属化，由于其人数的绝对优势，带来的或许不仅仅是连属化过程在范围上的扩大，而且有可能是英国社会以损害贵族、国教和中产阶级为代价的一次再连属化。对目前这次连属化的意识——认为它是一种中世纪的残余而不再符合现实要求，连同对这个曾使英国变得伟大并在今天仍为之遮挡狂风暴雨的社会结构的忠诚情绪，导致了一种特殊的英国病（English malaise），这种病态，表现在上次大战[①]之后人们对王室权力的脉脉温情

① [译注]指第一次世界大战。

里，表现在对议会制度的偶像化崇拜中。[1] 英国的政治艺术家或许可以找到一个既适合于那些新近获得相干性的群体的连属化，又不破坏既定体制的解决办法。但是，就算这个奇迹得以实现——正如汤因比(Arnold Toynbee)早已正确地指出，鉴于它所取得的成就——英国在将来是否还能够像在19世纪，甚至是1918年后那样，成为一个其他国家效法的政府制度模式，也是相当值得怀疑的。适于工业社会的政治连属化形式，将不得不在别的地方被演化出来，制度创新的中心实际上已经转移到了俄罗斯、德意志和意大利，无论这些新时代的最初实验将被证明是多么成问题，多么转瞬即逝。

四　符　号

[144]通过对立宪论的讨论，我们已超出了严格意义上的制度发展领域而进入了符号主义的问题。在制度分析中，我们不得不使用这一类范畴：阶级的社会相干性、集团意识的生长(这种生长到达某一点，集团行动的连属化就成为可能)、各连属的集团融入国家体制的过程，等等。此外，在连属化和整合过程中，我们可以区分如下阶段：仅在地方自治层面上的连属

---

① 关于病态和偶像化崇拜的问题，见汤因比的《历史研究》第4卷(*Study of History*, vol. 4, London: Oxford University Press, 1939)之《偶像化崇拜与一种为时短暂的制度》(Idolization of an Ephemeral Institution)中"议会之母"("The Mother of Parliaments")小节第408页以下的内容中的相关议论。同时见他在附录《偶像崇拜与病态的夸张》(ldolatry and Pathological Exaggeration)第638页以下对"混日子"(muddling through)的注解。鉴于英国体制的某些因素已溶入美国政体的构成中，我们在那里也碰到同样的问题。关于美国病和偶像化崇拜，见 Ralph H. Gabriel:《美国民主思想的历程》(*The Course of American Democratic Thought*, New York: Ronald Press, 1940)，尤其是第30章"新美国象征"("The New American Symbolism")，第396页以下。

化，通过在给予贡金之前召开商议会进行的整合，对立法赋予同意的商讨或对全国范围行政、司法事务之处理的参与，通过对中央当权者提交权利请愿书而进行的政治创议，以及在最后时期，有能力产生像在英国现代内阁制中那样可领导民族层面上的行动的领导层。17 世纪，这个连属的社会能够将王室的国家结构几乎彻底纳入其职能机构，只留下少许然而重要的特权残余，就此看来，英国案例是连属化的理想类型。

另一方面，立宪论（constitutionalism）一词，不是一个概念（concept），而是一个符号（symbol），意指一个总体上连属化的体系，然而仅只把该体系的一些附带成分纳入其明确内容中。这类符号的引入在科学中没有什么作用，但在政治学中却有无比巨大的价值，因为符号是情绪的浓缩物，以它们的魔力使该体系免受侵袭。或许难以通过理性的论证，彰显那些已进入一个体系的历史力量以及它所面临的危险，从而使它的任何特定部分都免受攻击；但是，却易于通过声称某种攻击乃是对宪政的攻击，从而对之组织起情绪的抵抗。

同样重要、结果却不总令人喜欢的是这些符号在外面所激起的诉求。当这类符号得到清楚的阐述，这种阐述就显示出我们上文所说到的一种倾向：只看见那些适于制度运作的附带性技术设置，而忽略使制度运作成为可能的连属化。我们平时政治讨论中说到雅典民主，我们想到的是公民集会、法庭等，[145]而倾向于忘记作为这些统治技术之框架的希腊城邦的部族连属化；当我们说到立宪论，我们想到议会、选举、代议制，倾向于忘记英国议会不仅是一个民族用来处理政治事务的一种设置，而且是随着英国社会连属化而逐渐发展出来的一种行动工具。由于在这种符号阐述中，我们着眼于工具方面而忽略了连属化，从而就导致一个谬误，以为工具的模式可以从一个社会移植到另一个社会。在一定限度内，这种移植事实上是可能的，前提是一种模式被移植到某个社会，而这个社会碰巧有一种连属化，使移植变得可以接受。这样一来，就给“移植总是可能的”这一截然不同的错误意见披上了真理的外衣。把一套宪法引入一个国家，绝不能保证这个国家就会产生宪政，这种引入或许也会导致革命性紊乱。比如说，言论自由被认为是宪政性的实质内容，当社会已经坚固地整合在一起时，它作为一种统治工具的确是可取的，因为在此情况下，它为人们理解政府决策创造了条件——即所谓的同意，而它的滥用却无足轻重，因为社会对这种滥用的强烈抵制足以遏制其破坏性后果。如果一个社会整合得不是那么好，言论自由或许就不会产生公共舆论、对政府的压力和同意——这是言论自由作为一种工具所要实现的目的——而是会导致社会退化为一个不诚不信、革命混乱的蛮荒之地，我们看到，法国衰落之前那段时期就有这个情况，在“极其宪政的”魏玛共和国，它造成了更加灾难性的后果。

五　代表制

（一）定　义

我们不得不费了些心思讨论与立宪论相干的符号问题，并在社会的连属化与宪政运转中所采用的技术设置之间做出清楚的区分，因为对这个区分的忽视，是理解制度的最令人痛心的障碍之一。技术设置乃是达到某种目的的手段，[146]它们不是独立现象。因此，不能从科学上加以探讨，弄得它们像是政治实在的终极元素似的。对统治性设置的工具特征缺乏理解，曾格外地遮蔽了代表制问题。鉴于代表制作为一种适合于民族国家之运作的设置，其源头在中世纪盛期，因此我们应做略微深入的探讨。

关于这个问题,过去已有卷帙浩繁、集中深入的讨论,但这种讨论深陷于重重困难之中,出现这些困难的原因在于人们混淆了代表制这一符号在情绪上的价值与它作为一个适于集团行动的设置这一不那么令人兴奋、甚至有些乏味的用法。解决这个问题的第一步或许最好是澄清代理人(agent)与代表(representative)的区别。所谓代理人,我们应该理解为一个受委托人授权的、根据指令处理某项事务的人。所谓代表,我们应该理解为一个因其自身在共同体组织体系中的地位,有权在没有具体事务指令的情况下代表一个社会群体做出行动的人,其行动不会被该群体在事实上拒不承认。因此,代理人不是一个群体的首要代表,他只能凭着从严格意义上的代表那里所得到的权力而行动。例如,使节们充当代理人的会议区别于本身就是代表的首相们的会议。从经验上讲,有时很难区分一个人是作为代理人行动还是作为代表行动。比如,在民主国家中,如果一个遵守党的严格纪律的国会议员根据党领袖的指令投票,那么他是否还可以被称为代表,就十分值得怀疑。尤其令人疑惑的是,比如在捷克斯洛伐克中,最高法院规定如果一名议员经常或一贯违反党的指令投票,那么他将失去席位。尽管在具体情况下,要清楚地辨别一个人是作为代理人行动还是作为代表行动殊为不易,但在原则上,这种区分却是清楚的。在本文中,我们只探讨严格意义上的代表制。

然而,传统上对代表制及其起源的探讨无疑立足于一种多少有些不同的定义。代表制在传统上被理解为一种设置:以代议员(delegate)来代表地方群体参与中央会议,[147]例如通过市民代表参与全国集会的市镇代表制。在一个版图辽阔的国家,市民通过他们的代议员而被代表,这种代表制被视为严格意义上的代表制,区别于希腊城邦的直接民主制以及不代表任何人的男爵们出席御前会议的制度。这样一来，代表制问题就被局限在适于一个社会群体参与统治过程的设置方面——这个群体作为一个整体在某个地点行动是不可能的，因为成员太分散，数目太多。如果我们以此方式来规定这个问题，就会导致如下问题：这种把许多市镇融入一个统治体系的设置，最早应用于何时何地？那么我们不得不说，西班牙的市镇于 12 世纪后半叶就开始在国会中有人代表，西西里的市镇是在 13 世纪前半叶弗里德里希二世时代，英国的市镇是在该世纪后半叶，法国的市镇是从 14 世纪起开始在三级会议中有人代表。我们还可以更进一步问：代表制在英国出现是不是因为这一设置从西班牙向四面八方传播所致，还是说在几个例子中，这一制度是因环境相似而独立发展起来的？

因此，代表制的起源问题取决于我们所择用的代表制定义。如果我们改变了这个术语的意义，这个问题或许不会彻底消失，但肯定会显得不同。这么说来，问题就在于我们是否有必要接受这种约定俗成的定义以及它所造成的问题。我认为我们没有这样的必要，因为这种意义明显犯有将一个现代的召唤观念投射到 13 世纪的时代错乱。挑出市镇代表制，认为它比当时其他所有问题都更值得注意，这种作法只能被解释为因以下事实而怀有不适当的先入之见的结果：市镇在平民院里的代表制在历史上曾由于一次意义的改变和选举权的扩大而变成了人民代表制。然而，作为宪政这一现代召唤之组成部分的人民代表制观念，在中世纪盛期那些初露端倪的民族王国里是找不到的。代表制的设置可以服务于不止一种目标，没必要把它与人民绑在一起。我们若想知道它在 13 世纪意指什么，[148]就不能从“它指人民代表制的开端”这一教条主义的推测出发，而必须检阅召集代议员的诏令。

(二)诏　令

爱德华一世1295年的议会诏令,责令郡守从本郡选举两名骑士,郡内每个市选举两名市民,每个自治市选举两名议员,不得延误,于指定时间将他们派至西敏寺;必须遴选老成持重而足以任事之人;代议员须具备足够的权力以代表自己以及自己的共同体行动,俾使事情不会因权力之缺乏而耽搁。在这些规定中,选举一词意指什么是相当含糊的。根据我们从诏令内容所作的推测,这个程序的先决条件是,许多共同体的连属化程度相当充分,已拥有一批处事审慎而精明的成员,而中央政府官员也具有充足的权力,能说服或强迫各共同体"选举"合适的代议员——由于其个人的品质和才能,他们或许被视为"代表",但他们扮演的仍旧是具有特定权力的"代理人"的角色。①

因此,我们有理由谈论 communitas comitatus[臣民共同体]和 communitas civitatis[市民共同体]的代表制,就自由市的代表一道商议、商议出的决议对他们每个人都有约束力而言,我们甚至还可以谈论集团的代表制。但我们绝不能谈论一种基于市镇代议员的早期人民或全民的代表制。历史文献对这种关系不仅没有记载,反而明确地将全部代表职能赋予国王本人。王国是国王的,[149]高级教士和达官显贵是他的,城市是他的。

---

① 关于郡守在产生代表时的实际作用,自由市中的代表选举机制,以及尤为重要的是,自由市成功地拒绝派送代表以及它们有能力长期不让人注意到它们是自由市,诸如此类的更多详情,见 D. Pasquet 的《平民院渊源考》(*An Essay on the Origins of the House of Commons*, 1925; rpt. Hamden, Conn.: Archon, 1965)第158页以下中史料的编排。在许多方面对 Pasquet 的成果有所订正的更多详情,见 May McKisack:《中世纪英国自由市的议会代表制》(*The Parliamentary Representation of the English Boroughs during the Middle Ages*, Oxford, 1932; rpt. London: Cass, 1962)。

而另一方面，商人却不是他的，而是"王国的"或"城市的"，这个用语表明作为由个人所组成的终极共同体的人民尚未出现，但个人在政治上已经被纳入各种集团和整个王国之内。[①] 国王作为代表王国的人，必须"为了神的荣耀与整个王国的福利"，[②]维护外部安全和内部和平。在"王国的共同福祉"的表述中，populus[人民]一词可以作为 regnum[王国]的同义词使用。[③] 至于单独的个人，我们看到了居民(inhabitants[incolae])或者公民同胞(fellow citizens[concives])这样的术语。[④] 从这些表述中，一种相当清楚的英国宪法理论逐渐浮现，国王是达官显贵、高级教士和诸集团所连属而成的王国的代表负责首脑，单独的个人是其所属集团的成员或王国的成员，而不是人民的一员。

我们研究爱德华一世在 1295 年给主教们的诏令中所包含的一条著名格言"凡涉全体者必经全体同意"时，必须牢记这一概念。这句出自《查士丁尼法典》(*Codex Justinianus*)的表述曾被人满怀激动地解释为一位伟大的国王志在赋予英国人民以他们在宪法中的地位，或者说要实现一个更具体的目的：确立无同意不可征税的原则。这些陈旧的解释如今早已被拒斥为时代错乱的解释，这个表述甚至被怀疑是某个书记员的无关紧要的藻饰。[⑤]

---

① 关于商人的选派，见 1303 年的《商界咨议会诏令》(*Writ of Summons to a "Colloquium" of Merchants*，载《历代宪令选》，前揭，第 500 页)。

② 1265 年的《议会诏令》(*Summons to the Parliament*，载《历代宪令选》，前揭，第 415 页)。

③ 1301 年的《林肯议会诏令》(*Summons to the Parliament of Lincoln*，载《历代宪令选》，前揭，第 99 页)。

④ 1295 的《大主教和教士出席议会诏令》(*Summons of the Archbishop and Clergy to Parliament*，载《历代宪令选》，前揭，第 485 页)。

⑤ 见 Pasquet：《平民院渊源考》，前揭，第 174 页。[对其罗马法背景的讨论，在那里，这条短语涉及照管同一个受监护人的几个监护人之间发生的冲突，见 P. G. Stein：《罗马法》(Roman law)，载《剑桥中世纪政治思想史》，前揭，第 47 页。]

然而,如果我们不坚持赋予它以罗马法的意义或现代宪政观念的意义,而是满足于仅将它置于当时的意义体系中,我们就没有必要对之持激烈的全盘否定态度。在通行的讨论中,[150]人们割裂了这一表述与它的语境。在那个语境里,它并没有宣示一条独立的原则,而是被用作一个普遍前提,从中推导出一条适于当时情景的更具体的规定。所以,这个前提的意义不应该被独立地确定,而是应该根据从中得出的结论来确定。该段全文如下:

> 正如历代圣王之深谋远虑确立的一条正确法律所号令:凡涉全体者必经全体同意,因此很显然,对付共同危险的办法需由大家共同提供。

适于当时情景的具体规定是:"共同危险应该由共同提供的手段来对付。"这里的危险指法国国王已做好战争准备,要毁灭英格兰王国。根据 res vestra maxime agitur[直译为:专门讨论你们的事]这个经典表述,国王对王国的各个集团发布命令,要求他们亲自或者派代表到指定地点集合,以便在紧急状况中进行商议和应战。王国面临危险——大家必须为此做准备——这一原委不仅见于颁发给高级教士的诏令里,还见于颁发给世俗勋爵、郡市代表的与会通知里。

从这一特定规则的明确意义出发来看,那个普遍前提的意义范围就会大大受到限制。我们绝不可认为,国民权利是其应有之义——无论是何种类型的国民权利,而应该认为,它包含了对公共事务尤其是带有紧急性质的公共事务的参与和支持的义务。与这个语境相一致的意义,我们可以从1295年向主教们发布的大议会与会通知的用语中看出一些端倪。[①] 在那里，我们发现后来那份诏令的那个普遍前提是以一些具体的词语阐述的。“涉及”大家的事是那些“难办之事”，它们涉及“我们”(国王)、“我们的王国”、“王国中高级教士”以及受召与会的达官贵人。[151]国王不愿意不召见为事情所“涉及”之人就草率行事。后一诏令中的那个普遍前提，在我们看来似乎是对于先前诏令中言之较详的原委的简略表达。对那句格言的差强人意的翻译或许是：“事既关涉全体，就该成为每个人自己的事”；他尽自己义务的途径是，在议会里与国王一起开会，“出计献策、商谈筹划、积极任事……无论危险和阴谋以何种方式到来”。[②] 后一诏令只不过是把“被涉及”的人范围扩大为包括“吾国其他居民”。尽管在没有任何证据的情况下就把这个笼统表达的出现直接归为国王有意为之是不稳妥的，但是，它的确客观地反映了爱德华一世加速将这个封建王国转变为一个各等级的王国的方针。[③]

（三）代表制和连属化

在对代表制的分析中，我们被迫回到连属化问题。当把各连属的社会阶层整合进全国集会的过程到达了郡和市镇的层面，派遣代议员的设置就被作为解决诸共同体的代表问题的显而易见的办法而使用——这些共同体不可能全体出席这个领土性王国的会议。由于英国制度不是在真空里发展出来的，因

---

① 1294的《大主教出席大议会诏令》(*Summons of the Archbishop for e Great Council*，载《历代宪令选》，前揭，第485页)。

② 1295年的《大主教和教士出席议会诏令》(*Summons of the Archbishop and Clergy*，载《历代宪令选》，前揭，第485页)。

③ 关于爱德华一世的动机，见Pasquet书里的概括(《平民院渊源考》，前揭，第171页以下)。

此阿拉贡和卡斯蒂利亚国会的类似做法,或者如巴克教授(Professor Barker)所说,多明我会宪章,大概对英国制度的演化有某种影响。但除了现象上的共同而外,我们没有任何证据可以证明这种影响。麦基文正确地断言,英国郡县一级的内部连属化已达到如此高的程度,以至于任何探寻影响该设置之发展的外来因素的做法都属多余。整个问题只有因为以下假定才可能被夸大为一个"问题",这个假定是,向全国集会派遣有代表性的代议员的做法是有创造力的智慧的功绩,而英国人无疑不缺乏这种智慧。[152]而问题的关键不在于代议员的派遣,一旦政治的本体得以成型而且是连属的,这个做法似乎是题中应有之义,毋宁说,问题的关键在于共同体之本体自身的构塑和连属化。

这里的确有一个值得注意的问题。在历史上,从地方上的共同体派遣代表至中央集会的代表制设置不是首次使用于这些正在崛起的民族王国。我们有罗马帝国的行省议会、早期的教会会议、托钵修会的主教区会议等案例。罗马帝国行省议会的背景在细节方面不是很清楚,但教会会议的先决条件却是清楚的:当我们有像早期基督教各教派那样连属的地方共同体——它们是那个地域上广为分布的更大基督教共同体的组成部分——时,代议员的集会就开始具有一种工具性的意义,因为由多个地方次级共同体组成一个大共同体的条件已经具备。

13 世纪早期托钵修会的宪政发展更能说明问题。人们曾经以为,写入多明我会宪章中的那些选举条目有极大的重要性:修道院院长的选举,选出的代表与当然代表一起参与教省修士大会和最高修士大会。对于这个案例——像对于郡市代表的案例一样——我们不得不说,这种选举代表的设置根本就没什么特别之处。既新鲜而事实上又具有革命性的事物是共同体的这种发展——它的连属化要求有被选出的代表。这样的代表自从克吕尼改革(Cluniac reforms)之后就在各独立修会中存在,而在克吕尼组织中,修士大会中代表成员社团的是各修道院院长,而不是被选出的代议员。我们或许可以说,对应于克吕尼组织的世俗组织类型是男爵议会,一种可被视为基于某种实质性代表制——因为低等的社会阶层尚未充分连属——原则上的commune consilium regni[王国共同会议]的政务会。多明我会的创新不在于代表制宪章,而在于这一概念:托钵修士是从事宣扬上帝福音之使徒天职的"基督的无敌选手"。洪诺留三世(Honorius III)1216年12月23日教谕宣称,弟兄们"将成为信仰之战士与世界的真理之光"。这句在圣餐仪式中用在使徒们和福音书作者们身上的经文,[153]将这种精神上成熟、活跃的基督教共同体纳入中世纪封建教会的框架中。[①] 这种由精神上活跃和成熟的个人所构成的新型共同体,已通过独立修道院内部以及教省和总修道会等更大共同体中的选举程序变得连属。

世俗领域中市镇共同体的演化跟宗教领域中新型的属灵共同体的演化齐头并进。两个现象在社会上密切交织,这方面的问题,我们必须在以后的"上帝的子民"一章中探讨。[②] 不过,新的共同体本体与新的代表制形式一道进入历史领域,并不能证明代表制本身是一种新现象。任何共同体一旦变得连属,我们就可以发现上文所定义的代表制。只要男爵共同体还不足以

---

① 关于多明我会的宪章及其问题,见 John-Baptist Reeves, O. P.:《多明我会修士》(*The Domininicans*, New York: Macmillan, 1930)。

② 《沃格林全集》第22卷(*The Collected Works of Eric Voegelin*, vol. 22),《政治观念史稿》卷四,《文艺复兴与宗教改革》(*History of Political Ideas*, voL. IV, *Renaissance and Reformation*, ed. David L. Morse and William M. Thompson, Columbia: University of Missouri Press, 1998)第四部分第三章"上帝的子民"("The People of God")。

团结到通过他们自己的代表而行动的地步，国王就是王国的首要代表。而13世纪初，男爵阶层的内部团结已经足够坚固，可以产生出代表型的机关。《大宪章》的《安全条款》规定，男爵阶层选举一个二十五人委员会，其职责是监督国王遵守承诺，二十五人中任何四人都可以组成一个代理小组委员会，向国王或最高法官提出申诉。就由代表制而实现的连属化而言，男爵阶层有与修道院或者市镇一样的共同体结构。鉴于代表制是一种无所不在的政治现象，它不过是连属化的一个应变量，这些制度性的形式可能随连属共同体的类型而变化，但它们不会不存在；因此，新型代表制乃是征示着新的共同体正在形成。13世纪的郡市代表制不仅显示了地方共同体的成长，而且就其导致一个中央集会而言，也显示了英格兰王国这个共同体的连属化。

（四）王　国

[154]后一种现象，即"王国"(realm)的成长——这最终导致"人民"(people)的成长——不知何故被认为理所当然，这个过程恰恰应该激起人们的求知欲。希腊罗马文明经历过异常充分的城市发展；然而，希腊文明根本从未获得过任何巨大版图的权力结构，而罗马帝国尽管疆域辽阔，却既不是一个王国，也不是一个民族，更不是代表型制度——若不计罗马帝国晚期行省制的发展。在希腊城邦世界中，我们会发现宗教同盟和霸权同盟，前者更多具有休战协定性质而不是王国性质，后者则在一个最强大城邦领导下，将许多城邦组织进一种多少带有强迫性的联盟关系中；并没有出现许多城邦合并为一个王国的现象，尽管也有过由成员城邦的代表所组成的议事会。罗马帝国是军事征服的战利品，在其广袤的领土中，罗马

城是权力中心，被征服区域则以行省制的方式经营和开发。imperium[最高权力]和 orbis terrarum[寰宇]这两个术语意味深长地指涉到这个结构的要素：罗马的权力及其统治范围。但看不出在罗马帝国里有可以与西欧国王权力相媲美的那种连属性的和整合性的力量，罗马帝国有基于容忍之上的和平，但了无生气。城邦共同体的本体根本不可能软化到足以使诸高度连属的地方单元相互整合而形成一个大共同体的地步。帝王创业、贵族统治、投石党运动以及第三等级兴起，这出历史剧不得不在每个城邦里单独上演，其结果不尽相同。希腊城邦所得到的结果，如同罗马一样，是权力中心令人费解的“枯竭”以及外围地区解体为继承国家(succession states)。通过与古代世界的这番比较，西欧王权及其广袤版图内的封建组织作为王国以及作为王国庇护和压迫下的人民的整合性力量的关键作用就更加清楚地凸显出来了。在没有这种力量的地方，比如说意大利，政治结构就表现出许多类似于古代世界的特征——诸如城邦的兴起以及像伦巴第那样的城市联盟的兴起，城邦之间互相残杀，因像威尼斯或热那亚那种霸权的兴起而导致城邦数目减少。

六　福蒂斯丘

[155]我们拟就福蒂斯丘爵士(Sir John Fortescue)关于英格兰王国的政治结构的观念作一些评论来结束本章，这是再恰当不过的。如果说在他的作品里找不到一套关于中世纪政治的深刻理论分析，我们至少可以发现一种以当时的术语和意象所表达的描述型概念的尝试。17 世纪以来，他的观念就被用来为辉格党的英国宪政史诠释张本。而最近以来，一些优秀的研究

成果开始把他的作品视为理解都铎时代之前的这个中世纪王国的极重要文献。[1] 要是在从前,用福蒂斯丘的观念来支持某种对这个中世纪王国的解释,或许会招来重重疑虑,因为他的作品问世的时间是 15 世纪六七十年代,晚于兰开斯特王朝的宪政实验及其现代色彩。然而,长久以来作为英国宪政史支柱之一的"兰开斯特实验"(Lancastrian experiment)开始在一种对历史文献的更细致研究的影响下涣然冰释。关于这个问题,克赖姆斯(S. B. Chrimes)说:

> 要发现兰开斯特王朝治下的任何引人注目的宪政实验开始变得越来越困难,结果任何否弃约克王室之作用的理论开始变得越来越无意义。笔者……在对历史文献的阅读过程中,没有发现当时的观念中有任何迹象表明存在着有意识的宪政实验,如果先前那些看法是正确的,那么这种实验本该是意料中的事情。[2]

这种在中世纪王国框架内演化的连续性到福蒂斯丘时代仍然未被打破。

福蒂斯丘政治理论的基本概念是 dominium regale[君主]

---

① 参见 Mcllwain:《西方政治思想的发展》,前揭,第 354 页以下;以及克赖姆斯的重要研究《15 世纪的英国宪政观念》(*English Constitutional Ideas in the Fifteenth Century*,Cambridge,1936),尤其是第 4 章"国家理论"("The Theory of the State")。

② Chrimes:《15 世纪的英国宪政观念》,前揭,页 xviii 以下。在这里我想说,克赖姆斯关于 15 世纪的那个论点对于 13 世纪也同样有效。在市镇代表制形成期间,似乎没有任何一个史学家意识到有什么非同寻常的事情正在发生。大多数史料压根就没有提到议会因郡市代表而增员这回事;极少数确实提到这回事的史料并不认为它是一种具有革命性的事——这似乎足以证明,市镇代表制的发展意味着一种与既有的政治观念的断裂。

和 dominium politicum et regale[君民共主]①。在这里，我们不必深究[156]这两个术语如何源出于圣托马斯、卢卡的托勒密(Ptolemy of Lucca)和罗马的吉莱斯这个错综复杂的问题，因为这种溯源更多是语源的追溯，而不是意义的追溯。就意义而言，我们必须考察福蒂斯丘在其历史理论中对这些术语的使用。这两个概念有三种功能：(1)它们用来指两种起源不同的统治形式；(2)它们用来指统治演化过程中的两个阶段；(3)它们用来指当时不同的统治类型，不考虑起源和演化阶段，比如法国和英国。这三组意义没有被系统地区分，它们是根据语境的要求而使用的，有时则搅合在一个段落里，然而它们有同样一个目标：对英格兰政治体加以恰当说明。

---

① [译注]关于"君主"和"君民共主"，福蒂斯丘说：

> 有两种王国，一种是拉丁语称之为 dominium regale 的统治，另一种是拉丁语称之为 dominium politicum et regale 的统治。它们的不同在于，第一种，国王可依据他自己制定的法律统治他的人民。所以他可以任意强加给他们捐税和其他负担而不必征得他们同意。第二种，除了征得人民同意的法律之外，国王只可依据他们的人民同意的法律统治他们。所以他不可以不征得人民同意而强加给他们任何负担。

见福蒂斯丘：《论英国之法律和政制》(*On the Laws and Governance of England*, ed. Shelley Lockwood, New York: Cambridge University Press, 1997)，第 83 页。

译文中的"君主"和"君民共主"，是晚清学者理解西方政治制度的用语。郑观应《易言·论公法》："泰西有君主之国，有民主之国，有君民共主之国。"王韬《重民》：

> 泰西之立国有三：一曰君主之国，一曰民主之国，一曰君民共主之国。……一人主治于上而百执事万姓奔走于下，令出而必行，言出而莫违，此君主也。国家有事，下之议院，众以为可行则行，不可则止，统领但总其大成而已，此民主也。朝廷有兵刑礼乐赏罚诸大政，必集众于上下议院，君可而民否，不能行；民可而君否，亦不能行也。必君民意见相同，而后可颁之于远近，此君民共主也。

“君主”起源于靠一个强有力的、有野心的人的巨大权力来维持的统治秩序的建立；这种人的典型是英勇猎户宁录（Nimrod）。统治这个共同体的法律出自统治者的意志，如果法律还不错，则这种帝王统治或许可以发展为上帝之王国的俗世类似物。“让君主遂心之事具有法律效力”这一法则的正当理由在于国王的意志与神意所裁可的自然法之间的一致性。① 这种统治将获得人民的同意，因为统治者同时是其自身地位的维护者，臣民接受这一统治至少会使自己免遭其他人的暴力侵害。② 这些段落中所包含的自然法理论在《论自然法之本质》（*De Natura Legis Naturae*）第一部分中有详细阐述。就我们当下的目标而言，把它描绘成一种传统的相对自然法理论就足够了。③ 作为绝对统治者的“君主”是一种较原始的形式。“君民共主”是后来人类更文明时出现的一种统治。④ 在这一较晚期阶段，或者那些较原始的政府变得具有政治精神，比如说罗马，⑤[157]或者新建立的国家一开始便是“君民共主”，比如说英国。⑥

在 regnum politice regulatum[政治统治的王国最初如何开

---

① *The Governance of England*，Charles-，Oxford：Clarendon，1885，第 2 章。福蒂斯丘这本书最近的版本是《论英国之法律和政制》（*On the Laws and Governance of England*，ed. Shelley Lockwood，New York：Cambridge University Press，1997）。[译注]这个译本包括《论英国政制》与《英国法律赞》两书以及《〈论自然法之本质〉摘要》等三篇短文。

② 《英国法律赞》（*De Laudibus Legum Angliae*，ed. Amos，1825），第 12 章。最近的版本：*De Laudibus Legum Anglie*，ed. and trans. S. B. Chrimes，Cambridge：Cambridge University Press，1942。

③ 《福蒂斯丘作品集》第 1 卷（*Works*，vol. I，ed. Lord Clermont，London，1869）。

④ 《论英国政制》第 2 章，前揭；“人类更文明时”，原文为“whan mankynde was more mansuete”。

⑤ 《论自然法之本质》（*De Natura Legis Naturae*）I. 16，收入《福蒂斯丘作品集》第 1 卷，前揭。

⑥ 《英国法律赞》第 13 章，前揭；《论英国政制》第 2 章，前揭。

始]这个问题上，福蒂斯丘写下了伟大的一页，将萨利斯伯瑞的约翰和帕多瓦的马西利乌斯所确立的世间王国理论向前推进了一步。[1] 约翰发展了国民共同体（commonwealth）的概念，且运用有机体比喻来使这个单元的内部团结变得可以理解。马西利乌斯曾经看到，这样想象出的有机整体是一个来源不明的不争事实，并提出了整体和立法者的观念，以之为使各单独部分及其法律关系得以存在的先在整体。马西利乌斯的理论认识到整体中各连属部分不能相互推出自身的起源和权威，就此而言，它是世俗政治单元建构中的一大进步；虽然各部分背后的整体仍是个问题。然而，这一理论存在的一个难题是，整体被认为是业已连属的、创制性的立法者，这就导致一个更为根本的问题：这种立法者本身是如何变得连属的？它还受以下局限的困扰：在立法者的建构中，马西利乌斯使用了意大利城市的制度模型，而这个模型无法被搬到阿尔卑斯山以北的领土性的民族王国。[2] 福蒂斯丘克服了这两个缺陷，不仅使自己的理论切合民族王国的问题，还更加深入地探讨了使一种政治的本体得以形成和变得连属的隐晦过程。

他命名这个过程的主要术语是人民的肇兴（eruption）和鼎革（proruption）。有机体的比喻已从一个已成立的政治身体与一个有机体之间的比拟，扩大为王国的创建与一个脱离胚胎状态的有关节相连的（articulate）身体的生长之间的比拟。ex populo erumpit regnum[人民肇兴成为王国]，正像一个有关节相连的身体脱离其胚胎状态一样。关于至今全然未连属的人民，福蒂斯丘用的词是迸发；关于 tantum regale[君主专制]的国家——这种

① 《英国法律赞》第 13 章，前揭。

② 关于萨利斯伯瑞的约翰见《政治观念史稿》卷二，《中世纪（至阿奎那）》，前揭，第六章，第 113—125 页；关于帕多瓦的马西利乌斯见上文第十七章。

国家将经历向政治[158]状态的转型,他用的词是鼎革。[①]

对于这些段落中所使用的人民概念,我们应该仔细考虑。福蒂斯丘认为圣奥古斯丁的定义——人民是基于对一种正义秩序和利益团契的同意而联合的民众——是有缺陷的。这样定义的人民将是 acephalus[无首的],没有一个首领;他们不可能成为一个身体,而仅仅是个躯干。人民欲立一个王国,必须立一个 rex erectus est[首领],由首领来为一身之主。人民(people)一词显然是在两种意义上使用的,一是政治上未连属的人民,一是政治上连属的人民;在第二种意义上,人民与王国(realm)是同义词。[②] 从这个概念中是得不出人民主权观念的,纵然他的语言有时会诱使人们这样做,比如说当福蒂斯丘说,国王不应当把 hanc potestatem a populo effluxam[出自人民的权力]用于除保卫法律及其臣民身体之外的任何目的。这段话中的人民,并不是连属的人民——福蒂斯丘在其他地方所谈到的平民阶层,而是连属化之前的初民。人民通过立国王而变得连属,成为一个政治身体,如果我们想找后来与这种人民理论相类似的理论,那么我们不应该在洛克(Lock)对自然法的反思那里找,而是应该在霍布斯的《利维坦》那里找,克赖姆斯正确

---

① [译注]沃格林此处引用的文字,参看《英国法律赞》第 18 章,前揭。现行译本的翻译是 the kingdom issues from the people[王国出自人民]和 the kindom of Egland blossomed forth into a political and royal dominion out of Brutus' band of Trojans[英格兰王国从布鲁图斯的特洛伊人团伙发展为一个君民共主之国]。

② 见《论英国政制》,前揭,第 2 章。在那里,福蒂斯丘谈到 grete communaltes[各大部族](尚未连属之民),他们"乐于统一,成立一个被称为王国的政治体,有一个首领来作一体之主"。regnum[王国],body politic[政治身体]和拉丁文的 corpus[身体]被用作同义词,意指已将连属化进行到社会底层、我们所谓的王国(realm)的现象。

地指出了这一点。[①]

因此，王国就是一个处于政治连属化状态的人民，国王与男爵、平民一样，都是它的组成部分。福蒂斯丘以神秘体一词表示王国，进一步促成了一套探讨政治召唤之神秘性的术语框架的创建。正如自然身体有一个心脏作为其生命的中枢，王国这个 corpus mysticum［神秘体］也有 intencio populi［民意］作为其中枢，有利于人民福祉的政治补给品被作为营养血液，借之输送至该身体的头部和肢体。［159］这个宗教范畴向世俗领域的转换，征示着民族王国的力量已深入时代情绪中，与此相应，一统的基督教神秘体已陷于虚弱无力。此外，从这种转换以及其他一些例子中，我们可以明确地追溯世俗政治符号话语在基督教符号中的起源。

最后，它证明福蒂斯丘对于政治的根本问题有出类拔萃的理解。王国的起源不能在自然或法律中寻找，而要在灵魂的力量中寻找，福蒂斯丘通过肇兴这个范畴论及这些力量。政治召唤的本质，以及王国之起源于一个超凡魅力型人格的力量，对于福蒂斯丘已经不像对于大迁徙时期的史学家和北欧的传奇作家那般清楚，但较之后来那些在一份契约中寻找国家起源的自然法理论家而言，这点对于他仍然是比较清楚的。只有在维柯那里，我们才又看到一种旗鼓相当的对政治召唤问题的实在论洞察。不过，这种对政治身体之神秘特性的理解，不应完全归因于一种超然的洞见，而是受到以下事实的强烈影响：福蒂斯丘本人仍生活在大迁徙以来连续不断的

---

① 对 16 世纪这条线上的托马斯主义分析之对立理论的说明，见 Skinner：《现代政治思想的基础》，前揭，第 2 卷《宗教改革时代》(*The Age of Reformation*)，尤其是他对从苏阿雷斯(Francisco Suarez)到霍布斯的关于一个人民如何变成一个 universitas［团体］而行动的优秀探讨的评论。

王国神话里。我们已看到,对于君主专制,《旧约》应该说提供了宁录的案例。在福蒂斯丘看来,英格兰政治王国的创建应归功于布鲁图斯(Brutus),他和一伙特洛伊人逃离希腊后来到该岛。英国由一帮背井离乡的特洛伊人创建的神话——那些跨海迁徙的部落为了取得与地中海文明平起平坐的地位,从罗马拿来了这个神话,正如罗马人为了取得跟希腊人在神话中的平等地位而采用了这个神话一样——仍旧是妨碍对实际的创建过程做更深入探索的历史背景。①

[160]有关英国案例的政治王国观念在《论英国政制》(*Governance of England*)中有详细阐述。一个regnum politicum[政治王国]是一个由人民已予赞同之法律统治的王国,这种赞同在制度方面意味着国王在没有取得人民赞同的情况下,不得变更王国的法律或征税(第2章)。法兰西王国被归入君主专制的类型,因为在那里,不需要各等级的赞同就可以向平民征税(第3章)。这个定义似乎包含着立宪君主制观念;但这种印象是错误的——就像认为爱德华一世的名言"凡涉全体者必经全体同意"包含着统治须由人民同意的观念这一意见是错误的一样。赞成(approval)或赞同(assent)在当时完全没有现代的那

① 关于布立吞人的同名英雄布鲁图斯及其特洛伊随从的神话,见《英国法律赞》第8章和《论英国政制》第2章。这个神话的最重要的英国史料大概是蒙茅斯的杰佛里(Geoffrey of Monmouth)的《布立吞王国史》(*Historia Regnum Britanniae*)中的叙述。对福蒂斯丘可获得的其他史料以及这个神话在英国的历史和政治讨论中的作用的考察,见Plummer在他编的《论英国政制》第185页以下的那条注释。关于特洛伊人创立[英国]的神话的概述,见《沃格林全集》第19卷,《政治观念史稿》卷一,《希腊化、罗马和早期基督教》(*The Collected Works of Eric Voegelin*, vol. 19, *History of Political Ideas*, vol. I, *Hellenism, Rome, and Early Christianity*, ed. Athanasios Moulakis, Columbia: University of Missouri Press, 1997),第1部分第7章第5节"特洛伊神话及高卢人和法兰克人"("The Myth of Troy with the Gauls and Franks"),第145—146页。

些内涵。这里的赞同并不是现代宪政意义上的权利，它既不能被剥夺，也不能被给予。赞同或赞成与参与有关——参与王国各等级之间在涉及王国之维系的事项上所达成的协议。在这一时期，平民的赞同更确切来说是封建关系向新近连属的社会阶层延伸，在这种关系里，平民们必须像男爵们一样履行自己的义务，然而他们一方也可以坚持要求国王履行其王国保卫者和法律执行者的职位所带来的义务。关于这个问题的任何疑虑都会因福蒂斯丘作品的主体部分而烟消云散。这部分的题目为“国王等级”，这个等级会因为其损及王国本身之稳定的昏庸腐化而有式微的危险。在这种紧急情况下，其他等级有义务为了整体的利益而使国王等级保持稳固。

国王等级是一个高度复杂的观念，结合了国王的财产权及其超凡魅力的治疗能力，混合着由国王的威严、意志、自由、仁恩表达出来的超凡魅力品质；这个等级同时还是一种负责主持防务和主持正义的公职(第 8 章)。国王等级是“世上最高世俗等级”。为了恰当地代表这个高贵等级，为了履行与这个等级相干的义务，国王必须是他的王国中最富有的领主，因为若是他的任何一个臣民在不动产方面的财富与他相当，或者超过了他，这个臣民或许就会变成王位争夺者，[161]并有造反的臣民去辅佐他。“因为人民就要跟他走，最优秀的人或许会支持他、酬谢他。”由于这个原因，福蒂斯丘似乎认为叛乱是可预料的正常之事。在这点上，我们或许可以看到对于王国的结构和机制的最深刻洞见。拥护国王是人民的义务，正如保卫人民是国王的义务。臣民会乐于见到一个富有的领主举兵起事，因为他们渴望因他的晋升而减除至少一部分供养负担(第 9 章)。一个人会被“立”为国王，因为他较多的财富是他之拥有国王等级所必不可少的其他超凡魅力品质的最切实表征；在他的统治下，王国将享有繁荣,而这点又要由平民阶层所享有的安全保障和轻徭薄赋来检验。

因此,福蒂斯丘关心的是,国王等级必须被充分赋予必要的财力。平民阶级的财富最为重要。若平民富有,他们就可以较容易地把国王等级之维持和王国之维持所必需的金银贡献出来。此外,富足的平民之所以必要,是因为这样一来,普通人就可以自备弓箭和盔甲。弓箭手是王国防务的中坚力量,英国需要大量的弓箭手,因为它容易受到来自海上的侵袭(第 12 章)。① 巩固王室财政的更直接方法是国王等级本身增加收入,审慎经营。对这个问题,福蒂斯丘花了较大篇幅讨论。他提出了许多增加收入的办法,甚至还拟定了一个详细计划,主张由一个顾问班子来经营这个等级的财产,使之不会因对众多请愿者的不恰当赏赐而消耗殆尽。如果这个计划付诸实施,结果[162]王室的收入将足以负担国王眷属的支出,足以负担国内行政和王国防务的费用,那么英国或许早已朝一个强有力的绝对王权君主制方向发展,"赞同"或许也早已萎缩绝迹了。

我们可以在第 3 章里总结出有关国王地位的清晰的理论阐述。福蒂斯丘引用圣托马斯的话,大意是:"是因为有国才有王,非因为有王才有国。"这一格言暗示了在福蒂斯丘的解释中,国王等级是一个承担与王国相关之职责的公职。然而在福蒂斯丘看来,这个等级的行政因素构成一个前提,从这个前提出发,他

---

① 在 15 世纪,英国的岛屿位置仍然被视为一种军事上的不利条件。直到 16 世纪建起了海防堡垒之后,人们才觉得它对安全有助益。在都铎王朝以前似乎盛行着一种焦虑,这种焦虑来自对自诺曼征服以降的历次入侵的记忆以及在苏格兰和威尔士与"外部蛮族"(汤因比语)旷日持久的前线作战,这多少有点像德意志人的被包围情结。关于大陆德意志诸部落对迁徙失败的反应记忆关于德意志的失败神话的渊源,见卷二,《中世纪(至阿奎那)》,前揭,第二章,第 41—51 页。

得出人民有尽力维持王祚的义务。由于这个等级是一种公职，国王或许会像教宗说自己和自己的教会那样说自己和自己的王国：他是 servus servorum of Dei[上帝仆人之仆人]。国王是其王国——世俗的 corpus mysticum[神秘体]——中为首的仆人，耶稣说：dignus est operarius cibo suo[仆人是他应得之生活]。在这种主仆角色的颠倒中，我们看到了适于王国的平衡互惠结构的完美准则。①

① 我们可以再次看到许多范畴从宗教领域转而被用于解释世俗王国。我们还可以看到仆人的仆人观念在"王国进发"的情况重演时再次出现，比如弗里德里希大帝著名的格言："朕乃国家第一仆人。"

第二十章　从一统到教区的基督教

[163]在前一章里，我们已将王国的连属化作为一个内部演化问题加以探讨。现在，我们必须将这种内部发展与整个西方从中世纪的一统(imperial)阶段向现代的教区(parochial)阶段的演化联系起来。在封建王国的范围内，人民之成长已达到社会相干和政治连属的水平，提出了如何将诸新兴力量整合进王国结构的问题。多半因为这个问题在王国内部的范围内已被成功解决之故，它在西方基督教的更广阔舞台上变得严峻起来。诸封建王国愈深深地扎根于人民之中，它们与西方世界的一统结构之间的属世和属灵的超领土联系纽带就愈松弛。王权和上层等级越来越使自身面向王国的领土性边界内的人民，以之为其力量的基础；而人民在变得连属之后，开始适应那个他们在其中获得其政治存在形式的王国结构。在霍亨斯陶芬王朝覆灭后，皇帝实际上早已不再考虑他的基督教世界属世统治者的角色；也没有替代性的制度发展出来取代他的位置。教廷在14和15世纪里也接近相同的命运，这是“巴比伦之囚”(Babylonian Captivity)[①]和“大分裂”

---

① [译注]犹大王国于公元前598年(或公元前597)和公元前587年(或公元前586年)先后两次被征服后，犹太人被大批掳往巴比伦之事。“巴比伦之囚”在这里指14世纪教宗住锡阿维尼翁这个事件，后者又称为“阿维尼翁之囚”。

(Great Schism)导致的结果。能否将诸新兴力量直接或以王国为中介成功整合进王国中,对于西方社会整体而言,是决定现代社会之教区式结构的根本历史抉择。关于历史细节,我们必须像前一章那样,再次请读者参考涉及该时期的权威论著。我们只勾勒历史发展的主线并拣出有代表性的事实。

一　教会组织的转型

[164]1305－1378 年教宗住锡阿维尼翁是一个极具象征意义的事件。它至少暂时以一种切实的方式有利于西方世界与罗马传统的联系。教廷在地理上毗邻法国更凸显一个事实:教廷已卷入一场后来导致了西方世界的教区式秩序的无法无天的斗争中;这种毗邻本身不是很重要,但要不是因为它的话,这个事实对广大基督教信众来说或许就不会如此明显。众所周知,所谓“巴比伦之囚”,乃是西方的政治命令权已从圣座手中滑落、教廷已漂泊于一片它无法掌控的力量海洋的外在征象。

住锡阿维尼翁及其作为一种征象的意义是清楚的。不怎么清楚的是这一征象背后的复杂形势。改变住锡地的最直接原因是意大利接二连三发生内乱,教宗面临人身危险,不可能再住锡罗马。博尼法切八世的继任者本笃十一世(Benedict XI)就曾经被流放到佩鲁贾,波尔多枢机主教高斯(Bertrand de Got)在 1305 年当选为克雷芒五世(Clement V)时,曾经受到警告不要去管罗马城内贵族的混乱状态。教廷首先需要一个领地立足,在这个领地里,教廷可以在诸列强的新世界中安全地运转。“阿纳尼之日”已经证明,列强是绝不惮于以暴力攻击教宗的人身的。这个具体问题的起因在于自格雷高利七世时代以来教廷意在建立“教廷之国”的方针。对于其根据法理所占有的由卡洛林家族(the Carolingians)和玛蒂尔达(Matilda)捐献的领地,教廷并不行使属世的主权,但它另一方面又支持托斯卡纳地区和罗马公爵领(Ducatus Romanus)本身的城市国家的发展。教廷对于帝国“边疆诸国”的方针的最大优点在于它避免行使事实上的权威,就连在罗马也是如此。教廷在罗马缺乏属世权力的尴尬处境,诱使博尼法切八世于13世纪末在南托斯卡纳创建了一个卡埃塔尼家族(Caetani)的国家,以之为对抗罗马贵族的一个地方堡垒。教廷于1305年选择阿维尼翁作为驻地不意味着对法国的顺从,之所以作此选择是因为阿维尼翁周围的弗内森地区[165]已于1274年被法国割让给教廷并由教廷管理,而阿维尼翁的领主都是教廷的附庸。阿维尼翁本身也被克雷芒六世(Clement VI)在1348年购得,因之与弗内森地区一起构成教会国家的中心。阿维尼翁的教宗们为了在意大利获得一片安全的领地付出了种种军事努力,但都没有成功,这种情况一直持续到1353年枢机主教阿尔波诺斯(Albornoz)被任命为教廷出使意大利的使节才结束。阿尔波诺斯是西班牙人,因为在对安达卢西亚的摩尔人作战中功勋卓著而被授予枢机主教职位。他在外交和军事上的成就为教会国家的建立奠定了基础,直到1870年,教会国家一直是专制统治的意大利公国中的一员。阿尔沃诺斯的征服使教廷重返罗马成为可能,但放弃希尔德布兰德方针(Hildebrandine policy)①的致命步伐已经迈出。教会早已因为在效法新兴的领土性王国的过程中接受领土性的权力原则这一目光短浅的行为而玷污了它的普世宗教主张。从1870年教宗的领土性主权被废除时他们自视为“梵蒂冈囚徒”的心态,以及从1929年的《拉特兰条约》(*Lateran Treaty*)又恢复了这种领土性主权——汤因比将这一举措正确地描述为“教廷政

① [译注]希尔德布兰德,即格雷高利七世,见本书第41页注。

治领袖的一个错误”——中，我们可以看到权力的教区化意识(parochialism)是如何深深地弥漫于西方人的情绪之中。

此外，教廷住锡阿维尼翁乃是由于对外政治的新问题而不得已为之。教廷是西方世界针对伊斯兰而实施的帝国政策的唯一继承者，这在《一圣教谕》颁布之际已经清楚。追求共同对外的西方政策的巨大障碍是法国和英国都在致力于国家巩固问题。两国的和解是十字军东征得以恢复的军事和经济前提。尽管博尼法切八世曾遭到重大挫折，教宗们仍然凭借他们在阿维尼翁的优越地理位置继续为解决英法之争以及进一步发动十字军东征而举行了多次谈判。像莫拉(Guillaume Mollat)这样一位杰出的学者也说，阿维尼翁教宗为十字军东征的念头而“走火入魔”(obsession)。[①] 这个用语暗示了一种偏见，这种偏见仍然时不时扭曲人们对 14 和 15 世纪那场征服基督教人类的大灾难的理解。[166]教宗的“走火入魔”仅仅意味着，基督教的属灵权力至少还没有正式放弃一个西方人类共同体之观念，在这个共同体中，整体利益应该高于内部分歧。相反，使共同行动陷于瘫痪的英国与法国的斗争，却标志着西方政治因内部问题升级至对外事务和牺牲一统基督教的事务为代价而来的教区化进程(parochialization)。为调停英法冲突而做的不懈努力，发动十字军东征的准备工作，以及教宗们的实际行动曾几度阻止了一种有计划地脱离阿维尼翁的行为。[②]

---

① Guillaume Mollat:《阿维尼翁教宗与大分裂》(The Popes of Avignon and the Great Shism)，载《剑桥中世纪史》第 7 卷，第 10 章(*CMH*, vol. 7[1932], chap. 10)。

② 本可以由教廷领导下的十字军东征解决的对伊斯兰作战的问题，最终在新的众多领土性主权的结构内因哈布斯堡君主国演化为西方防御土耳其人的“甲壳”(carapace，汤因比语)而得以解决。随着奥斯曼帝国的衰落，哈布斯堡基业在西方普遍存在的理由消失了；因此，土耳其的衰落是奥地利君主国衰落的重要因素之一。[译注]“甲壳”比喻，见汤因比：《历史研究》(中册)，曹未风等译，上海：上海人民出版社，1997 年，第 220 页。

至14世纪,欧洲的人口和财富已有相当大的增长,城市数量和人口因从过度拥挤的乡下涌来的移民而在不断增加,在封建劳役经济衰落的同时,货币经济飞速发展。封建收入以外的税收在各国总收入中占空前的较大份额,因新的财力而变得可能的战争,或许与通过增加受剥削人群的负担来扩大财源所引起的战争一样多。教廷若想在这场新的财力战争中立于不败之地,就必须重组、完善它的财政体系。

约翰二十二世(John XXII)的支出有67.3%用于战争,12.7%用于教廷的维持和消遣,7.16%用于救济,用于图书的花费低至0.16%,这些数据展示了问题的清晰图景。对于一个欲支配欧洲所有基督教地区的组织而言,阿维尼翁在地理上是最理想的中心,较之地处边缘的罗马更利于实现目标。为了获得充足的收入,阿维尼翁教宗主要依赖两项措施:(1)在教会财产局(camera apostolica)内部重新组织财政管理,司库以教廷要员的身份执掌该部;(2)教会事务高度集中于教廷,尤其是关于圣职者薪俸方面的事务。

[167]这些措施都不能算教政的创新,有新意的是教政体系的官僚制理性化和效率。教会利用其庞大地产(在英国,据说它曾拥有三分之一的土地)来征收赋税,税收总量及勒索之重都到了不同寻常的地步,它还利用同样庞大的不可继承的职位设置来征收任命费、年金(annates)、[①]第一批果实、[②]圣职出缺费,等

① [译注]年金:新就任的教会圣职者从其第一年俸禄中抽出向主教或教宗贡纳的赋税。

② [译注]第一批果实:包括最先收成的农作物,最先采收的瓜果,最先捕获的猎物,最先宰杀的家禽、家畜,最先网到的鱼货等。古时候的先民,常常用这些第一批果实来奉献给神明当贡品。在中世纪,缴纳第一批果实意味着把农作物的十分之一作为贡品奉献给地方教堂和圣职者。

等。结果，教会变成了文艺复兴时期第一个拥有一套出色的中央官僚制和一套冷酷有效的财政体系的绝对君主国。只有在接近15世纪末，都铎王朝统治的英国和路易十一世统治的法国才达到与之相似的效率水平——不过，我们应该谨防将post hoc[此后的]解释为propter hoc[由此而来的]，人们有时就爱犯这个错误。

二　英国的反应

对于教廷的财政管理与各王国的财政管理之间不可避免的冲突，我们最好以英国之反应的案例来研究。14世纪出现了一系列重大措施，凭借这些措施，有利于英格兰教会国家化的法律框架得以创建。1307年《卡莱尔法令》(*Statute of Carlisle*)陈述了一条重要申诉：修道院、隐修院、宗教场所的地产之设置旨在为贫病者提供生计，教廷的税收已背离设置它们的初衷。法令禁止输出税款，命令所有被派来管辖英国宗教场所的"外国人"不要增收任何税种。这一措施旨在控制王国的收入外流至一个或许最终会用它来支持法国的组织手里。1343年，克雷芒六世被请求取消他的对空缺圣职任命权的保留和对尚未出缺的有俸圣职的预先委任——异族人就是借之而被委任到英国的职位上。因为外国人即便真上任了，也无法满足英国人民的需求，而且当某个职位由一个领微薄薪俸的代理人行使时，这些外国人依然不停止抽税。1351年的《圣职候补令》(*Statutes of Provisors*)重新确立了"大主教、主教和其他一切显职和选任圣职的自由选举"。1353年，《蔑视王权罪法令》(*Statute of Praemunire*)扬言[168]对一切以教会法庭的判例来为王座法院已有判决的案子翻案的人处以放逐和罚款。1366年，英国拒绝向教宗纳贡;“无地王”约翰代表英格兰王国对教宗的效忠之举被宣布为非法,因为此举未获得男爵阶层的赞同。1390年,《第二道圣职候补令》(*Second Statute of Provisors*)重申了第一道法令,并增添了对违反者的流放、驱逐出境等严厉惩罚。

这些措施构成了一套法律,若得以完全实施,会使英格兰教会在组织上差不多完全独立于教宗。1534年亨利八世(Henry VIII)的《最高权威法》(*Supremacy Act*)只不过是在14世纪建造的大厦顶上加了一块拱心石。而在当时,这座大厦的外表比其实物要宏伟得多。《卡莱尔法令》和《圣职候补令》不得不重新提出,因为它们并没有被真正严格地遵守。教宗对尚未出缺的有俸圣职的预先委任仍在继续,且经常是在与国王合谋的情况下进行,国王在财政和一般权力方面的地位使交易变得可取。这些法令在当时的主要作用在于,它们使国王在与教廷的谈判中处于更有利的地位。另外,这个问题不仅仅取决于国王和教宗,还取决于英国议会以及英格兰教会中有圣职授予权的人和各选举团体作为第三方的参与。1351年规定的“自由选举”是一种形式,因为准予选举的王室公函若提名某人参选,基本上不会遭到反对。16世纪,国王的地位已足够强有力时,这一公函程序最终由《1534年圣职任命法》(*Ecclesiastical Appointments Act of 1534*)正式予以认可,若有违反,将按《圣职候补令》和《蔑视王权罪法令》所规定的惩罚进行惩处。英格兰教会因此被整合进领土性王国的管理中,这一教区化进程正好与罗马教会在诸王国的领土中强化了的管理背道而驰。

三　威克里夫:总体特征

若非在我们所谓的教区基督教的趋势中已经发生宗教情绪

的一种深刻重构，诸王国对中央集权的教会管理的制度化抵抗，即人们所熟知的安立甘主义和高卢主义，就不可能出现。[169]代表这一新的宗教类型的14世纪杰出人物是威克里夫(John Wycliffe，1320—1384年)。他之所以是杰出人物且成为宗教预改革(pre-Reformation)的伟大象征是因为他才具丰赡，可担当学者、政客和改革家等角色。由于这种丰赡，他在当时是独一无二的；但这种丰赡有时也被误认为深刻和厚重，致使他在观念史中的地位至今尚未得到十分固定和清楚的评判。我们可以发现一种把他视为新教和英格兰民族之骄傲、对他过分高捧的倾向；而在最近，由于人们把他的作品与其他人的作品联系起来做了一番较为细致的研究，又有一种贬低他、尤其是贬低他的政治观念的倾向。对他的评判摇摆不定，乃是由于人们只是刻板地从他的学说中去探索他的伟大，而不去研究促使他能够以经院神学为媒介把当时的问题表达出来的情绪特质。

为了获得恰当的解释，我们首先必须否定地断言，威克里夫既不是圣托马斯那样伟大的调和思想家，也不是司各脱或奥卡姆的威廉那样伟大的批评家；他既不是艾克哈特(Eckhart)那样伟大的神秘主义者，也没有《耕者皮尔斯》(*Piers Plowman*)作者的那种终末论紧张；他既没有路德那种简质而粗犷的信仰，也没有加尔文的那些神权政治领袖素质。如果我们想在威克里夫的作品中找到一种绝高水平的精神和智识的非凡成就，那么失望是在所难免的。他有时被称颂为他那个时代第一流的经院哲学家，这个评判或许正确。但是经院哲学的大问题已经从唯实论走向唯名论，一位学者在经院哲学中是第一流，在观念运动中却不再堪称第一流。威克里夫的唯实论立场没有任何独特的价值，尽管它决定了他在圣餐变体论(transubstantiation)上的非正统立场。他自视甚高的关于统治之基础在于神恩的理论，在菲茨拉尔夫(Richard Fitzralph)的《论救主之贫穷》(*De pauper ie Salvatoris*,约 1347 年)中早已形成,他的预定论(predestinarianism),在布拉德沃丁(Bradwardine)的态度中早已形成;就威克里夫而言,颇为特别的地方在于他从未能调和他理论体系里的这两种学说。他的《论国王之职责》(*De Officio Regis*)中对王室职责的讨论缺乏《约克论册》的激进。他的教会学说,即便激进地认为上帝把超凡魅力赐予每个基督徒,因此使之本身就带有神秘体的成分,[170]而不需要罗马教会作为一个官方的中介,这套学说也不比数目众多的异端教派的反祭司制度论(antisacerdotalism)更为激进。就连他的伟大的组织工作,英语《圣经》的编纂,差不多也是在追逐时代潮流,以致沃克曼(Herbert B. Workman)不得不在自己的专著里说,这项工作“是一个运动的表达,就算撇开威克里夫,这个运动也会在 14 世纪末或 15 世纪初产生出一个英译本”。①

威克里夫的重要性不在于他的任何一项单独的教义和行动,而在于其丰富的凝聚性。迄至当时,各种趋向或分别发展,或在低等社会阶层的层面上发展,或在极端教派的层面上发展,这些趋向都集于他一身,并被提升到杰出学者、牛津才俊,以及与宫廷过从

---

① Workman:《威克里夫:英国中世纪教会研究》两卷本(*John Wyclif:A Study of the English Medieval Church*,2 vols.,Oxford:Clarendon,1926),第 2 卷,第 170 页。最近的研究包括 David Jeffrey 编译的《爱的律法:威克里夫时代英国人的精神性》(*The Law of Love:English Spirituality in the Age of Wyclif*,Grand Rapids:Eerdmans,1988);Anne Hudson and Michael Wilks 编的《从奥卡姆到威克里夫》(*From Ockham to Wyclif*,Oxford:Blackwell,1987);Anthony Kenny 编的《历史上的威克里夫》(*Wyclif in His Times*,Oxford:Oxford University Press,1986);Louis B. Hall:《威克里夫的危险愿景》(*The Perilous Vision of John Wyclif*,Chicago:University of Chicago Press,1983);以及 John L. Daly:《威克里夫的政治理论》(*The Political Theory of John Wyclif*,Chicago:University of Chicago Press,1962)。

甚密的政治老手的水平。在他的生平和作品里，一种新的社会和宗教运动头一次划破了老一套彬彬有礼的外表，通过与王国的组织化的反教宗措施合成一气而变得在政治上相干。如果我们以这种方式来陈述威克里夫提出的问题，那么我们也同时陈述了他的力量和软弱。威克里夫之所以能在他的时代留下印记，因为他对当时英国在宗教和政治上的各种激动人心的力量比同时代任何人都更敏于回应。但他仅能够留下转瞬即逝的印记，因为他不如被他本人所着意的那些力量强大。在一个时机尚未成熟的时代里，他从宗教上去感觉，并从智识上去理解那个后来促成了宗教改革之来临的问题。但他在宗教和形而上学方面都没有足够深的根底，以坚持自己作为一位伟大的神秘主义者或哲学家的立场。因此，要想正确地研究威克里夫，我们就不应该只借助他成体系的作品。鉴于他对当时力量的与众不同的敏锐回应和洞察力，我们最好是先简要地描述这些力量，然后只分析他的回应。

四 地区性的精神运动

[171]我们已考察了基督教精神从修道院改革浪潮到托钵修会的内部演化。从13世纪开始，这一演化进入了一个关键阶段，因为教会对那些以修会形式出现的前所未有的精神运动加以制度化的能力似乎有所削弱。克吕尼改革和西笃会改革的能量，单凭独立修会这种新的形式已不能容纳，它们已直接倾注于教廷和教会的改革。另一方面，武士修会的能量进入了十字军东征，而托钵修会的能量则进入了欧洲市镇布道团，14世纪在教廷住锡阿维尼翁期间，又进入了亚洲改信运动。教廷本身相对来讲几乎没有受到这些晚期发展的影响。1215年第四次拉特兰会议禁止建立新修会，这个决定表明精神的强化和扩张浪

潮已到达一个新的时代。即便如此，那些步入末路的修会已经是麻烦之源了。圣殿骑士团于14世纪初被解散，因为它与法国的领土性属世权力相冲突。与此同时，方济各会也遇到危机，因为属灵派与教会的组织方式相冲突。从这两个对一统的基督教共同体起瓦解作用的中心来看，从属灵领域和属世领域来看，晚期的修会已被迫居于一种三流权力的地位。作为西方一统政策之工具的圣殿骑士，在日益收缩的王国之间的新型外交政治场域中已无用武之地。属灵派及其贫穷理想与教廷之演变为当时第一流的官僚制金钱势力的过程也势同水火。

剩下的那些修会——托钵修会——只取得部分成功。方济各会修士得以吸收一部分在宗教上已受触动的市镇人口加入他们的行列，这很大程度上归功于第三修会（Tertiary Order）的努力。方济各会和多明我会凭借修士们遍布整个欧洲的传教工作，控制着一部分数目可观的人口，通过修会使他们对教会有归属感。但在这一运动中，也有相当多的人摆脱了这种控制而发展为异端教派。[172]这些教派只要规模尚小，还停留在局部地区，就和我们这里的讨论无关。但是，与托钵修会的建立相并行的是，一种社会型的异端运动已初见轮廓，并预示着后来的宗教预改革和宗教改革两大事件。在阿尔比派（Albigensians）的案例中，一次异端运动席卷了普罗旺斯这一广大地区的多个市镇，为当地贵族所青睐。一种外在于教会的新的宗教运动渗透一个文化区，在市镇中将自身的来源层次提升到统治贵族，这还是头一次。普罗旺斯有一种文化，但它不是一个王国；要不是受到外部干扰的话，它或许已经发展成一个王国了，一个普罗旺斯民族或许也已经产生了。13世纪开始时，朝这个方向发展的趋势再引人注目不过。阿尔比教派运动没有表现出像后来在英国、波希米亚、德意志等地的地区性运动的那些典型的民族斗争特征，但尽管如此，我们仍必须把它列为导致基督教教区化的系列剧变的第一幕。其主要特征表现在：(1)与罗马教会决裂；(2)不可能把精神上活跃的少数民族纳入修会类型的精英组织；(3)向贵族渗透；(4)基于一种地区文化。①

在卡佩王朝国王的帮助下，教会成功地镇压了第一次地区性的运动——镇压得如此成功，以致西方最优秀的文明之一在此过程中被摧残殆尽。第二次基督教教区化浪潮发生在英国和波希米亚，要彻底镇压却是不可能了。与威克里夫和胡斯(Jan Hus)这两个名字相联系的那些运动被称为宗教预改革。这个术语是既定的，但不是十分恰当。[173]它过于注重16世纪的宗教改革，并把威克里夫置于"先驱"的地位；而真正的问题会被这种多少有些简单化的方式勾勒出来的历史轮廓所遮蔽。宗教改革时代区别于14世纪那些运动的地方在于国际性的反应——其火花是路德无意中点燃的。至16世纪，基督教情绪的教区化已经取得极大的进步，以致每次反对作为一统基督教之残余的罗马教会的叛乱一旦在某个地方开始，就可以席卷欧洲广大地区，其速度之迅猛，步调之一致，竟有了国际运动的性质。从日内瓦，加尔

① 关于阿尔比教派运动的其他情况与总的异教运动问题，见《政治观念史稿》卷四，《文艺复兴与宗教改革》第三章，"上帝的子民"，前揭。Malcolm Lambert：《中世纪异端：从格雷高利改革至宗教改革的平民运动》(*Medieval Heresy: Popular Movements from the Gregorian Reform to the Reformation*, Oxford: Blackwell, 1992)；Norman Cohn：《千年王国之追寻》(*The Pursuit of the Millennium*, New York: Harper, 1972)；Bernard McGinn：《终末之景象》(*Visions of the End*, New York: Columbia University Press, 1979)；Gordon Leff：《中世纪晚期的异端：异端与不顺从的相干，1250－1450年》两卷本(*Heresy in the Later Middle Ages: The Relation of Heresy to Dissent c. 1250－1450*, 2 vols., Manchester: Manchester University Press, 1967)；Emmanuel Le Roy Ladurie：《蒙塔尤：一个法国村庄的洁净派教徒和天主教徒，1294－1324年》(*Montaillou: Cathars and Catholics in a French Village, 1294－1324*, trans. B. Bray, Harmondsworth: Penguin, 1980)。

文能够追求国际新教同盟的政策。“新教国际”(Protestant International)从技术意义上而言是第一次国际运动:这场运动有许多的教区中心,但有足够的统一性,使一定程度的联盟成为可能,并能在任何一个教区中心导致内战时实施某种干预政策。这个意义上的国际主义是在教区化时代里对先前的帝国统一性的替代,是精神统一性的一种次要形式。因此,我们可以把这场所谓的宗教预改革运动更为精确地描述为教区主义的一个早期阶段,它同相对强大的一统基督教仍然重叠。国际主义和干涉现象尚未存在。15 世纪,反对胡斯派的那些军事行动仍然具有一统的十字军东征的形式,就像 13 世纪早期的阿尔比战争一样。

尽管威克里夫对胡斯的影响是后来形势的一种先兆,但国际主义的因素基本上是不存在的。相反,与基督教的教区化运动联手的、有组织的民族主义因素倒是有力地表现出来了,该因素是如此有力,以至于它甚至比宗教运动还要重要。教会镇压宗教预改革运动的斗争,在针对严格意义上的宗教运动及其相关领导人方面,可以说是特别成功的,但在针对民族的抵抗方面却是不成功的。[①] 威克里夫被压服了;1401 年《烧毁异端者法令》(*De Haeretico Comburendo*)借助王国的权力铲除了罗拉德(Lollardy),[174]1417 年处决了欧德卡索爵士(Sir John Oldcastle),威克里夫运动实际上已被驱至地下。另一方面,王国对教廷的反抗却没有明显地停下来,博尼法切九世(Boniface IX, 1389—1404)欲废除自《卡莱尔法令》开始的一系列立法措施的努力最终白费了。对胡斯派的斗争,结果也大同小异:胡斯和布拉格的希罗尼穆斯(Hieronymus of Prague)分别于 1415 年和

---

① 见 B. M. Bolton:《中世纪宗教改革》(*The Medieval Reformation*, New York: Holmes and Meier, 1983)。

1416 年被处死，后来捷克的民族运动获得了巨大的动力，而宗教运动却分裂成许多派别，在宗教改革中才最终又融合在一起。

因此我们可以说，王国组织和民族主义这两个因素——它们在阿尔比派的案例中还不存在——为朝着教区基督教持续不断发展提供了民族的、文明的和政治的基础，尽管这一宗教运动没有强大到足以实现教会的分裂。更确切地说，这一运动的缺陷可以被界定为，宗教预改革的领袖们无力统一各宗派主义的力量，把它们导入替代罗马教会的众多教区教会的创建中去。无论是英国的运动还是波希米亚的运动都未能制伏基督徒反叛的离心倾向，使这些倾向屈服于一种新的教会制度。甚至在 16 世纪，宗派主义的分裂因素仍旧十分强大，路德与加尔文不得不倾其一切努力去阻止宗教改革为文明毁灭的深渊所吞噬。威克里夫早期活动中的穷牧师派（Poor Priests）与后期阶段的俗人罗拉德派（laymen Lollards）仍然更多地具有早期方济各会那种修会共同体的特征，就算局势对他们更有利，也很难看出他们可以成为一个改革了的教会的中坚，因为一个教会不能单靠一群倡导者而存在，还必须要有大量的机敏政治之才。胡斯派更接近于一个教会组织，因为这场在波希米亚的领土上反对德意志人的斗争，为那些迫使形形色色的社会和宗教团体走向联合的力量增加了捷克民族主义的压力。但就算是在这个例外情况下，许多杂乱无章的不连贯的宗派影响还是把这场运动瓦解至内战的地步。几乎没有哪个主要的西方宗派倾向不在这场波希米亚的斗争中有其影响。[175]英国的威克里夫主义强有力地决定了胡斯本人及其直接追随者的态度；除此而外，我们看到波希米亚南部许多团体和德累斯顿的尼古拉（Nicholas of Dresden）身上的韦尔多派教义（Waldensianism）、1418 年之后皮卡尔难民（Picard refugees）的理性清教徒主义、激进的千禧年运动(chiliastic movements)、亚当派(Adamites)、阿尔比清洁派(Albigensian Catharism),当然还有捷克宗教信仰的伟大表达:14世纪的米利奇(Jan Milic)和什蒂特尼的托马斯(Thomas of Stitny)、15世纪的海尔奇茨基(Peter Chelcicky)。[①] 直接的东方因素究竟在多大程度上进入这个混合体还不得而知,鉴于胡斯派的链条装甲车——由齐斯卡(Ziska)发展出来的一种兼具防御性和攻击性的作战工具——或许是来自奥斯曼人的进口货,这个问题值得注意。[②]

五　英国的唯灵论:《耕者皮尔斯》

西部的基督化运动(Chiristianization)早已发轫于社会等级的顶层;至12世纪,它已深深渗入正在兴起的市镇;至14世纪,它已经向下延伸到农民阶层。低等阶级的宗教发酵跟政治连属化齐头并进;有时候,两种趋势紧密交织,比如在胡斯派运动中就是如此,因此若不说不可能,至少可以说很难把它们区分开来。一场巨大的动荡风潮在整个欧洲涌起,这场风潮更因物质因素领域中的深远变革而加剧。12和13世纪已经见证了人口的相当的增长,人们从乡村向城市的涌入,把农民固定在封建农业体制轨道上的困难,财富的增长和货币经济的进步,以租税取代劳役,等等。1349年的黑死病造成了人口锐减和继之而来的劳动力稀缺,加速了经济的进化。不适当的经济法规加重了情况的恶化,如1351年英国的《劳工法令》(*Statute of Laborers*)通过固定工资掠夺了劳动者在一种无规制的市场中所可能获得的收入;同年

---

① 海尔奇茨基创立的兄弟同谊会于1467年成为一个独立组织,其圣职人员打破了使徒统绪,因此它可以视为第一个新教教派。

② 关于这个问题,见汤因比的《历史研究》第1卷,前揭,第352页,注释2。

英国银币贬值，进一步降低了工资的实际价值。[176]此外，人口从乡村到城市的强有力的运动，为不满情绪和观念从一个社会部门传播到另一个社会部门制造了广泛的群众基础。14 世纪，农民阶层第一次作为一个重要因素登上政治舞台，不过由于缺乏领导，其直接的政治影响非常短暂。1358 年法国扎克雷起义和 1381 年英国农民起义是社会和经济变化的强烈征象。

在精神发酵中形成一个宽泛的社会底层的过程，必须理解为 14 世纪的文学表达的背景，否则的话，那些文学表达或许会显得更不切实际，更缺乏社会反响。在英国舞台上，智识活动和宗教活动不像在德意志和波希米亚那样多元化，人民的基督教运动也没有产生大陆上那样数量繁多的宗派群体，但发酵的强度足以让威克里夫的作品成为一种早已获得某种历史冲力的演化过程的顶峰。牛津的方济各会是一个传播唯灵论宗教观的强大中心。格罗斯泰特(Robert Grosseteste，约 1175—1253 年)本人已经把托名狄奥尼修斯的著作从希腊语译成英语，从而开启了一股神秘主义神学的潮流。汉普的罗尔(Richard Rolle of Hampole，约 1300—1349 年)是这个新的唯灵论时代的第一位伟大代表。他是一位牛津学者，或许还在索邦神学院待过一段时期。他肯定体验到了方济各会唯灵论和当时大陆上的神秘主义者，或许还有约阿希姆主义，当然还有托名狄奥尼修斯著作的影响。他本人从气质上讲是一位神秘主义者，向往 vita contemplativa[静观生活]，过着自外于教会和修会制度框架的隐居生活。他卷数较多、较重要的神秘主义作品是以拉丁文写的，但他的英文作品却发挥了更大的影响。他把《诗篇》译成了英语，还增补了一篇隆巴德(Peter Lombard)《评注》(*Commentary*)的译文，他还是个诗人，写过许多十分有力、优美的宗教诗歌。在宗教改革以前一个半世纪里，他的作品在英国和大陆地区广为传诵，但我们无法断定它对体制内的信众以外的人们起了多么深的影响。他的著作用民间语写成，凭此并不能证明它有广泛的群众影响，因为对于罗尔而言，正像对于德意志神秘主义者而言一样，[177]用本土语言写作的原因在于满足那些没有学过拉丁文的信教妇女的需要。神秘主义宗教观的另一个或许更为重要的中心是《未知的云》(*Cloud of Unknowing*)的匿名作者，他在托名狄奥尼修斯的影响下，对神秘经验作了最深奥的分析。同一个作者，或者他团体中的另一名成员，用英语意译了狄奥尼修斯的《神秘教诲》(*Dionis Hid Divinite*)题目下的《神秘主义神学》(*Theologia Mystica*)。最后，我们应该提到希尔顿(Walter Hilton)，他的《完美之阶》(*Scale of Perfection*)是一部可以与《效法基督》(*Imitatio Christi*)相媲美的虔敬文学的经典之作。

我们无法追溯这类文献对革命性团体的直接影响，这不应该抹煞其重要性。神秘主义的这种高涨，对制度化的社会秩序的疏离，对孤立的精神生活的专注，是一个文明失序的最重要征象。①

① 关于文明的衰落与个体神秘主义者的兴起之间的关系，见 Friedrich Heiler 的《祈祷》(*Das Gebet*, 4th ed., 1921; rpt. Munich: Reinhardt, 1969)，第 250 页以下，英译本《祈祷：宗教的历史和心理研究》(*Prayer: A Study in the History and Psychology of Religion*, trans. Samuel McComb, London: Oxford University Press, 1932)。一般研究，见 Steven Ozment 的《神秘主义与异议》(*Mysticism and Dissent*, New Haven: Yale University Press, 1973)；McGinn 的《终末之景象》(*Visions of the End*)；Marjorie Reeves 的《中世纪晚期的预言影响》(*The Influence of Prophecy in the Later Middle Ages*, Oxford: Clarendon, 1969)；Cohn 的《千年王国之追求》(*Pursuit of the Millennium*)；Gordon Leff 的《中世纪观的消解》(*Dissolution of the Medieval Outlook*, New York: Harper, 1976)；以及 Johan Huizinga:《中世纪的衰微：14、15 世纪法国和尼德兰的生活方式、理论和艺术研究》(*The Waning of the Middle Ages: A Study of the Forms of Life, Theory, and Art in France and in the Netherlands in the XIVth and XVth Centuries*, trans. Frederik Jan Hopman, London: Arnold, 1927; rpt. Harmondsworth and Baltimore: Penguin, 1976)。

从那套正在分崩离析的秩序中退出，究竟采取神秘主义沉思、终末论想象的方式，抑或社会革命的方式，是个关乎气质、社会环境、教育和宗教天分的问题。一个为理想王国而战的农民团伙对文明造成的破坏，从原则上讲与《未知的云》作者的语句中所包含的对世界之内容的否定没有任何区别："必须把上帝所创造的一切埋葬在遗忘之云里，你方可倾心于上帝本身。"这些形式的个体神秘主义和终末论沉思，具有密切的关联。

当我们研究以"耕者皮尔斯"作为总标题的诗集时，我们必须意识到这种相干。这一复合体的几个部分是否均为朗格兰(William Langland)所作，[178]抑或我们必须认为有多个作者，这个问题曾有过激烈的争吵。① 幸运的是，这个文学史上的争议，我们在此没有必要关心，因为作者是一人还是多人，对我们分析那几首诗的内容来说几乎没有关系。不过，我们必须清楚对这个混合物各部分的鉴定，从而区分：(1)《耕者皮尔斯之梦》(*Visio de Petro Plowman*)，包括所谓A本的《序诗》及第一至八节；(2)《善、中善和至善之生平》(*Vita de Dowel, Dobet, and Dobest*)，包括A本第九至十一节，可能——但不必定——包括第十二节；②(3)对A本的改写，把

① 关于作者的争论，见Manly. Jusserand、Chambera和Bradley的论文集，早期英语文本学会版，第135号B本和第139号B本、C本、D本和E本。又见John A. Alford：《耕者皮尔斯指南》(*A Companion to Piers Plowman*, Berkeley: University of California Press, 1988)；《三种版本的耕者皮尔斯》(*Piers Plowman: The Three Versions*, ed. George Kane, Berkeley: University of California Press, 1988)。

② 对A本两首诗的细致研究，见T. P. Dunning的《耕者皮尔斯A本释义》(*Piers Plowman: An Interpretation of the A-Text*, London, 1937; rpt. New York: Oxford University Press, 1980)。

它们融入所谓的 B 本《耕者皮尔斯》(*Piers Plowman*)的伟大诗篇中。[①]

三首诗中,《梦》最易理解,也最为人熟知。它是对时代的批判,如果在教区化的英国基督教范围之内而不是在一统基督教的层面上讲,其意图类似于但丁的《地狱》和《炼狱》。诗的题目反映了基督徒生命朝着超越目标努力的倾向,其根本的神学观大致是托马斯主义的。一切财富中最珍贵者乃是真理及其获得。在《耕者皮尔斯》的语境里,真理意义的内容来自对《约翰一书》4 章 8 节的引用:"没有爱心的,就不认识神,因为神就是爱。"(4:8)"真理的灵"(4:6)也可以如此理解,因为它使我们去爱上帝和他人。基督徒的生命应该以真理为指引,而大多数人活得好像物质世界就是唯一的真实似的,让自己的生命受制于物质贪欲。

[179]对当时宗教上迷失方向的英国社会的描绘构成《梦》的主体。这首诗是以写实主义风格描写英国社会一切阶层的一个宝库,由于其丰富的经验依据,它成为理解 14 世纪英国社会

---

① 文献出处有:《朗格兰版耕者皮尔斯,弗农本或曰 A 本》,早期英语文本学会,第 28 号[*Langland's Version of Piers Plowman, the Vernon Text, or Text A*, ed. Walter W. Skeat, Early English Text Society, no. 28(London, 1867)]。《朗格兰版耕者皮尔斯,克劳力本或曰 B 本》,早期英语文本学会,第 38 号[*Langland's Version of Piers Plowman, the Crowley Text, or Text B*, ed. Walter W. Skeat, Early English Text Society, no. 38(London, 1869)]。《朗格兰版耕者皮尔斯》,早期英语文本学会,第 67 号[*Langland's Version of Piers Plowman*, ed. Walter W. Skeat, Early English Text Society, no. 67(London, 1885)]。《朗格兰版耕者皮尔斯,惠特克本或曰 C 本》,早期英语文本学会,第 54 号[*Langland's Version of Piers Plowman, the Whitaker Text, or Text C*, ed. Walter W. Skeat, Early English Text Society, no. 54(London, 1873)]。《耕者皮尔斯 B 本新译》(*Piers Plowman: A New Translation of the B Text*, trans. A, V. Schmidt, New York: Oxford University Press, 1992);《耕者皮尔斯 C 本》(*Piers Plowman: The C-text*, ed. Derek Pearsall, Exeter: University of Exeter Press, 1994)。

经济问题的一个主要材料来源。[①] 过着真正的基督徒生活的理想之人是以“耕者皮尔斯”为代表的农民，他敬畏上帝，辛勤工作，充满仁爱，接受自己在生活中的身份。这后一点——对身份的接受——非常重要。在《梦》中，不存在像B本那样可把皮尔斯等同于一个新属灵王国的救世主式人物的引人注目的倾向。《梦》里那个谦卑的劳动者效法基督而生活，但仅此而已。他是提供 bona temporalia[属世的财富]的那个等级的代表；他过着模范般生活的事实，不能削弱提供 bona spiritualia[属灵的财富]的祭司等级的正当性，或者削弱那个为其他两个等级提供防御的骑士等级的正当性。社会等级制被认为是基督教共同体的恰当表达。因此，以基督教的爱的律法作为标准来看，《梦》是对当时时代的一种批判，其非凡之处在于它的写实主义以及它对那些与真理指引的生命坦途背道而驰之事的尖锐的讽刺性描绘，但它不是一种革命性的终末论。尽管如此，一场静悄悄的革命早已到来，甚至在《梦》中也存在这种革命。布拉班特的西格尔和圣托马斯的 rudis homo[粗人]、idiota[俗人]已经成为朗格兰诗中典型的基督徒。13世纪，基督教精神的成熟已产生了这类人的代表类型——基督教知识人。如今，这种成熟正在从城市向下延伸至整个未受教育的人群。英格兰王国的社会政治连属化与直达低等阶层的宗教连属化相辅相成。

第二首诗《善、中善和至善之生平》的主题是普通人如何到

---

① 对那些可从《耕者皮尔斯》中提取的经验性材料的考察，见 D. Chadwick:《耕者皮尔斯时代的社会生活》(*Social Life in the Days of Piers Plowman*), Cambridge: Cambridge University Press, 1922。晚近的作品有：Morton Bloomfield 的《作为14世纪启示录的〈耕者皮尔斯〉》(*Piers Plowman as e Fourteenth Century Apocalypse*, New Brunswick, N. J.: Rutgers University Press, 1962)；Britton Harwood 的《耕者皮尔斯与信仰问题》(*Piers Plowman and the Problem of Belief*, Toronto: University of Toronto Press, 1992)。

达精神的完美境界。“善”作为基督徒的生命准则，在《梦》的后面部分已经出现过。[180]《生平》是对臻于完美的各阶段——从“善”(Do-wel)经“中善”(Do-bet)到“至善”(Do-best)——的讨论。[①] 就这种讨论阐述了前一首诗所触及的一个问题而言，它与《梦》是有联系的，但它没有继续采取寓言式的叙事手法，而耕者皮尔斯除了作为“善”的原型以外，不扮演任何角色。此外，诗的深度也从基督徒生活和世俗生活的一般范畴转变为神秘的灵魂过程。“善”、“中善”和“至善”三阶段显然是受托名狄奥尼修斯的影响设想出的；它们对应于《神秘主义神学》的三阶段：涤罪、启示和融合。在第一阶段，“善”阶段，是畏惧上帝；对审判的畏惧将使一个人与自己的激情作斗争，道德地生活着。第二阶段，“中善”阶段，其标志是受苦受难；受到鞭笞的灵魂将由于爱而脱离此世，忠于上帝。在第三阶段，固执将被破除，灵魂在理性的引导下与上帝的律法融为一体。在《生平》中，灵魂中理性的流行——也就是说，达到与神的理性合一的地步——必须在“才智”(Kind-Wit)(即基督教意义中的 ratio[理性])的指引下顺着臻于完美的各个步骤依次进行。“至善”的圆满在每一种生活里都是可能的，无论是在最卑微的生活里，还是在最高贵的生活里。《生平》的这个主要论点意味着对各种形式的社会生活——行动的生命、沉思的生命、行动和沉思相混合的生命——的接受，同时维护了在较低的社会等级中完全基督式的生存的

① [译注]来了一位高大的人，仿佛是我的替身。他直呼我的名字，自称“思想”。“思想”说：“‘善’是一位温顺、诚实的劳动者；‘中善’为人诚实兼仁爱，坚忍不拔；‘至善’最高，手持责罚恶人的牧师权杖。”转引自《剑桥英美文学史》第2卷，《中世纪末》(*The Cambridge History of English Literature*, vol. II, *The End of the Middle Ages*, ed. A. W. Ward and A. R. Waller, Cambridge: Cambridge University Press, 1932)，第48页。

可能性。

在这个语境中，一个具体问题是“学问”(Learning)在完美之获得中究竟扮演何种角色。《生平》中对学究的批判与《梦》中对贪婪的批判相呼应。若一个人处于神恩之中，学问或许是有用的，但若为学问而沉溺于学问，它就会变成通往基督徒之生命的一个障碍。在这里，我们或许可以最清楚地衡量朗格兰与托马斯所处的风气之间的距离，后者说哲学家的理智高于 rusticus[乡巴佬]的见解(《反异教大全》I. 3)。经院神学不再是基督教理性的最高表达；着重点已经从合理的理智(intellectus)转变为仁爱而毫无学识的“才智”(Kind-Wit)的天然见解。朗格兰的这个态度，更接近于方济各的唯灵论而不是经院主义的智识主义，但对基督的遵从并未被驱向一种精英主义的贫穷生活；神秘的完美[181]在此世秩序中拥有普通的职业地位就可以达到。此外，这种个人的基督教信仰不大依赖制度性的帮助，但可以在“才智”——他与地上的主“生命”(Life)住在一处——的指引下臻于完美之境。[①] 拥有自己全部天赋的成年人“是自己的最高主宰”(《耕者皮尔斯》X. 72)：“因为无论他行善或作恶，都是出于他自己的心智。”(X. 74)

基督徒的这一独立宣言——“做自身的主宰”，就其个人主义言之，基本上已属于新教了；其次，这是一种根源于灵魂之神秘经验的独立性；第三，它反映了普通人作为社会的基本等级的自我意识，而且它非常清楚，在进上帝的国这件事上，穷人比富人有优势。为了理解耕者皮尔斯的形象在 B 本里令人难以置

---

① A 本第十二节第 43 行以下说：“my cosyn kynde wit’ knowen is wel wide and his loggyng is with lyf’ that lord is of erthe”[“我的表弟‘才智’广为人知，他与地上的主‘生命’住在一处”]。[译注]Tim Machan 教授指出，此处的“才智”(kynde wit)指“天然见解”(natural understanding)，“生命”(Lyf)指耶稣。

信的变化，我们必须明了这些甚至在A本里就占主导的情绪。《梦》通过对比固执、贪婪的生活与基督教的爱的律法，从寓言的角度提出了问题；《生平》更深入到神秘的灵魂过程；B本则上升到符号主义历史哲学的高度，以菲奥雷的约阿希姆和但丁的风格将耕者皮尔斯熔铸成基督的形象，他将打败敌基督者，带来圣灵的王国。我们的分析将只限于该诗的主体部分，就是从第十五节开始，内容对应着《炼狱》第29—33篇启示性愿景的部分。

这首诗的主题和《生平》的主题仍然相同：寻找“仁爱”(Charity)。那做梦的人问，“仁爱”是什么？(XV. 145)他得到的回答是，“仁爱”如赤子；除非你变得像孩童，你断难进那个王国；只有孩童般的灵魂是“一种自由意志”(XV. 146)。“仁爱”可涤净骄傲的灵魂，当它已变得悔悟和谦卑时，上帝就不会鄙视它了(XV. 188)。不过，只有在耕者皮尔斯的帮助下，才可以找到“仁爱”。教士们凭自己的言行，是认不得他的，而耕者可以看得更深，感悟到意志的本质。只有涤净了罪恶的意志，才认得仁爱，而这种意志，只有耕者皮尔斯，也就是基督，才认得(XV. 206)。①

[182]在宣布彼得—基督(Petrus-Christus)是引路人之后，第十六节开始写“仁爱”之找寻的象征性历史。上帝在人心中为自己造了一个花园，园中长着一棵“忍耐树”(Three of Patience)，上帝委托耕者皮尔斯照看，树上结的是“仁爱”果。那做梦的人获得这个消息时欣喜若狂，这时在他的梦里头，宗教剧开

① B本作者对自由意志(liberum arbitrium)所赋予的重要性表明他受了司各脱和奥卡姆的威廉的唯意志论的影响。然而，鉴于我们即将分析的那些幻象的一般概念，他与英国方济各会修士的经院哲学的这层特殊关系也暗示了他与整个方济各会唯灵论情结有一种更深的关系。

始上演了。第一幕是《旧约》的历史，"那树"结了果实——亚当和亚伯拉罕、撒母耳和以赛亚，最后是施洗者约翰。但是，果实成熟和掉下来时，魔鬼来采它们了，皮尔斯在圣灵的协助下，努力把它们抢了回来（XVI. 25—89）。在接下来一个剧景（vision）里，圣灵通过马利亚化为肉身。耶稣向皮尔斯学习医术，以治疗敌人造成的创伤和罪恶，他将与魔鬼交战，保卫树上的果实（XVI. 90 以下）。第十七节补说信仰、希望和仁爱以及三位一体和神恩。第十八节重新继续历史叙事，一个骑在驴背上的人物出场了，他有几分像撒马利亚人，又有几分像耕者皮尔斯。他被"信仰"（Faith）高呼为单骑直奔耶路撒冷，去与死神格斗的大卫之子。这个形象被表现为（XVIII. 22 以下）身着皮尔斯的盔甲，亦即身着他的 humana natura［自然人形］的基督。第十九节，受难开始。基督以皮尔斯的形体再度登场，"浑身血染"，背负十字架（XIX. 6—7）。基督的一生经历了从行小神迹的"善"阶段，到行大神迹和受难的"中善"阶段，最终发展成作为复活者的"至善"，他给予皮尔斯约束和解除束缚的权力（XIX. 183 以下）。身着皮尔斯的自然人形的基督形象如今已变成圣灵附体的皮尔斯形象，变成上帝的耕者和教会创建者的皮尔斯（XIX. 186—330）。但皮尔斯的事业为"骄傲"（Pride）所侵蚀；教会被败坏了，"良心"（Conscience）的劝谏也无济于事（XIX. 331—406）。这种败坏的基督教状况为一名"无学问的牧师"（unlearned Vicar）所清算（XIX. 407—455），他抨击阿维尼翁的教宗们，吐露愿皮尔斯作最后一次赎罪变容的希望。诗里所挑出的当时具体的邪恶势力是来到英国的枢机主教们，［183］他们以及他们的淫荡、浮华、抢劫，是这个国家的祸根。牧师说，枢机主教们不应该来到"平民中间"，而应该留在阿维尼翁，与犹太放款人待在一起，以保持他们的圣洁——Cum sancto sanctus eris［与圣洁的人在一起，你也会变得圣洁]（XIX. 420）。[①] 他祈愿在英国，"良心"降临王宫，神恩成为教士的向导。

> 还有皮尔斯，带着新旧犁耙，去当全世界的皇帝，使世人尽为基督徒。[②]（XIX. 424—425）

最终，在第二十节的剧景，敌基督者出现并毁灭世界；最后的抵抗力量"良心"在最后的进攻中受到"懒惰"（Sloth）和"骄傲"的侵袭；"良心"铩羽而逃，成为一名朝圣者，浪迹天涯海角，寻找救世主皮尔斯——只有皮尔斯能打败敌基督者（XX. 378—384）。

对该诗剧景的叙述不得不简略而枯燥，这既不利于对那些重要主题做丰富的阐发，也不利于把它作为一部艺术作品来欣赏。但我希望，这番叙述已足够清晰地揭示了这部作品的梗概。《旧约》里"忍耐树"，接下来是《新约》教会中的"仁爱"——即圣灵化为肉身，再接下来将是皇帝皮尔斯亲自统治下的圣灵王国。在第一和第二王国之间，出场的是败坏者撒旦和治疗者耶稣；在第二王国之后，出场的是败坏者敌基督者，带着高举旗帜的"骄傲"，而救世主皮尔斯的出现依然是个希望，这个希望就是信仰的本质。通过皮尔斯的几次转形——园丁、教育耶稣

---

① [译注]原文出自《旧约·诗篇》18章26节。和合本译文是："清洁的人，你以清洁待他。"

② [译注]"新旧犁耙"指《旧约》和《新约》。为了在人间播种真理，上帝赐予皮尔斯四头公牛——马太、马可、路加和约翰；又赐予皮尔斯四头阉公牛——奥古斯丁、安布罗斯、格雷高利和哲罗姆，以用来耙平公牛犁过的耕地，此四者随耕地的公牛教人信仰，转瞬之间便耙平了整部《圣经》。它们所用的两个犁耙一旧一新，即《旧约》和《新约》。参见兰格伦：《农夫皮尔斯》第十九节，沈弘译，北京：中国对外翻译出版公司，1999年。

的逻各斯、基督的自然人形、圣灵的接纳者彼得、基督的代理人、救世主－皇帝皮尔斯，三个连续的王国被结合在一起，成为一部圣灵的历史。

这部历史与但丁的符号主义的教会史及其对救世“元首”的希望如出一辙，这一点明显不值得强调。我们反倒应该强调但丁与《耕者皮尔斯》分道扬镳的地方。但丁把“元首”想象为一统基督教的救世主式的人物；他对阿维尼翁的政治性的教宗们以及对败坏者法国的仇恨，并没有驱使他设想以教区化的方式解决问题。而对于B本的作者而言，阿维尼翁的教宗和枢机主教们不仅是教会的败坏者，也是压迫英格兰王国“普通老百姓”的“外国人”；这个王国反对教廷财政勒索和反对教廷预先委任尚未出缺的有俸圣职的有组织斗争，[184]构成了《耕者皮尔斯》作者之情绪的背景；继败坏了的教会而来的，将不是西方人类的革新了的属灵教会，而是一个基督教的英格兰王国。B本的表述(全世界的皇帝；人人皆为基督徒)毫无疑问是普世主义的，但作者涉及的具体情况却是英国平民的。我们不应该忽略，但丁的帝王形象以西方历史上的皇帝亨利七世为蓝本，而B本的皇帝却体现了普通劳动者的精神；皇帝皮尔斯具有人民的本体——这个问题在但丁的观念中几乎不存在。因此我们可以说，《耕者皮尔斯》B本是一部在教区基督教层面上的《神曲》；它是一份关于王国框架内人民的新宗教观的最重要文献。

或许我可以补充说，B本从十五节之后直到末尾，是精心构撰的艺术和思想作品。在讨论诗歌的文献中总是发现一些对该诗的指责，说它含糊不清、组织松散。这些指责，除了因为没有理解作品以外，不可能有别的原因。B本的作者，无论就其作品的眼界而言，还是就其学识、诗性和思想的力量而言，都不是但丁的对手，不过，这部作品仍然是一部符号主义艺术的杰作。此外，读者想必已注意到我们强调了从《梦》经《生平》到B本之主题的内在精神发展。当然，关于该诗作者究竟是一人还是多人的棘手问题，一个文学史领域的外行是绝不敢贸然置喙的。他或许可以说（纵然这十分奇怪），如果在这一组诗里的内在演变不是反映一个人的内在演变，那么必然有两三个作者由于历史的偶然而前后相继创作了这本诗集。

六　威克里夫：学说

前面的分析为我们梳理威克里夫的主要学说提供了一个参照框架。我们在前面已指出，这些学说本身不太有趣，原因更多在于它们作为理论的性质，而非它们所表达出来的情绪和政治倾向。[185]我们可以把在威克里夫的学说变化中起支配作用的情绪归入三个名目之下：(1)自由的、至高无上的个人之宗教感；(2)敌视教会的情绪，这种情绪欲打碎教会的圣礼制度，把人类重新分为神秘的属灵教会的成员与由堕落者或威克里夫术语中的“预知者”(foreknown)所组成的同样神秘的 corpus diaboli [魔鬼身体]的成员；以及(3)对王权的迷恋和将民族王国视为基督徒的终极有形组织的倾向。

第一类情绪，自由个人的宗教感，在威克里夫的作品里有奇特的表达，那就是著名的神恩统治学说。就这个理论的著述渊源而言，它与方济各会的贫穷理想斗争依然有联系。克雷芒六世曾经任命过一个委员会调查关于耶稣之贫穷问题的争议。阿尔马大主教菲茨拉尔夫对委员会的进展不满意，自己撰写了一本概述这个问题的论著——《论救主之贫穷》(*De Pauperie Salvatoris*，约1350年)。菲茨拉尔夫在书中提出一项原则，即任何人都不能分享《创世记》里所赐予的此世统治权，除非他已涤除亚当的罪并已获得神的恩典(II. 8)。[①] 他还详细地罗列了许多封建关系的事例，以澄清所有权(property)和统治权(dominion)的意义。威克里夫在《论神的统治》(*De Dominio Divino*)和《论政治统治》(*De Dominio Civili*)(约1375年或1376年)中把这些要素融入一套封建制的神恩统治理论中。上帝是世界之主，因为有造物当他的仆人。统治权和侍奉是相干的术语，连接着人与上帝。而鉴于上帝不是通过中间的附庸，而是自己直接行使统治，上帝的统治与其他封建主不同。每个人的所有都直接来自上帝，没有中间的领主。[②] 借助这个表述，[186]威克里夫从原则上抨击教会这一中介制度，并让每个人成为一个其所有来自上帝，并与其他每个人处于同等侍奉地位的教士。

在《论政治统治》中，威克里夫把这些概念运用于属灵和属世的制度。只有一个蒙受神恩的人才有权享有上帝的赠予，犯了大罪的人不可以是任何物品的合法主人。统治权是上帝为了回报人对他的侍奉而授予的，犯了大罪的人因欺瞒他所侍奉的主子而丧失了占有。每个蒙受神恩的人都是万物之主，由于有许许多多的人，大地上的物品只能为一切人共有。[③] 然而，这种

---

① 菲茨拉尔夫：《论救主之贫穷》，见威克里夫的《论神的统治》(*De Dominio Diuino*, ed. R. L. Poole, London: Wycliffe Society, 1890)，第348页。又见K. Walsh：《14世纪的一位学者和首席主教：菲茨拉尔夫在牛津、阿维尼翁和阿尔马》(*A Fourteenth Century Scholar and Primate: Richard Fitzralph in Oxford, Avignon, and Armagh*, Oxford: Clarendon, 1981)。威克里夫作品近年的版本见《论买卖圣职》(*On Simony*, trans. Terrence A. McVeigh, New York: Fordham University Press, 1992)；*Summa insolubilium*, ed. Paul Spade and Gordon Wilson, Binghamton, N. Y., 1986；《英文著作选》(*Select English Writings*, ed. Herbert Winn, New York: AMS Press, 1976)。

② 威克里夫：《论神的统治》，前揭，第1章第5节，第33页。

③ 威克里夫：《论政治统治》(*De Civili Dominio*, ed. Reginald Lane Poole, London: Wyclif Society, 1885)，第1章第14节，第96页以下。

自然共产主义的统治状态需要由人类的政治统治制度来补充，因为自从人类堕落以后，个人统治权的邪恶欲望必然要求有一套人定的所有权制度并以政治权威加以实施。这种政治性的社会制度是上帝所裁可的，不容任何暴力破坏。

从表面上看，这些学说似乎不过是因袭了相对自然法的理论。但它们在威克里夫的思想中有出人意料的意涵，因为两种秩序——一者出于自然，一者出于国法——并没有被区别为无罪状态和堕落人类状态，没有从时间上被切断，而是相互渗透于现实社会的结构中。在当前时代，政治的秩序并不贬损自然秩序的有效性。世界当下即处在义人的统治权下，因为“我们晓得万事都互相效力，叫爱神的人得益处，就是按他旨意被召的人”(罗 8:28)。坏人在世上的成功只是过眼云烟；而义人所受的苦，是有助于他们得救的。[①] 过眼云烟的表象世界和本体的、实在的世界之间的这种互相渗透，或许对于恰当地理解威克里夫的观念而言是最大的困难。在系统阐明的学说范围内，这种互相渗透表现为在两种矛盾的倾向之间摇摆不定，就是承认政治的秩序是此世秩序的倾向，以及通过把出于神恩的自然共产主义秩序的标准应用于政治秩序，掏空政治秩序的倾向。[187]比如说，一个民族可以通过普遍同意而赞同一个统治者，但他依然不是一个正当的统治者，除非他为上帝所接受，靠上帝的恩典而担负起统治者之职责(《论政治统治》I.18，第 130 页)。大众选举或许是适于长官之选举的政治规则，但依自然法来看，这个选举共同体中的多数人或许为罪行所侵蚀，而在选举中可能犯错(I.29，第 209 页)。

---

① 威克里夫：《论政治统治》，前揭，第 1 章第 16 节，第 114 页以下，关于尘世生活如同一场梦：“一切将永恒关怀寄托于俗世者都是在酣然沉睡。”

因此，一位审慎的神学家不应该急于决定支持任何政治制度，而应该退守一项原则：一切物事最好由大家共同操持（I. 30，第 218 页）。

威克里夫摇摆不定。他既不能在相对自然法的原则下无保留地接受政治秩序，又不能在绝对自然法的原则下对之加以明确拒斥。我们可以感觉到终末论的紧张，但对第三王国的革命性希望却没能凝结成一套学说。这种终末论的情绪有多种变体。在以后的语境中，我们会谈到加尔文的可敬的（respectable）终末论。在宗教预改革的语境中，我们可以谈谈威克里夫的悬置的（suspended）终末论。威克里夫对精神的敏感，足以让历史实在在与神圣秩序之精神实在的比照中显得虚幻不实；但还不足以发现一条道路，通向个体的神秘主义或对即将来临之国的预言。他的精神秩序不完全是来生的秩序，也不完全是对于此生的强制性秩序。

这种终末论情绪仍然处于悬置状态，并没有以其热切而否弃现实制度。因此，威克里夫能够拥有一套承认现行安排的属世和属灵权力理论。然而，这种悬置又体现在对两种权力的不平衡处理中。关于政治统治，秩序的实证性及其精神之缺乏之间的一种平衡得以维持，正如我们已经看到，即便是精神上堕落的统治者，仍然是上帝认可的，人们必须服从。关于教会，威克里夫在精神性标准的运用上更为严格。甚至在《论政治统治》里，他就要求教会，由于教会的精神的特性，不应对民间的财物行使政治意义上的统治权。教廷在俗世的强征勒索，比如说对英国的领主权和强征贡赋，是与教会的精神职能相矛盾的，是违反《圣经》的；对于教会的统治来说，单有《福音书》的律法就足够了，国法或教会法是不需要的（I. 17）。[188]对于教会，威克里夫实际上期待一种新的安排，以废除现存教会体制的法律机构和行政机构。当教会陷入钱财交易时，属世权力出面干预乃是天经地义的，不正当侵吞的收益必须没收，以供王国之用(I. 37;II. 12)。我们甚至发现，在这个早期的阶段里，威克里夫就已阐明了一项原则，caput Christus[以基督为首]的神恩状态是基督徒需要的一切，它在远古教会里是充足的，任何其他首领的指令都属多余(I. 44，第394页以下)。这些信条的结果是一个没有等级、缩减至民族王国之内的各堂区共同体层面的教会。

他后期的论著《论教会》(*De Ecclesia*)完成于1376年秋，“大分裂”已经爆发，该书详细阐述了他早期作品的意涵。“战斗的教会”(Church Militant)被定义为一个“上帝选中者的团体”(universitas electorum)。[①] 历史上那个教会，其成员中既有上帝选中者，也有上帝摒弃者，因此不可能成为必定无形的“战斗的教会”。基督不是那个有形圣礼教会的首脑，而仅仅是无形教会的首脑(《论教会》III，第58页)。相反，“预知者”却形成了一个以魔鬼为首的团体(V，第102页)。

这些神学教义的素材是奥古斯丁的，由布拉德沃丁转手而来，这种激进主义的立场却会破坏圣礼教会的结构；从其宗派性的意涵上讲，它更多的是泰歌尼式的，而不是奥古斯丁式的。这套学说甚至近似于摩尼教的二元论，这可以从威克里夫讨论敌基督者的作品看出来，作品的标题是《论对立的二元统治》(*De Contrarietate Duorum Dominorum*)[②]。然而，这种激进主义却

---

① 威克里夫：《论教会》(*De Ecclesia*, ed. Johann Loserth, London: Wyclif Society, 1886)，第4章以及第2章第37页。

② 威克里夫：《拉丁文论战作品》(*Polemical Works in Latin*, ed. Rudolf Buddensieg, London: Wyclif Society, 1883)，第1卷，第668页以下；尤其是第1章的纲要。

没有到了要彻底废除圣礼教会之结构的极端地步；我们又发现有许多的保留和限定条款，使这套学说变得自相矛盾，产生了像在《论政治统治》里的那种悬置的态度。教宗不必然是教会的首脑，因为他或许根本就不是无形教会的一员。教宗的地位不依赖于其职位的超凡魅力，而依赖于他个人的尊荣。尽管如此，教宗制度并没有被全盘否定，威克里夫强调，某一个教宗或许是个敌基督者式人物，[189]但不是所有教宗都必然如此。好教宗的标准在于他的品行，他必追随基督的一生和教诲（《论教会》II，第 34 页）。因此，以《圣经》的全部知识作为评判标准乃是基督徒的一项义务（II，第 38 页以下）。教宗接受的不是世俗统治者的恩惠——虽说后者即便品行恶劣，其命令也必须被遵守——因为教宗的权威是上帝认可的。

在教会理论中的这种犹豫不决是与预定论问题作绝望斗争的结果。威克里夫的一个重大弱点在于，他无法留在教会的圣礼制度内，但如果把它打碎，他又找不到一条道路，走向加尔文的那种战斗的、集体主义的预定论或路德的那种信仰。奥古斯丁经验到，上帝的不可抗拒的恩典可以克服人类魔鬼般的堕落本性，这种经验对威克里夫来说是不可理解的。"说到他对奥古斯丁的依赖，威克里夫从未理解他的神恩学说。"[①]托马斯的经验，符合自然的生活就是符合上帝意志的生活，在他看来同样是不可理解的。威克里夫的唯灵论永远处于反抗的边缘，从未获致革故鼎新的坚实根基；这导致它永远面临着滑进魔鬼般的个人主义的孤立泥潭的危险。因此，他那游移不定的信仰总是在预定论的辩证法中苦苦挣扎。他不假思索就接受了一种最具宿命论形式的预定论观念，即上帝在一个人生前就已做出不可更

① Workman：《威克里夫：英国中世纪教会研究》，前揭，第 2 卷，第 10 页。

改的决定，然而又告诫基督徒活在救赎的希望中，要相信自己就是无形教会的一员。注定的命运不可能因有事功的生活或充满罪恶的生活而改变，然而被判有罪者必将因他们的罪行而受惩罚，而上帝选中者必将因他们的功德而得到拯救。[1]

鉴于威克里夫明显缺乏能力决定性地洞悉基督教人性论的那些思辨性问题，他在后来探讨王室和教宗权力的论著里有类似的犹豫心态，也就不足为怪了。[2] 后面这些作品所包含的符号话语与《约克论册》有密切相干。[190]国王和教宗又一次分别作为上帝的牧师和基督的牧师出现，国王代表基督的神性，教宗代表他的人性。[3] 但威克里夫并不以约克无名氏的知识人的激进主义从这种符号话语中得出结论。相反，他的那些论著消解为多种考虑、建议，其中部分涉及其王国的国王的义务，部分涉及国王相对于教宗的独立地位以及凌驾于英国圣职者之上的至高地位。即便在最后几年的一些小册子里，威克里夫的立场已变成，为了基督教世界的利益，应该解散教廷，这种晚年的激进表述也更多是由于历史形势的压力而非清晰的论证所致。

在《论国王之职责》第三章，威克里夫出示了一面“国王之鉴”(a Mirror of the king)，规定国王有义务听取一群明智的顾问进言，而他本人也要熟悉神法。他建议国王应该订立一些明智的法律并亲自遵守，只有出于适当的理由，才可以凭自己的立法权力在某个案件中暂不执行它们(第 57 页)，这颇有几分亚里

---

① 详见《敌基督者之面目》(*Speculum de Antichristo*)，载《威克里夫英文作品》(*English Works*, ed. F. D. Matthew, rpt. New York, 1973)，第 111 页。

② 《论国王之职责》(1378)；《论教宗权力》(1379)。

③ 《论国王之职责》(*De Officio Regis*, ed. A. I. Pollard and C. Sayle, London: Wyclif Society, 1887)，第 13、19 页。

士多德的色彩。国王对臣民负有的义务多于臣民对国王负有的义务(第10页、第78页以下)的说法,则是中世纪王国道德体系的反映。国王作为上帝的牧师,有义务支持教士。这种支持的应有之义是惩诫腐化教士,使他们的生计仅取于十一税和布施,剥夺他们的属世统治权,用没收来的财产支持一个已有改观的教区教士团体。这些主张的基础,似乎是威克里夫以英国为神秘体的情绪。在《论国王之职责》第六章,他提出一项原则:个人的罪恶会削弱王国,鉴于此,国王应拥有审判个人罪恶的最高权力;这一权力尤其适用于最高到主教级别的教士们。应予纠正的具体弊端有,低等教士对主教的监督不力(第152页以下),不在职位者仍领取俸禄(第163页以下),神学研究状况堪忧(第177页以下)。

[191]威克里夫对教廷的态度随着1378年后的"大分裂"不断走向激进。起初,他倾向于承认乌尔班六世(Urban VI)为合法教宗,但是随着自身阅历的增加,两位教宗在他看来都是敌基督者。导致威克里夫的态度发生这些变化的固有因素是我们前面指出的那种悬置的终末论——对制度的某种认可,在任何时刻都可以因欲以非制度性的上帝恩典作为标准来达成一种评判的诱惑而被取消;威克里夫对制度的一切认可,永远都受到他的如下表述的修正:在属灵事务上,如果世上最贫穷的乞丐比一个教宗或皇帝为人更好,那人们就应该服从这个乞丐而不是教宗或皇帝(《论教宗权力》[*De Potestate Papae*],第五章)。

这种悬而不决,一边是对制度的认可,一边是革命性的对蒙受神恩之普通人的诉求,在《论教宗权力》里表现为双重的属世、属灵权力。有两种属灵权力,两种属世权力。第一种属灵权力是主持圣礼的祭司权力;第二种属灵权力是行慈悲之神圣事迹的权力,为一切基督徒所共享。第一种政治权力是统治者的权力，第二种政治权力是共同体的普遍权力。一切权力都出于上帝，评判对权力的享有是否正当的标准在于在位者是否公正。授予权威的任何制度性程序都不可越出对一套正义标准的诉求，在职者的品行以此来衡量；谁犯了大罪，谁就要失去权力。

借助这套四重权力的概念工具，威克里夫研究了教宗权力的问题。他不怀疑彼得统绪，也不怀疑继任者在基督教中的首席权；彼得统绪制度不可中断，因为基督不曾放弃他的教会（《论教宗权力》，第四章，第 62 页）。但是，当要决定具体情况中谁是彼得的合法继承人时，就有一系列问题需要澄清。首先，罗马主教与彼得统绪之间没有必然联系，两者的联系是一种人为的制度，是由于罗马的最高统治权和《君士坦丁御赐教产谕》（第九章，第 215 页）。其次，鉴于枢机团成员不一定都是祭司，由枢机主教选举教宗的方式是丑恶的。由于必须用某种程序来使任何特定时刻某人作为该职位任职者的事实变得无可置疑，[192]那么最好是由上帝承担起正确选择的重任，以拈阄的方式选举教宗（第四章，第 68 页以下）。[①] 而无论在何种情况下，彼得继任者对基督教世界均没有任何管辖权（第 97 页以下）。首席权纯粹是精神性的，一位真正的教宗会因他对基督一生的效法而受认可：他必须安于贫穷，他必须放弃俗世的野心，他不应当求取司法上的权力，他必须向尚不知晓《福音书》的人宣讲福音。参与“大分裂”的两位教宗都以其野心暴露了敌基督的本性（第七章，第 156 页）。

在 1379 年的《论教宗权力》中，威克里夫仍然承认，有必要

---

① 又见《回应谁为真传人之争》（*Responsiones ad argumenta cuiusdam emuli veritatis*）第 8 章，原文在《威克里夫外篇》（*Opera Minora* ed. John Loserth，London，1913）第 282 页以下。此外，关于教宗的选举见《论渎神》（*De Blasphemia*，ed. M. H. Dziewicki，London：Wyclif Society，1893），第 3 章。

设一个彼得继任者之职——尽管不一定设在罗马，以执行行政职能，设若这些职能是本着基督的灵来执行的话。在接下来几年里，他超越了属灵化的教宗职位的概念，[①]在“大分裂”斗争的影响下最终得出结论说，基督教或许最好是在基督的唯一领导下前进，总主教制结构应该彻底中止。《论基督及其敌人敌基督者》(*De Christo et suo Adversario Antichristo*)列举了基督与他的代理之间的反差，教宗更是以敌基督者的面目出现。[②] 威克里夫甚至从“大分裂”本身发现了某种好处，因为基督凭借“大分裂”而仁慈地将敌基督者的脑袋裂为两半，以便两个部分相对抗。[③] 威克里夫在这些晚年作品里论及靠基督的领导权结合在一起的各国教会的教区化时，已经达到宗教改革的见解。

---

① 关于教宗的神秘启示，详见《论教宗权力》第 9 章第 195 页：“正如在兽类中间，其首领由自然所昭示，上述律令清楚地表明，基督教团体的首领应该由神圣启示来昭示。没有什么比由人选举教宗更荒谬了，因为唯有上帝可评判人。”

② 《论基督及其敌人敌基督者》(*De Christo et suo Adversario Antichristo*)，载威克里夫：《拉丁文论战作品》，前揭，第 2 卷；文中提到各种区别见第 11、12 章。

③ *De Quatuor Sectia Novellis*，第 1 章，录于《拉丁文论战作品》，前揭，第 1 卷，第 243 页；Cruciata，第 5 章，录于《拉丁文论战作品》，前揭，第 2 卷，第 604 页。

第二十一章　帝国区

一　次帝国政治

（一）帝国政治与次帝国政治

[193]本章以“帝国区”为题，旨在概括史学家们在阐述从法国到斯拉夫人的东方、从波罗的海到罗马之间的广袤区域的那些思潮时不得不面临的各种难题。在这个区域里，我们既看不到如在英国那样有一个民族政治体的生长，也看不到如在13世纪的法国那样有一个超凡魅力的王权作为整合力量。这个区域之所以看上去有一个政治单元，有一组连续的政治观念，乃是因为从10世纪起，这个法国以东的地区输送了多位皇帝继承者。然而，教宗与皇帝双头领导下的 sacrum imperium [神圣帝国]而非德意志王国，才是西方基督教的全盘性政治制度；虽然皇帝的地位——由此得以控制教会的土地——无疑是德意志王权的军事力量的一个决定性因素，但它只不过是德意志一意大利地区政治结构中的一个社会分层。在这个分层之下，有许多在同一层面上的政治问题，它们的性质大体相同，我

们可以将这些问题与西欧民族国家的兴起联系起来理解。人们对这个低于帝国的地区性层面的问题结构并非全然无知，但在有关中世纪的一般性描绘里，它多少被忽视了，且依然遭到误释。

造成忽视或误释的原因有三个。首先，帝国时期的辉煌，皇帝与教廷在“主教叙任权之争”中的戏剧性斗争，以及霍亨斯陶芬家族的那些伟大皇帝的形象，[194]使不大壮观的地区性政治进程相形失色。1254—1273 年的“大空位期”作为德意志历史中的缺口，看上去比实际要深，因为 14 世纪的后帝国问题被认为延续了严格意义上的帝国时期的问题，而不是延续了此前数百年以来的次帝国的、地区性的问题。其次，地区性的政治结构并没有朝民族国家的形式演化。以民族观念为先入之见的史学家倾向于忽略这一中央区域的不正统的政治形式。在政治观念史里，这种倾向尤为明显，因为帝国区的召唤在系统化的政治思想里尚未获得书面表达。为 14 世纪打上鲜明烙印的那些政治原则，只有在制度分析中才会呈现出来。第三，19 世纪的德国史学投下了一道直到晚近还遮蔽着这段时期的辉格主义英国制度史解释的帷幕。民族统一运动和 1871 年帝国的创建，诱使人们在回顾这段中世纪时期时，将它视为一段错失建立德意志民族国家之良机的时期。仿效法国和英国创建民族王国的失败被归因于历任皇帝对意大利问题的过分专注以及 14 世纪世袭领地建立者们的王朝中心主义，至于后面的时期，则是因为哈布斯堡家族这块德意志政治统一的永久绊脚石。不过，我们也可发现一种对德意志特殊主义的体认，尽管这种体认因为以特殊主义作为德意志“民族性格”的特征之一的解释而模糊不清。

（二）东法兰克王国与意大利

在研究德意志政治的次帝国问题时，值得提醒的是，德意志帝国一词是于 1871 年首次用于一份国家公文的。[①] 德意志政治单元之缺乏名称（不像法国和英国这两个王国，[195]可以通过自己的名称而被毫不含糊地认同），是那些一开始就困扰德意志历史的独特情况的一个征象。德意志历史上不存在一个明确的年代，标志着一个政治的新纪元，比如法兰克人之征服高卢，卡洛林王朝的开创，诺曼人之征服英格兰，或者规模小一点的，伦巴第人之征服意大利。若我们硬要确定德意志历史开始于何时，这个时间只能是 911 年，一位法兰克尼亚公爵受选继承卡洛林王朝的最后一任君主，成为在查理大帝继任者们的分割过程中沦为东法兰克王国部分的诸部族的国王。多个部族公爵领（Stammesherzogtumer）的共存，从一开始就是决定德意志所谓特殊主义之模式的因素，而法兰克人和诺曼人的征服均由单一部族完成，为法国和英国的创建引入了一种统一因素。

在经济和文化上，诸德意志公爵领是法兰克帝国的穷乡僻壤。法兰克帝国分割之后，它们被夹在西法兰克王国、北部和东部尚未改信基督教的斯堪的那维亚人和斯拉夫人、南边的阿尔卑斯山之间。当时高度文明的中心是地中海地区和拜占庭帝国，因此对于德意志的蛮荒之地而言，为了不被切断对世界商业

---

① 以下对德意志问题的研究，我在任何可能的地方都利用了 Johannes Haller：《德国历史的各个时期》（*Die Epochen der deutschen Geschichte*，Stuttgart and Berlin：Cotta，1924）。又见 Horst Fuhrmann：《中世纪晚期的德国：1050－1200 年》（*Germany in tIhe High Middle Ages c.* 1050－1200，trans. Timothy Reuter，New York：Cambridge University Press，1986），以及 Geoffrey Barraclough：《现代德国的起源》（*The Origins of Modern Germany*，3d ed.，Oxford：Blackwell，1988）。

和世界事务的参与，头等重要的大事是维持通往地中海尤其是威尼斯的道路畅通无阻。所以，对于德意志国王的意大利政策，我们必须从两方面来看。

奥托大帝(Otto the Great)962 年对罗马帝国的恢复，延续了查理大帝大帝的法兰克—罗马帝国的传统，后者甚至在一个世纪之前就已丧失功能；就德意志国王乃是继承了东法兰克的卡洛林王朝世系而言，他们本身也是法兰克国王。但奥托并不是个不切实际的梦想家，他是不会为了一个传统本身而延续这个传统的。他对意大利的远征有十分现实的目的，就是抑制并最终征服正在崛起的意大利王国，这个王国的崛起有可能使德意志通往意大利的道路被封锁。952 年的远征通过从伊夫雷亚的贝伦加尔(Berengar of Ivrea)手里夺取维罗纳、弗留利和伊斯的利亚，巩固了各处关隘的安全；962 年的远征彻底征服了意大利王国，奥托在帕维亚接受加冕，成为意大利国王。这次征服随即有一个跟威尼斯的通商条约。[196]从上意大利所取得的税收、慰劳金和关税想必是德意志国王财政预算里的一大进项，他们在货币经济欠发达的阿尔卑斯山以北地区是榨取不到多少现款的。控制罗马对于加强皇室的地位而言也具有类似的重要性，其主要原因有两个。第一，若在罗马和托斯卡纳存在一股敌对势力，它势必对安全占有伦巴第构成严重威胁。第二，一个敌对的教廷可以对德意志人在伦巴第的影响造成相当大的破坏，因为伦巴第的大多数主教都是罗马的副主教。因此，在这个次帝国政治分层里，在意大利的扩张和对教廷的控制，完全是出于德意志王国的地缘政治以及财政和商业利益。

(三) 皇室权力的集中与诸空位期

这套初始的德意志政治结构的演化取决于德意志和意大利

两个地区的事态。在阿尔卑斯山以北，历任皇帝做出了巨大努力，集中强化皇室对国家的控制。11 世纪中叶以前，将无人继承的采邑收归皇室的政策已经到了仅有萨克森公爵领仍保有一定程度的独立的地步；其他公爵领均为亨利三世（Henry III，1039—1056 年在位）所有。而到当时为止，对教廷的多少有点断断续续的控制也已牢固地确立。在 1046 年的苏特里和罗马会议上，三位对立的教宗均因这位皇帝的压力而被免职，在接下来数年里，产生了四位德意志籍教宗，他们开始在教廷里推行克吕尼改革。这种削弱公爵领、整合王国的政策极为成功，后来却因亨利三世英年早逝而不幸中止。皇帝在 40 岁上去世了，太子当时年仅 6 岁，因此不得不设一段摄政时期，这段摄政时期，后来证明是第一个空位期——这些空位期彻底摧毁了历代强有力的统治者的统一成就，最终阻碍了德意志民族王国的成长。当亨利四世（Henry IV）到了大有作为的年龄，可以恢复先前的皇室政策时，僧俗诸侯早已把皇室财产瓜分殆尽，域内资源和采邑也在他们自己中间被慷慨地分配了；年轻的皇帝不得不从头开始。他通过公开买卖圣职之举再次确立了对教会土地的控制，他似乎还试图在萨克森建立一个皇室根据地，[197]一个有利于像法国卡佩王朝那样的权力集中化运行的基础。但时已不再。克吕尼改革已经完成了它的工作；改革后的教廷的精神威望已造就出一种新的权力；买卖圣职的举措，就实现对作为皇室收入之主要来源的教会土地的控制而言必不可少，最终导致了与格雷高利七世的冲突。这场斗争简直是第二个空位期，再次极大地削弱了皇室的地位。亨利五世（Henry V，1106—1125 年在位）和洛塔尔二世（Lothair II，1125—1137 年在位）重起炉灶的努力本不可能有结果，至弗里德里希一世（Frederich I，1152—1190 年在位）之前，这种损害都是无法弥补的。这个新皇室在德意志没有任何优势；其他诸侯，比如说韦尔夫家族(the Welfs)、巴本贝格家族(the Babenbergs),如果不说比皇室更强大,至少是旗鼓相当。

德意志皇室地位每况愈下的一个结果是,霍亨斯陶芬王朝的意大利政策在外观上与先前极为不同,纵然它在表面上延续了奥托大帝的传统。10 世纪,远征意大利导致了来自德意志的皇室大本营对意大利的控制;12 世纪,意大利成为一个对控制德意志而言必不可少的皇室大本营。霍亨斯陶芬家族不再能够在德意志土地上建立起皇室势力的根据地,而必须在意大利的土地上苦心经营,以便重新取得在德意志的主导地位。弗里德里希的第一项尝试——将伦巴第各市合并成帝国统治之下的一个波德斯塔(podestà)政府,仅取得部分成功;这个尝试以 1176 年在莱尼亚诺战役的失败而告终,1183 年的《康斯坦茨和约》(*Peace of Cunstance*)不得不承认伦巴第各市事实上的独立地位。此外,1180 年,凭借伦巴第的充足资源,弗里德里希一世成功地发动一场对付"狮子"亨利(Henry the Lion,1156—1180 年在位)、分割萨克森的战争,从而粉碎了一个最难对付的德意志敌手。对托斯卡纳的占领后来证明比伦巴第政策还要更有前途,它使皇帝处在一个战略上的有利位置,借此他南可控制教廷,北可支配伦巴第各市。而最重要的要数他安排自己的儿子与西西里联姻;不过这个计划的果实却是由亨利六世(Henry VI)来收割的,拥有西西里的亨利六世能够重新征服意大利,把皇帝的权力再次提升到先前的高度。

亨利六世死于 1197 年,死时 32 岁;其子也就是后来的弗里德里希二世当时年仅 3 岁;第三个空位期开始。[198]皇室政策的第三次中断引起了一个问题,即如何对这个时期的政治现象进行适当归类。传统上,只有一个空位期是算数的,也就是 1254—1273 年的"大空位期",从霍亨斯陶芬王朝终结至选出哈布斯堡的鲁道夫(Rudolf of Habsburg)这段时间。“大空位期”当然有特殊的重要性,因为在它结束后,此前几百年早已在酝酿的政治因素,明确地决定了一种全新的政治模式:中世纪的帝国传统已经死亡,文艺复兴的诸侯国和民族国家正在崛起。但是,如果我们把注意力过分集中在“大空位期”,我们就无法看清楚各个过渡性阶段以及诸多因素的累积过程,这些因素只有加总在一起才是决定了14世纪的新权力模式的原因。

虽说“大空位期”是帝国政治层面上的一个划时代的断裂,我们也应当考虑,在次帝国政治层面上,1197—1273年间的整段时期应不应该被归为一个巨大的空位期。弗里德里希二世的统治极为出色地恢复了弗里德里希一世和亨利六世的帝国传统,从这个意义上说,弗里德里希二世理应被视为最后一位伟大的中世纪皇帝;但以德意志政治的次帝国结构的视角来看,他的统治时期体现出来的许多特征,仅在“大空位期”和在14世纪才更清楚地表现出来。弗里德里希二世不再是一个德意志君王。他以西西里作为他继续推行弗里德里希一世的伦巴第和托斯卡纳政策的基地,但一个“外国人”想成为德意志国王,且试图从德意志王国之外的一个公国来统治德意志,却是个新事物。当时所出现的情况跟选举荷兰的威廉(William of Holland)、康沃尔的理查(Richard of Cornwall)和卡斯蒂尔的阿方索(Alfonse of Castile)为德意志国王只在程度上有所不同。此外,由于过分专注于意大利问题,这位皇帝早已彻底放弃了在德意志建立皇室阵地的打算。1213年的《埃格尔金玺诏书》(*Golden Bull of Eger*)把对德意志教会的控制权让与教廷,对《1220年法令》(*Statute of* 1220)的认可使宗教的诸侯成为事实上独立的领地统治者,对《1231年法令》(*Statute of* 1231)的认可确立了世俗诸侯对其领地的完全控制权。这三个法令确立了德意志的“特殊主义”结构，且使弗里德里希的继任者们不再可能通过萨克森王朝和萨利安王朝历任皇帝所采取的手段——控制教会的领地、增大皇室的领土——来复兴一个强有力的德意志王权。随哈布斯堡王朝一道开始的新的世袭领地政策（Hausmacht policy），[199]不得不承认这个特殊主义的德意志结构。“大空位期”之后的历代国王不再能够在诸古老公国的领土上建立起一个皇室据点，以获得凌驾于德意志其他诸侯之上的优势地位。这一点对于霍亨斯陶芬王朝来说就已经不再可能。由于伦巴第人的反抗，加之西西里又输给了阿拉贡人，意大利的领地也不再能够充当根据地。新的解决办法是在旧有的德意志领土东部创建一个权力根据地。此前数世纪以来，德意志人一直在东方斯拉夫人的领土上进行扩张，这种新的政策因此变得可能。

（四）东方的殖民

德意志人在东方的扩张是中世纪鼎盛时期最重要的事件，因为它对德意志的政治结构具有持久性的影响。在那几个关键世纪里，英格兰王国和法兰西王国都是在一个固定了的领土之内获得自身的民族性格的，西方诸国得以通过内部发展而成为连属的社会，在那几个关键世纪里，英格兰民族实现了政治的连属化，而德意志人正在积极从事于将他们的领土从易北河和萨勒河的古老边界向东扩张，甚至扩张到了如今属于波兰和俄罗斯的领土上。德意志人 12 至 14 世纪在东方的扩张，是盎格鲁一萨克逊人跨越大西洋进行殖民活动之前西方最伟大的殖民壮举。如许大规模的、在空间上临近母国的殖民活动，不可避免地在宗主国的领土上造成影响。一种与英国和法国相似的德意志民族文明的内部成长被这一事件打断了；德意志从来就没有从这一创伤中彻底恢复过来。对于自此以降的德意志，我们必须在一种西方宗主国文明与一种东方殖民地文明之间做出区分。这两种文明仅在18世纪浪漫主义运动初期才在事实上开始混合；而这两个地区的文明的差异，即便这个时期之后仍然可以清楚地看出。①

[200]民族文明之一致性的削弱与制度性整合问题的加剧相并行。旧有公爵领的特殊主义本身已经是一个无比巨大的问题了；向东方的扩张，更给西部诸侯和城市的领土性割据增加了强大的新领地。在这种情况下，像英国那样的贵族、乡绅和平民等民族集团的成长，或者像法国那样的一个第三等级的成长，都是不可能的。德意志从来没有产生出一种政治样式或一种政治人的样式，因为全民族性的制度框架并没有演化出来，只有在这种框架之内，这类模式才会通过处事经验的积累发展出来。德意志的许多政治独特性，如今被乏味地归因于恒常不变的、特殊的德意志"民族性格"，不过是在缺乏一种起稳定作用的势力以及缺乏像英国和法国那样的古老政治制度经验的情况下发展出来的行为模式。因殖民活动而传入德意志政治生活的东方冲力最终给了德意志民族文明和国家制度的自足生长沉重的一击。这种扩张将德意志人带到了远离当时毗连德意志那些殖民地的边界之外的纯属斯拉夫人的领土内。东欧和东南欧分散的德意志人殖民地已造成了现代的少数民族问题。德意志文明的边界

---

① 关于这个问题，见 Josef Nadler 的杰出研究：《柏林浪漫派，1800—1814 年》(*Die Berliner Romantik*，1800—1814，Berlin：Reiss，1921)。Nadler 这部专著对此问题的陈述，比他在《德意志民族文学史》标题之下的《德意志民族地方文学史》三卷本(*Literaturgeschichte der deutschen Stamme und Landscha ften*，3 vols.，Regensburg：Habbel，1912—1918；4th ed.，Berlin，1938—1939，under the title *Literaturgeschichte des deutschen Volkes*)这部长篇著作中做得还要清楚。

在东欧没有清晰地划定下来；而是在波兰、捷克斯洛伐克、俄罗斯、匈牙利和罗马尼亚的腹地逐渐消失。结果，政治边界在德意志人民的情绪中就始终处于悬而未决的状态，从而导致了欲将德意志的政治影响延伸至中世纪德意志人殖民运动所到达的最远地方的倾向，这些地方有波罗的海诸国、波兰和波希米亚、匈牙利和罗马尼亚，或许还有伏尔加地区。

这种扩张的政治形式值得注意。它不是在一个中央政府领导下的帝国主义计划的产物；它根本就不是在帝国的支配下进行的。扩张的原动力来自众多次帝国当局；扩张进程仅仅是由于帝国大臣对新的土地财产予以认可，才涉及帝国政治层面。由地方当局发起的自由运动之性质，对于这场殖民活动的总体结果有重大作用。[201]因为其冲力在于诸侯国和城市，所以扩张得以在帝国倾覆之后继续进行。因为它不是一个有计划的、有指导的运动，所以扩张是偶然地进行的；到头来，许多重要的据点不得不被放弃，因为它们被非殖民地的斯拉夫人土地隔断、包围。

这个进程的细节不是我们关心的问题，但为了描绘其政治结构，有必要提到几个年代。这一运动在 12 世纪中叶以前就已经在进行。1140 年，绍姆堡的阿道夫（Adolf of Schaumburg）打入荷尔斯泰因海的东岸。1143 年，他建立吕贝克城，开创了德意志人在波罗的海地区的第一个前哨。紧接着，1144 年，“大熊”阿尔贝特（Albert the Bear）建立了勃兰登堡边区。1147 年十字军对文德人的作战使德意志人殖民地向更远的东方延伸，为了使来自西欧的德意志人重新定居下来而残酷地把斯拉夫人斩草除根，对该地实行清野。当“狮子”亨利开始在易北河东创建一个侯国时，这场在波罗的海地区的运动获得了更大的动力。1158 年，他从荷尔斯泰因伯爵手里得到吕贝克，自此之后，该城开始一跃而成为波罗的海地区地位最高的城市。13 世纪，德意志人征服了波罗的海海岸。1201 年建立里加，利夫兰的组建也在 1221 年由不来梅的阿达尔贝特（Adalbert of Bremen）完成。1230 年，条顿修会（Teutonic Order）在普鲁士成立；它与利福尼亚人兄弟会（Livonian Brothers）联手，使整个波罗的海南岸直到爱沙尼亚的地区改信了基督教，并使这块土地上有了星罗棋布的市镇。当 1346 年该修会从丹麦那里取得爱沙尼亚时，德意志人的殖民地已从荷尔斯泰因到达佩普西湖。在这一系列征服中，仅有一例是皇帝介入下的扩张：1163 年，因皇帝弗里德里希一世而新增了西里西亚。

这种在波罗的海沿岸的扩张走过头了。在波美拉尼亚的殖民活动占据了海岸和一个相对薄弱的内腹地带。当波兰和立陶宛的诸公国能够统一成几个在政治上有力的民族王国时，对波罗的海沿岸的占有就变得不牢靠了。14 世纪初，波兰和立陶宛开始了统一进程。当两个王国在 1386 年被合并在一起时，上波罗的海地区的殖民地的命运已经注定。条顿骑士团于 1410 年在坦嫩贝格战役中败北，在 1411 年的和约中，萨莫吉提亚不得不被放弃，普鲁士与利夫兰之间的陆上联系也因此被毁。[202] 1466 年的《托伦和约》（*Peace of Thorn*），是在普鲁士叛乱的长期战争之后订立的，拆散了德意志人在普鲁士的地产。西普鲁士连同但泽被划归波兰；同德意志领土的主要部分不再相连的东普鲁士仍属于德意志，但变成波兰的一个采邑；自此以后，普鲁士一直在德意志帝国的边界之外，就连 1815 年的德意志同盟也未将它纳入进来，这个情况直到 1866 年之后才有所改变。

在这个大殖民活动的南方，该领域自古老的公国时代以来早已经历了一种新的政治连属化。在一段来自拜占庭的传教活动的短暂插曲之后，波希米亚通过德意志传教士从 9 世纪晚期开始的努力而被整合进西方基督教世界。在 11 和 12 世纪，德意志人的影响因皇帝对普热美斯家族（the Premyslid）的继承权之争的干预而不断增加。1158 年，皇帝弗里德里希一世使波希米亚的王位变为可世袭的，以作为对波希米亚人在皇帝与伦巴第城市的斗争中出手相助的奖赏。在 13 世纪，文西斯劳斯一世(Wenceslas I,1230—1253 年在位)组织了大规模的德意志人移民清理森林地区和建立城镇，目的在于以新的移民力量抵消贵族的势力。1247—1250 年的一次贵族叛乱似乎显示了移民政策在波希米亚王国的内部权力平衡中业已获得的重要性。到 13 世纪中叶，波希米亚已是一个准德意志公国，凭借国王的选侯地位以及鄂特塔卡二世(Ottakar II)1251 年当选奥地利公爵，它与德意志王国的结构紧密交织在一起。波希米亚的南部延伸到了古老的巴伐利亚公国中。这片相当大的领土的再连属化是从 10 世纪末开始的，当时划出的是卡林西亚公国；奥地利和施蒂里亚分别于 1156 年和 1180 年变成单独的公国。

德意志人从波罗的海地区到波希米亚的殖民活动，波希米亚这个准德意志王国的成长，以及古老的巴伐利亚公国的再连属化，合在一起造就了一个权力场域，使德意志的政治重心从老西部转移到了东部。从东部的这些领土出发，是有望成功地实现一种政治的统治和德意志整合的。1300 年之后，德意志历史上具有决定性意义的政治地区乃是奥地利和波希米亚、勃兰登堡和普鲁士。在中世纪盛期的几个世纪里，在东方的殖民活动和领土连属化决定了德意志的政治结构，[203]正如王国内部连属成数个集团的过程决定了英格兰政治体的结构，法国王权的兴起决定了法国中央集权的行政国家。德意志的发展没有最后导致一个整合了的民族国家，这个事实丝毫无损于该进程对于德意志政治以及整个西方政治的重要性。它也无损于该进程对于后来几百年里德意志政治观念之发展的重要性：不准确知晓以上所勾勒的制度性的连属化，就无法理解德意志政治观念在一个更高的系统化水平上所呈现的转向。

（五）小　　结

总结上面的论述时，我们应该区分德意志政治结构演化过程中的三个阶段。第一，诸古老公国一开始的共存以及通过控制教会领地和回收无人继承的采邑而进行的皇室集权，这是萨克森王朝和萨利安王朝时期的典型特征。第二，头两次空位期导致这一政策走向失败，皇室权力的集中化在意大利的领地上进行，这是霍亨斯陶芬王朝时期的典型特征。第三，世袭领地政策阶段，权力的集中化在新的东部领土上进行，这是“大空位期”之后的典型特征。在意大利政策与东方政策之间，我们应该注意到一个过渡性的解体时期，其间，非德意志诸侯接管了王权的职务，德意志诸公国所享有的高度独立地位成为德意志政制的组成部分。

二　《金玺诏书》

（一）查理四世

德意志政治结构中的历次变更最终在查理四世(Carles IV，1347—1378 年在位)1356 年的《金玺诏书》(*Golden Bull*)里得到了认可和正式表达。关于确立该文书的商议过程，我们几乎无据可查。人们曾对谁是该文件的“作者”这个问题作了种种设想和猜测，如今通行的意见似乎是，皇帝本人在这一立法过程中占据主动权，[204]该文件是由掌玺大臣基于皇帝与众选侯的商议结果制定的，它大体上反映了皇帝本人的政策。然而，这位确立了后来四个半世纪的德意志宪法形式的人物，其面目至今仍不甚清楚。他既不如弗里德里希一世那般尊显烜赫而举世瞩目，也不像“巴伐利亚人”路易那般温柔敦厚、风采洒落而众望所归。使他坐在皇帝宝座上大获成功的品质，恰恰是不受欢迎的品质——当时就不受欢迎，在后来的史学家那里还是不受欢迎。他是一位中世纪意义上的虔诚基督徒，但他对政治性的教廷不抱任何幻想。他的家系和教育混合了法国、德意志和捷克的影响，使他成为一个欧洲人，而不是坚实地扎根于某个民族的土壤之中。他的本名是文西斯劳斯，后来在坚信礼上由法国国王查理四世改为查理。他的两个守护神——查理大帝和圣文西斯劳斯(Saint Wenceslas)，在决定他关于身为罗马帝国皇帝和波希米亚国王的君权观方面有同等的影响。然而他对历史和传统的敏锐感知并不是异想天开；他是一位理性政治的大师，在外交手段可以取得成果时，他反对用暴力来解决问题。他是一个谨小慎微的经营者和家长，而且他或许是当时绝无仅有的永远不缺钱的君主。他把财产审慎地用于政治上的企图，那种锱铢必较的心态，只能以一种对人之本性的深切鄙视以及对几乎每个人都可以收买的经验来解释。虔诚的基督教信仰与理性的治国技艺的奇特混合，对皇帝权利的维护——他是最后一位以勃艮第国王的身份接受加冕的皇帝，把帝国建设为诸侯的寡头统治国家的做法，他那凌驾于各国之上抑或处于各国之间的地位，这些复杂的问题或许就是这位伟大的西方政治家至今仍处在一团相对朦胧的历史迷雾之中的原因。①

---

① 关于查理四世，参见 Fritz Vigener：《查理四世皇帝》(Kaiser Karl IV)，载《政治大师》第 2 卷(*Meister der Politik*, vol. 2, ed. Erich Marcks and Karl Alexander von Müller, Stuttgart: Deutsche Verlags-Anstalt, 1921)。关于法国对查理四世的影响，参见 Wolfgang Klein 那篇颇有趣味的论文：《查理四世皇帝：青年时代在法国的逗留及对其成长的影响》(Kaiser Karl IV: Jugendaufenthalt in Frankreich und dessen Einfluss auf seine Entwicklung, Berlin, 1926)。英文专著参见 Bede Jarrett, O. P.：《查理四世皇帝》(*The Emperor Charles* IV, New York: Sheed 和 Ward, 1935)。另外，参见 W. T. Waugh：《德意志：查理四世皇帝》(Germany: Charles IV)，载《剑桥中世纪史》第 7 卷，第 5 章，前揭。

（二）《金玺诏书》的形式

[205]《金玺诏书》是一份法令汇编，其第一部分颁布于纽伦堡会议(Diet of Nuremberg，1355 年 11 月—1356 年 1 月)，第二部分颁布于梅斯会议(Diet of Metz，1356 年 11 月—1357 年 1 月)。这份诏书从形式上讲是一套法令，是由查理"以其应享之皇权"，"经事先充分之考虑"，"于神圣宫廷"，"当着所有僧俗选侯以及其他君王、伯爵、男爵、法官、贵人、市民众人之面"颁布的。① 就内容而言，诏书规定了皇帝的选举办法、选侯的特权、波希米亚王国的特权，以及一些和帝国体制相关的其他项目。这份法令汇编大体上承袭了弗里德里希二世的《梅尔菲宪章》(*Constitutions of Melfi*)的传统，就是一种适于该王国之秩序的根本大法传统。

（三）国家—帝国与世界—帝国

在本文中，我们只能选择一些对德意志政治结构有特殊干系的表述和规定做专门的探讨。首先，这份诏书的读者会因当中用来指称该王国及其首脑的复杂术语而震惊。为了指称该王

① 《金玺诏书圣训序》(Arenga of the Golden Bull)。关于《金玺诏书》，见 Karl Zeumer:《查理四世皇帝的金玺诏书》(*Die Goldene Bulle Kaiser Karls IV*)，《第一部分:金玺诏书的产生及其意义》(1. *Teil: Entstehung und Bedeutung der Goldenen Bulle*)；《第二部分:金玺诏书的文本》(2. Teil: Text der Goldenen Bulle, Weimar: Buhlaus Nachfolger, 1908)。研究德意志国王选举以及《金玺诏书》的文献已汗牛充栋。HermanBloch 的《霍亨斯陶芬的皇帝选举和选侯领地的出现》(*Die Stau fischen Kaiserwahlen und die Enstehung des Kurfürstentums*, Leipzig and Berlin: Teubner, 1911)是旧有专著中较重要的一本。晚近一本重要的作品是 Heinrich Mitteis 的专著《德意志国王选举:金玺诏书之前的法律依据》(*Die deutsche Königswahl: Ihre Rechtsgrundlage bis zur Goldenen Bulle*, Baden bei Wien, 1938)。

国，诏书用了 Christianum imperium[基督教帝国]、sacrum imperium[神圣帝国]、sacrum imperium Romanum[神圣罗马帝国]和 sacro-sanctum imperium Romanum[至尊神圣罗马帝国]等语。我们偶尔会发现 sacri Romani celsitudo imperii[神圣罗马大帝国]这样的回读铭文；通过把王国解释为神之三一体的一个类似物和 undamentum[基础]，或者解释为一座有七个选侯照耀着的 sacrum edificium[圣殿]，就像七枝蜡烛在圣灵的七星世界里闪耀一样，这个概念得到了进一步阐述。[206]由七选侯选出的王国首脑，被称为 rex Romanorum in imperatorem promovendus[罗马人之王－皇帝候选人]，或 rex Romanorum futurus imperator[罗马人之王－未来之皇帝]；caesar 一词作皇帝的同义词用。然而在其他地方，imperator vel rex Romanorum[罗马人之皇帝或国王]的使用暗示了这个国王承担着皇帝的职务（尤其是第五章）。其他名号有：temporale caput mundi seu populi Christiani[基督教人民之俗世首领]与"信众之俗世首领"。前任们被称为 divi Romanorum imperatores et reges[历代神圣罗马皇帝]。

这些术语的变异形式反映了帝国结构在历史上的变迁。德意志国王的选举似乎暗含了一种期待或希望，当选的国王会凭借教宗加冕而升格为皇帝，成为基督教世界的俗世首领。这种期望之凝固为一项权利要求——不过，一直承认教宗的核准——似乎发生在 12 世纪以前，rex Romanorum[罗马人之王]的头衔开始用来指当选的国王。《金玺诏书》里国王的头衔是 in imperatorem promovendus[皇帝候选人]或 imperator futurus[未来之皇帝]，就表达了这项权利要求。

然而，即使没有在罗马举行的加冕礼，德意志国王的选举也直接导致了对皇帝职权的取得，就是说，德意志国王必须履行牵涉到那些不在德意志领土内的王国——意大利和勃艮第——的义务和特权。皇帝职权由一个未接受称帝加冕礼的国王来履行,其中所面临的法律上的复杂问题,从未在正式法案里从术语的运用上得以自圆其说;各个法律层面仅仅获得了偶然的称谓。这个尊号的核心是支配德意志王国、即所谓 regnum Teutonicum[条顿王国]的德意志王权;因此,这一王权可以行使它在勃艮第和意大利,即所谓 imperium[帝国]中的皇帝行政职权。条顿王国与帝国的区分在《沃尔姆斯协约》(Concordat of Worms)中可以找到。[①] 德意志王权之皇权的意涵,是连英诺森三世也承认的,他有一次说,regnum Teutonicum, et, quantum in eo est, imperium[条顿王国,此处等同于帝国]。[②] [207]因此在这个意义上,rex electus[当选国王]就是 imperator[皇帝]。把帝国视为皇帝所统治的领土的概念,事实上类似于把 sacrum imperium[神圣帝国]视为基督教世界帝国的概念。从术语上区分领土有限的与世界的帝国概念,这个有趣的尝试曾发生过,当时斯瓦本的菲利普(Philip of Swabia)的选侯们知会教宗,他们已经在 imperaturam Romani solii[罗马帝国的土地]选举了他们的候选人。领土性的、行政性的 imperatura[皇帝辖区]明显是用以强调与 sacrum imperium[神圣帝国]的不同。[③] 一个由德

---

① 见《沃尔姆斯协约》的 *Calixtinum*,载《日耳曼史材荟萃》,前揭,*Constitutiones I*,no. 108。

② 这句话可以在 *Deliberatio Domini Papae Innocentii super facto imperii de tribus electis*(载 *Registrum super negotio Romani Imperii*,no. 29,Migne,*Patrologia Latina*,vol. 216,第 1028 页 A)中找到。

③ 《日耳曼史材荟萃》,前揭,*Constitutiones II*,no. 3,第 3 页以下。印刷出来的文字均为 n imperatorem,原始文献的影本文字是 in imperaturam。这点是 Heinrich Mittais 的发现,见他的《德意志国王选举:金玺诏书之前的法律依据》(前揭,第 99 页以下)。

意志国王所统治的领土性帝国的出现，是帝国区里同西部民族国家的兴起相并行的现象。为了赋予这个新现象一个明确的术语，我们此后将称它为国家一帝国（state-imperium），以区别于世界一帝国（world-imperium。

这两种概念之间的紧张或许在12和13世纪里最为明显，当时霍亨斯陶芬王朝试图把国家一帝国扩张到世界一帝国的范围内。弗里德里希一世曾以reguli[小王]称呼近邻的独立王国的统治者；亨利六世追求过将诸基督教王国（英国、亚美尼亚、塞浦路斯等）转变为帝国采邑的政策；到弗里德里希二世那里，dominus mundi[世界之主]的观念达到了极点。然而，霍亨斯陶芬王朝的扩张政策并不导致以下假定：若没有这种扩张，神圣帝国的俗世首领身份便全无政治内容。接受了加冕的皇帝是基督教世界的保护者，而当选的国王却不是；只有接受了加冕的皇帝，才担负领导十字军东征、在异教徒中间传教和对异端作战的义务；只有他才在教会改革中发挥作用，并对教宗的选举产生某种影响。

所以，对于国王一皇帝这一尊号，我们必须区分以下几个层次：(1)支配条顿王国的王权；(2)含意大利和勃艮第的国家一帝国的皇帝职权；[208](3)对世界一帝国之首领身份的权利要求——包含于"未来之皇帝"这个用语中；(4)负责保卫教会的populus Christianus[基督教人民]的俗世首领之权。然而，这些层次仅在理论分析中才能得到明确区分；在现实中，它们并没有体现为数种可分的权限，可由数人来操持。它们必须被动态地理解为，通过选举、教宗核准、加冕等继承程序，那个尊号将从德意志王权提升为完整的皇帝尊号。毫无疑问，这种累进性的尊号必然是导致政治冲突的根源之一。选举属于德意志诸侯的政治范围，而核准、加冕则属于教宗权力的范围。诸侯的选举能够——也在事实上——将教宗不接受的候选人推举为皇帝；教宗的审批权则通过事先就某个选举人跟诸侯进行磋商以及通过教宗对三个教会选侯之投票的影响而导致对德意志事务的干涉。结果是德意志的内战和多个敌对国王(anti-kings)的选举——如果头一个当选的国王没有得到教宗核准的话。

收拾这一局面的最初几个重要步骤是在"巴伐利亚人"路易统治期间迈出的,因为这位未受核准的皇帝与教宗之间的战争引发了混乱。1338 年 7 月在伦斯召开的选侯会议宣称,不需要教宗核准,当选的国王就可以合法地取得皇帝的权力而承担帝国统治的职责。同年 8 月,这位皇帝颁布的一部《选举法》(*Licet juris*)甚至更进一步将 electus in imperatorem[皇帝当选者]除非由教宗认可、核准、加冕,否则就不是真皇帝的规定指斥为"害人的教条"。根据罗马法和教会法,皇帝的权柄直接来自上帝,正式选出的国王就是 verus imperator[真皇帝],不需要教宗核准。① 诸选侯在伦斯会议上的宣言中仍然承认教宗的核准对于皇权的完整是必要的,同时主张国家一帝国属于当选的罗马人之王。《选举法》竟极端地认为,[209]诸选侯可以产生一个拥有完全皇权的真皇帝。② 这些主张只能加剧皇帝一教宗之间的紧张。1356 年的《金玺诏书》选择了一条截然不同的路线解决

---

① 《伦斯判例汇编》(*Weistum von Rense*)和《"巴伐利亚人"路易的皇帝选举法》(*Kaiserwahlgesetz Ludwigs des Baiern*),载 Mario Krammer:《德意志国王选举与选侯团史料》(*Quellen zur Geschichte der deutschen Königswahl und des Kur fürstenkollegs*,Leipzig and Berlin:Teubner,1912),2:91,97。

② 《选举法》的立场受到《签署备忘录》(*Subscripta*)中已提出的立场的影响,这是一份关于国王一皇帝选举的法律意见,作者已不可考,或许是个方济各会修士。见 Ficher:《伦斯的选侯联合史》(Zur Geschichte des Kurvereins zu Rense),载《拜仁科学院维也纳学术会议报告》(Sitzungsberichte der Bayrischen Akademie der Wissenschaften zu Wien):《哲学一历史部》(*Philosophische-historische Klasse*)II(1853):673—710。《签署备忘录》见 Krammer:《历史资料》(*Quellen zur Geschichte*),第 96 页以下。

了这个问题。诏书既没有宣布教宗的核准无关紧要,也没有使用“真皇帝”这个极端的词汇。它仅仅是只字不提教宗的核准,并极度精细地规定了选举程序,以至于新产生的罗马人之王即便没有得到教宗核准也能够行使皇帝的职权。不涉及教宗核准,既使教宗可以授予之,皇帝接受之,又避免了在程序上出现断裂,因为教宗之核准与否在法律上已没有任何影响。凭借精湛的外交手腕和法律技术,诏书巧妙地将这种核准从国王一皇帝的产生程序中剔除。这一成绩,因此前我们讨论过的(或许是有意为之的)形形色色的称号而变得容易实现。诏书里找不到像《选举法》中的“真皇帝”这样的措辞,但在选举宣誓(II. 2)中,caput populi Christiani[基督教人民之首领]被等同于 ex Romanorum in caesarem promovendus[将任凯撒之职的罗马人之王],第一个表述预设了第二个表述中以将来时表达的尊号。

成为这个时期特点的法律技术尤其是程序法的改进,以及为了以政治的方式和平地解决一个棘手问题而对它们的慎重运用,是这份诏书的法规在实践中获得成功的原因之一。它在那个关键问题上保持沉默,因此没有明显地损及教宗特权,使教廷没有必要诉诸正式抗议。但教廷的法学家们当然不会为这种雕虫小技所蒙骗。诏书未引发一场新的风暴,乃是因为当时政治形势中的其他因素。首先,皇帝选择颁布诏书的时机非常明智,确保教廷的反应降到最低程度:查理已经于 1355 年接受加冕成为皇帝,教宗丧失了主要的施压手段。其次,诏书未[210]对王国结构进行大肆变革,对所有现存习惯做法均予认可,尤其是伦斯选侯会议上所宣布的政策。与以前不同的仅在于,皇帝一方现实地接受了选侯们的政策,包括承认选侯的实际主权,将这个王国转变为诸侯加一位选任首领的一个寡头统治联邦。诏书是皇帝与诸侯之间妥协的产物,它承认了在 13 世纪空位期产生的各领土性邦国的特殊主义。最后，我们不应该忽略这种新政策透露出来的民族情绪。《伦斯宣言》具有强烈的民族自决色彩，反对教廷和法国在德意志事务中的影响；这些情绪在伦斯选侯们致教宗的书信草稿中体现得更加明显。[①]《金玺诏书》表达了德意志民族情绪的勃兴，正如对博尼法切八世的斗争和与英国开始百年战争表达了法国日益增强的民族情绪力量。

（四）“选举人团”：多数决问题

这份诏书的条款大体上是对现存习惯做法的成文化，但为之赋予了一种新的精确性，终止了它进一步的演化。国王必须由七选侯在法兰克福选出。若七人或他们中的多数已投票支持某位候选人，此次选举即被公布为无异议的选举（II. 4）。若选举团中有三名成员投票支持选举人团中的第四名成员，该候选人的选票必须被算作第四票，从而构成多数（II. 5）。这种由三位教会选侯和四位世俗选侯操纵选举的做法，是一段漫长历史的最终阶段，关于这一点，我们请读者参考论及这个问题的专著。[211]观念史尤为在意的地方在于这些条款里包含的代表制问题和多数决问题。四票所形成的多数——诏书规定这是一次有效选举的充分条件——并不是现代意义上的多数。更确切地说，这种四票多数有一种法定出席人数的性质：四个选侯的选票对于国王的选举是必不可少的；如果其他三人缺席或投票支持其他候选人，这次选举就不是与全体一致的选举相区别的多

---

① 见《书信手稿》(*Entwuerfe*)，载 Krammer：《历史资料》，前揭，第 92 页以下。详见第二封书信手稿，在信中，选侯们吁请教宗考虑“日耳曼人民至今对神圣的罗马教会所作的”贡献，接受“巴伐利亚人”路易。“至今”(hactenus)一词还包含着一种隐约的暗示，即如果教宗坚持进一步激怒“日耳曼人民”(gens Germanica)及其诸侯的话，这种贡献在将来或许会变得不那么热切。

数一致的选举，但它会被视为一次“和睦的”选举。[①] 四人构成有效的法定人数，原本就是一次有效选举的必要条件，如今因为选侯的人数总共正好是七个的巧合而被转化为多数。“和睦”一词标志着脱胎于早期概念的变迁过程。在这里，我们获得了政治观念史上的一个珍贵案例，从中可以清楚地将多数决演变的源头追溯至代表制表决的早期阶段。

这份诏书的准则是滥觞于10和11两个世纪的德意志国王产生程序的发展过程的最后残余。在早期的程序里，我们根本看不到一个明确的选举环节，而只能说把某人“推上”王位，这是一种复杂的程序，有时会持续好几年。从几个可能的候选人中“选择”一个合适的候选人是程序的第一步，即通过“商酌”选出候选人；然后是严格意义上的“选举”——贵人们对候选人的同意；然后是“提名”，紧接以“称赞”——地位较次者个别地表达同意——和人民的“欢呼”；接下来是“即位”和“加冕”，其中仍穿插有称赞和欢呼环节；取得部族的同意或许要更晚；获得权标；在现实中对可能的异议者强制行使职权。

这一复杂而漫长的程序——王国上下对国王的事实上的同意正是由此得以获致——在13世纪受到了相当的削弱。[212]《撒克森法鉴》(*Sachsenspiegel*，约1230年)的选举法规或许是阐明这个过渡阶段的极好例子。严格意义上的选举此时已成为这一程序的法律核心。大选侯的数目固定为六人。[②] 六大选侯

---

① Talis electio perinde haberi et reputari debeti，ac si foret ab ipsis omnibus nemine discrepante concorditer celebrata[这样一次选举必须被视为由一切人在没有异议的情况下和谐地参与的](II. 4)。

② Eike von Repgow([译注]此人据说是《撒克森法鉴》的作者)把波希米亚国王排除在外，因为他不是德意志诸侯之一(《撒克森法鉴》[*Sachsenspiegel*]III. 57)；文本见Karl Zeumer:《德意志帝国宪法史料汇编》第2版(*Quellensammlung zur Geschichte der deutschen Reichverfassung*，2d ed.，Tübingen，1913)，1:64。

投票后，王国内所有的诸侯，是僧是俗都参与选举。六大选侯被吩咐不得随意投票，而是要支持已由诸侯事先选出的候选人。很显然，在严格意义上的选举之前，已有一种"选择"；投票是一个正式环节，认可在投票之前就已达成的实质性同意。鉴于六大选侯的社会声望和权威，他们必须首先投票支持已选出的候选人；其他人跟着照样投票。①

13 世纪，投票权进一步受到限制，变成了只有选侯才有实际的投票权，彼时诸侯对皇帝选举的兴趣跌入低谷，以至于在 1273 年，教廷施加了相当大的压力，才说服诸侯无论如何举行一次选举。在四人构成有效法定人数的原则下所进行的选举始于 1198 年，这种选举作为一个正式环节具有以下意涵：它代表王国上下对候选人的实质性同意。在《金玺诏书》里，对这种同意的代表最终沦为那个和睦推定。先前通过漫长的"推举"程序产生事实上的同意的做法，以及某些选票因投票者的社会声望和权威而具有的主导作用，被严格的程序性规定侵蚀了。这个环节的代表性质并不是每次选举之际都通过大选侯的投票及随后的投票得以重新确认；七选侯的选票在历史上沉积的威望已被形式化为"选举人团"制度。

（五）诸侯的寡头统治

不受教宗干涉的国王一皇帝的选举是这份诏书的核心问题。而围绕这个核心所设置的一系列条款，合在一起可以称为一份德意志王国宪法。[213]教宗之核准的剔除使国王只与选侯打交道，因此，对选侯在王国中的地位及其与国王的关系必须做出规定。在反对教廷恢复先前特权的企图问题上，国王和选

① 这些条款见《撒克森法鉴》III. 57。

侯们结成了统一战线，这一点通过一个条款而得以保证：罗马人之王必须在当选之后立即认可各选侯的诸项特权，以便能够在法律上有效地行使皇帝职权。选侯们若有任何倾向，支持教廷针对当选皇帝提出的权利要求，都会因下述考虑而受到遏制：对国王合法地位的置疑，将首先是对选侯诸项特权的置疑(II. 4)。选举人团的成员仅限于巴拉丁伯爵、波希米亚国王、萨克森公爵和勃兰登堡侯爵与美因茨、科隆和特里尔的三大主教(VII. 1)。关于列出的那四个世俗邦君，诏书规定了长子继承制度，这就避免了几个继承人分割领地之后可能导致的争夺选侯资格的情况(VII. 1)。选侯们作为一个团体，在公开场合中拥有优于王国内的其他诸侯的次序(VI)。选侯们本身的次序则有慎重的规定，以避免在此问题上的争执(III、IV)。帝位空缺迄至当时一直是教宗要求摄政——直到选出新王为止——的大好时机，如今，通过任命巴拉丁伯爵和萨克森公爵作为空位期王国的监国(V)，这种可能性被彻底打消了。最有意思的新生事物之一是规定选侯们每年须参加朝会，就王国事务与皇帝进行商讨，并给他提出建议。这个选举人团变成了皇帝的"内阁"(XII)。[①]

在这份诏书里，只有选侯们才被视为一个 ommunitas[共同体]，王国的其他等级只以单独的身份与国王相干。其中看不到任何进展，可造就英国的那种集团。单独身份的规定只有在涉及和平同盟(Landfriedenshbünde)时才容许有例外。十分独特的是，和平同盟是在关于"谋叛"那一章里被论及的。和平同盟是[214]诸侯、城市之间的区域性联盟，目的在于维持领土内的公共和平。这样的同盟是皇帝出于周详之考虑准许的。其他缔结均被指责为"谋叛"，是法律所禁止的；诏书尤其强调，城市内

---

① 然而，这一功能在实践上并无发展。

部的联合与城市之间的联盟具有谋叛的性质。这些规定针对的是正在兴起的城市同盟，这种同盟削弱了诸侯对自己的领地和臣民的完整控制权。所以，另外一章又特别禁止市民将其特权扩展到非本地的“逃脱市民”(pfalburgerii)而撤销其对原主的隶属关系的习惯做法(XVI)。这些关于“谋叛”的规定，有助于维持作为一个众多领土性公国之集合体的王国结构。

(六) 巴本贝格的卢波尔德

《金玺诏书》所调整的问题也构成了一系列法学文献的题目。这类文献在理论上的成就算不上辉煌，[①]但我们要简短地讨论这类论著中最重要的一本，因为它表达了那些问题如今所处的新氛围。这本论著是巴本贝格的卢波尔德(Lupold of Babnenberg)的《论王国和罗马帝国之权限》(*De juribus regni et imperii Romani*)。[②] 卢波尔德是个教会法学家，后来担任巴本贝格主教，他既是一位圣职者，同时又为德意志民族的政治忧患所深深打动。这本论著题献给德意志教会选侯中的政治领袖、特里尔大主教鲍德温(Baldwin)；作者在末章里坦承，撰写这本论著是出于“对 patria Germania[日耳曼祖国]的耿耿赤忱”(XIX)。开篇那几章(I－IV)表明了他的政治态度：设有教宗和皇帝的神圣帝国并不是包罗一切的政治实在；相反，有一

---

① 对这类文献(Jordan of Osnabruek, Alexander of Roos, Engelbert of Admont, Lupold of Babenberg, Konrad of Megenberg)的概述，参见登普夫：《神圣帝国》，前揭，第 3 章第 3 节“保守派”(“Die Konservativen”)，第 494－503 页。

② Lupoldus de Babenberg, *De juribus regni et imperii Romani*，约 1340 年；文本见 Simon Schardius 编, *De jurisdictione, autoritate, et praeminentia imperiali, ac potestate ecclesiastica*…(Basel, 1566)。又见 R. Most：《巴本贝格的帝国观念》(Der Reichsgedanke des Lupolds von Bebenburg)，载《德语档案》第 4 辑(*DeutscheArchiv* 4[1941])，第 444－455 页。

个法兰克人即“自由人”的王国，它在帝国之前就已存在。这个王国坐落于日耳曼人的领土内，定居在高卢的法兰克人不过是从人民主体中分出去的旁支。法兰克人[215]是一群流亡特洛伊人的后裔，因此以出身之高贵和年代之悠久论，日耳曼人的王国可与罗马人的王国平起平坐。在帝国转移后——在罗马人民的意愿下，帝国从希腊人手里经教宗的中介转交到法兰克人手里——主要的政治问题不是帝国内皇帝与教宗的关系，而是先前存在的日耳曼人的王国与帝国的关系。这些历史事实确定下来后，卢波尔德以五条内容阐述了他的法学理论。①

根据第一条内容，国王－皇帝若是以全体一致的方式选出的，就可以用国王的头衔并处理意大利以及依附于帝国的其他省份中的帝国事务。这项主张的基础是几条公认的法律原则：查理大帝通过继承而合法地拥有从阿基塔尼亚到巴伐利亚的王国；这个王国的其他地方都是靠正义战争取得的，符合万民法；卡洛林世系终结之后，日耳曼诸侯合法地选举了一个继承人，因为根据万民法，一个民族若无国王，是有权选举一个的；等等。论证细节相对而言无足轻重，重要的是它所隐含的企图，即欲将德意志政治结构建立在政治创建的普遍原则之上，尽可能限制国王的世界－皇帝尊号在这个结构中的分量。

根据第二条内容，即便选举不和，未达成全体一致，而是由多数票选出了国王，国王仍然拥有同样的权利。这个论点十分接近于《金玺诏书》的概念。不和只是表面现象，而不是名副其实的，因为选侯们并不是单独地表决，而是作为一个 collegium

① 五条内容列为5章，即第5至9章。第10至13章列举并驳斥了对五条内容的反驳。

[委员会]或 universitas[团体]的成员表决的;多数表决在一个团体的情况下产生和睦。必须将选侯们视为一个团体而不是七个独立君侯,不然的话,所有诸侯都应该参加选举了。选侯们的特权地位也仅当他们被视为诸侯的、最终是人民的一个代表委员会时才能说得通。将选侯视为 epraesentantes populi[人民代表],将选举视为德意志人民由其代表做出的一种行为这一概念强烈地影响了该论点。

第三条内容提出一个有趣的细节。卢波尔德区分了国王在帝国里的行政职能,[216]主要涉及封建法约束下的行为,以及一种留给皇帝的权力,据此可赋予非婚生子女合法地位、为丧失名誉者恢复名誉,等等。这些权利,从前是留给皇帝的,如今则要求归于认可和加冕之前的罗马人之王。上述权利并不新奇,但它们所支持的论点却极能说明德意志政治中的民族趋向。因为卢波尔德指出,“西部各王国的普遍习惯”使这些权利由国王们享有,纵然他们并非皇帝。其他国王拥有 imperator in regno suo[自己王国的皇帝]的地位,罗马人之王也应该有这个地位。第四条内容断言,当选国王没有义务恳求或接受教宗的核准。最后,第五条内容解释说,皇帝对教宗起的誓不是封建之誓,而是表示忠心保卫教宗和教会的誓。

卢波尔德显然是在致力于厘清我们所谓的国家-帝国与世界-帝国这两个领域。只有在后者那里,教宗的核准才有某种意义;至于前者,卢波尔德选择了王国一词来表示,必须接受万民法的原则。我们或许可以说,他试图按照英国和法国赖以获得其民族独立的那种方式,将德意志王国从帝国中剥离出来。尽管如此,他仍没有走《选举法》的极端,宣称教宗的核准和加冕毫不相干。旨在保卫教会事业的世界-帝国依然清晰可辨,它只能通过教宗的行动而得以实现。卢波尔德的这些观念十分接近于《金玺诏书》的规定，而且十分有可能，它们实际上影响了这份文件的起草。但这种影响或许更多地涉及诏书的技术层面。卢波尔德的政治态度显然不支持寡头制的帝国构造；在他的所有作品里，人民作为王室－皇帝之权力的最终来源的观念始终有直言不讳的表述，而选侯一职，仅当它被理解为人民代表时才是可接受的。

三　城市国家

（一）城市国家地区

帝国因众多领土性公国崛起至享有事实上的独立地位而特殊化，[217]是帝国区的政治结构开始与西部民族王国的政治结构变得不同的第一步。

第二步，城市国家的崛起，也具有同样的重要性。在中世纪时期，市镇在数量和规模方面的发展，英国、法国与德意志、意大利的情况大致相同，但只有帝国区的市镇发展成为独立自足的政治单元，它们享有的独立程度如此之高，以至于我们有必要谈谈这些跟西部的民族王国和德意志的领土性公国具有同等历史重要性的城市国家。这一发展的原因是多方面的，从细节上讲，这上百个城市出现这一发展的原因也相当不同。然而，这些城市的地理分布向我们提示了几个普遍的决定因素。这一区域，或者汤因比所谓的城邦宇宙（the cosmos of the city-states），[①]从托斯卡纳和上意大利，经瑞士、德意志南部和莱茵河流域，一

① 关于城邦宇宙，见汤因比：《历史研究》第 3 卷（*Study of History*, vol. 3 [1934]），第 341 页以下。

直延伸到荷兰和佛兰德;在科隆地区,它伸出一枝,经威斯特伐里亚到达波罗的海,沿着波罗的海岸延伸至爱沙尼亚。这个区域囊括了中世纪各大贸易路线;从近东经意大利到阿尔卑斯山以北地区,从诺夫哥罗德(伊尔门湖)到西欧。这两条路线交汇的地方,是荷兰和佛兰德的市镇密集区。位于这些贸易路线上的位置,是许多靠贸易和工业而不靠农业为生的定居点得以兴起的经济条件。意大利的市镇在教廷、拜占庭、伊斯兰世界和阿尔卑斯山以北的帝国之间的权力角力的真空中逐渐发展,从瑞士到荷兰的条形区处于法国与几个较大的德意志公国之间的地带;汉萨同盟的市镇则分布在德意志北部的公国与斯堪的纳维亚王国、斯拉夫王国之间的夹角上。位处势均力敌的列强之间的区域,是城市国家能以小邦身份发展的政治条件。

最后,这个区域的历史性结构也应该纳入考虑。从上意大利到佛兰德的地区处于各大势均力敌的列强之间,这绝非偶然,这片地区与 843 年《凡尔登条约》(*Treaty of Verdun*)建立的洛林王国的领土一致。[218]在将近一千年里,这片地区一直是一块居间地。只不过到了 19 世纪,它的大部分地区才并入意大利和德国这两个民族国家里,与此同时,瑞士、比利时和荷兰则以小国身份在意大利、法国、德国和英国等势均力敌的大国中维持了独立地位,而阿尔萨斯－洛林地区则在法国和德国之间几度易手。① 波罗的海沿岸是一片殖民地,这片地方一点点整合进日益强大的南欧、北欧和东欧列国。这个兼并过程一直拖到最后一批德意志城市国家随着汉堡、吕贝克和不来梅在纳粹政权的统治下并入周围的国土里而丧失了它们最后的独立痕迹。

---

① 将拿破仑帝国解释为洛林领地上的城邦宇宙的组织,见汤因比:《历史研究》第 5 卷(*Study of History*, vol. 5[1939]),第 619 页以下。

（二）市镇与封建世界

城市国家的这种分布仅直接决定了帝国区的政治结构，但这道辽远而坚固的弧圈，从地中海至波罗的海纵贯欧洲，将这片大陆劈成两半，这个巨大现象却提出了一个关于整个西方世界的未来政治组织方式的重大问题。市镇兴起之前，中世纪主要的政治形式一直是基于农业经济的封建大领地组织。随着市镇的兴起，一种基于工商业和人口密集社区的高强度智识、精神生活的政治组织出现了。不同于散居的农业人口（就是隶属于地方领主而在政治上融入较大单元的人口，领主们则受缚于跟一个共同国王的封建关系），我们现在发现一个由公民与市政当局之间的直接关系构成的体系。众多市镇魔法般地兴起，治安官与人民形成一种生命共同体，在一个狭小地区里，受相互批评监督的约束，趋求事实上的主权——这就是这种新型组织的本体。

从这个意义上理解，市镇显然不仅仅是一种新的统治形式；它更是一种新的生活方式，决定了一个类型的政治人，[219]这类人极不同于封建秩序下的统治阶级和隶属阶级，亦即贵族、教士和农民。此外，市镇不仅是对于封建世界的增饰，更是西方文明的一个新阶段的代表。历史的动力有利于经济劳务，商务和政治的合理化，奢侈品的消费，高级知识分子的活力，文学、艺术和科学的进步，以及市镇里活跃的宗教信仰。正是这种城市型文明，成为原有大庄园型文明的竞争对手，最终在我们的文明中独领风骚。市镇之作为未来数个世纪的西方文明模式的性质，赋予了城市国家在更广阔欧洲舞台上的重要性。在大弧圈的市镇里，这种新的生活方式的政治潜力能够以某种方式发展壮大，这在法国和英国的市镇是不可能的，它们已被更紧密地整合进了王国的结构中。尤其在意大利的城市国家，多种政体和统治技术在 13 至 15 世纪中蓬勃发展，至法国的路易十一世和英国的亨利七世时期，它们才被移植到阿尔卑斯山以北的诸王国里。城市国家在一个较小的规模上产生了民主制、寡头制、绝对领袖、无产阶级造反以及党派活动等问题，这些问题要等约莫两三百年的时间间隔，才在王国这一级重新出现。

市镇的历史冲力，市镇在后封建的政治形式演化中的引领作用，是未来几百年欧洲政治组织形式所面对的伟大出路的根源。文明上领先的各个市镇单元能把握政治主动权，征服封建领地，使之臣服于自己的统治吗？抑或封建王国能采用市镇所演化出来的政治形式来更新王国的组织方式，把这个新兴社会部门作为第三等级整合进王国中？王国最终胜出；但在中世纪最后几百年里，出路何在仍取决于一场激烈的斗争。解决了该问题的那场漫长斗争，其细节是政治史的内容；但是这个无穷变化、无比复杂的历史细节领域至少展现出一些主要的演化线索，产生了一些主要的制度类型，我们必须简单地开列出来。

（三）贸易路线与食物补给

[220]首先，应当考虑那些迫使市镇超越其定居区的种种限制而变成周围地区的组织中心的因素。市镇的生存，时有朝不保夕之虞，因为工商业共同体并不是自给自足的政治单元。为了经济上的生存，市镇须依赖于市场和原材料，就纯粹的生活而言，须依赖于来自周围农村的食物补给。同周围农村的稳定合作和贸易路线的安全，是市镇生存的必要条件。适于这些问题的合理权力方案是：(1)城市对一片足以为之提供食物的地区实行政治统治；(2)增强实力，使市镇本身能够作为一种确保其贸

易路线安全的军事力量。这个方案在意大利得到了最纯粹、最成功的实施。威尼斯案例或许最有解释力,因为它显示出两个问题——食物补给与贸易路线——的连锁。自13世纪中叶起,威尼斯陷入了一场与热那亚争夺黑海和黎凡特贸易控制权的断断续续的斗争;至14世纪中叶,她遭到了重大的萨皮恩察之败(1354年),使她丧失了舰队,在随后的基奥贾战争(1378年—1381年)中,热那亚人仍然有能力封锁威尼斯;威尼斯人在基奥贾的反封锁最终迫使热那亚的舰队投降,这一击决定性地摧毁了热那亚的势力。基奥贾战争显示了一个因不能充分控制大陆上的食物补给而导致的弱点,而15世纪的前半部分则见证了威尼斯坚决的内陆扩张政策,后来她取得了帕多瓦、巴萨诺、维琴察、维罗纳、布雷西亚、贝加莫和克雷莫纳。这种征服对于维持其权力优势是必要的,唯有这种权力优势才可以保护这个海上帝国。大陆本身除了可确保食物补给之外,也直接有利于对各条贸易路线提供相当必要的额外保护,因为自从打败热那亚之后,商业的增加使稳稳当当地控制各处山隘对于跨阿尔卑斯山的贸易而言必不可少。最后,威尼斯的扩张表明了这样一个过程,在此过程中,较弱小的市镇被少数几个强大的城市国家宰制和吞并。1300年,属于教宗诸国的意大利北部尚有大约七八十个城市国家,[221]至马基雅维利时代,这片地方组成了八个公国。

(四)第四次十字军东征:地中海东部的权力分配

在意大利本土,城市国家不得不以牺牲邻近市镇的代价进行扩张。然而在地中海地区,它们却是在同封建势力竞争。这个情况具有普遍的重要性,因为它显示了城市国家之成长的潜力和局限。地中海的征服是封建领地屈服的唯一例证。在这个西方十字军东征的前哨，意大利城市国家的海军力量比法国的封建附属国更强大。当城市国家开始与欧洲本身的主要势力发生冲突时，王国就比城市更强大了。

威尼斯案例再次表明了这一趋势。威尼斯在远至亚得里亚海的地中海地区的最高地位，是通过第四次十字军东征（1202年－1204年）[①]确立起来的。这次十字军东征头一遭展示了政治、军事和财政的理性主义等非封建技术的全部威力。最初欲进攻埃及的设想需要威尼斯的海军协助运送部队。威尼斯人是乐于把他们的海军投入这个有望得到很大一笔银钱和一半掳获物的事业中的。在接洽过程中，十字军东征作战目标从埃及变成了君士坦丁堡，威尼斯人对这个决定或许有某种影响。由于十字军战士无法得到现金奖赏，尚在严格意义上的十字军东征的初期阶段，他们就在威尼斯人的请求下同意去征服和毁灭基督教市镇扎拉。教宗为此大为光火，对威尼斯人处以绝罚，但无法阻止接下来对君士坦丁堡的进攻和 1204 年对该城的征服。征服之后，接着就是掳获物的瓜分。一个由六名法国人、六名威尼斯人组成的委员会推举佛兰德伯爵为皇帝，而牧守职位则归了威尼斯枢机主教*莫罗西尼*（Morosini）。皇帝得到战利品的四分之一，其余四分之三则由法国人与[222]威尼斯人平分。法国人的领地扩大到了帖撒罗尼迦、雅典和亚该亚，威尼斯人则得到了爱琴海群岛、克里特岛、埃维厄岛以及摩里亚半岛的两个港口科龙和莫东。由于它的海军力量和它的财富，这个城市国家在地中海地区已获得与法国贵族同等的权力。然而，这种同等的权力并不持久。14 世纪，诸城市国家开始入侵封建社会的地

---

① 关于这个问题，参见 Charles Diehl：《第四次十字军东征与罗马帝国》（The Fourth Crusade and the Latin Empire），《剑桥中世纪史》第 4 卷，第 14 章（*CMH*，vol. 4[1923]，chap. 14）。

盘。卢西塔尼亚人不得不在1372年把法马古斯塔的贸易垄断权让与热那亚。1466年，威尼斯人将塞浦路斯列为保护地，1489年，这个岛屿成了威尼斯人的殖民地，直到它最终在1517年落入土耳其人手里。在希腊本土，我们可以注意到阿克恰约里家族的奇怪发迹。佛罗伦萨的贸易商尼阿克恰约里(Niccolo Acciajuoli)摇身一变成为瓦卢瓦的卡塔丽娜(Catherine of Valois)——有君士坦丁堡皇后头衔的人——在那不勒斯的生意经理。在14世纪30年代，他通过谈判，为她和她的儿子取得亚该亚公国，因而被赐予该公爵领中相当多的庄园；1358年，他成了科林斯的世袭总督。阿克恰约里家族的下一代人通过征服，从“加泰隆尼亚公司”手中取得雅典公爵领。只是随着土耳其人的推进，佛罗伦萨人的统治才告结束——在雅典的统治结束于1456年，在底比斯的统治结束于1460年。

（五）威尼斯征服的组织方式

城市国家的扩张显示了它们的力量；征服背后的宪法秩序却显示了它们的局限。[1] 市镇的宪法没有随领土而扩张，新获得的人口没有被整合进市镇的政治生活里。在威尼斯案例中，这个海洋帝国的宪法体制是中央统治和封建制地方分权的混合体，其本土的体制则是中央统治和地方自治的混合体。克里特岛被分割成许多授予贵族的骑士采邑，以及授予市议员的军士采邑。岛屿分成六个地区，对应于威尼斯的六区(sestieri)。为了把公民竞争精神移植到这个岛屿上，这些地区的采邑殖民地得到来自六区的殖民者们的赞助。总督是从威尼斯派来的有

---

① 这部分内容，参见 William Miller:《法兰克人和威尼斯人统治下的希腊和爱琴海地区，1204－1571年》(Greece and the Aegean under Frank and Venetian Domination，1204－1571)，《剑桥中世纪史》前揭，第4卷，第15章。

公爵封号的人,任期一年。他像共和国总督[①]一样,有两名[223]私人顾问;殖民者们在一个人数或大或小的政务会中有其代表;本土的人口则是通过叛乱参与体制,他们在征税年度是很容易叛乱的。小一些的岛屿作为采邑被威尼斯贵族占有,这些贵族并不总是保持对威尼斯的忠诚。几大家族在爱琴海地区进行的财富和权力的冒险家式占取,是 1297 年的大议会之封锁[②]和世袭贵族政权得以建立的重要因素。在大陆上征服的那些市镇的制度基本上完整地保存了下来;只有市长(podestà)或教堂住持(rettore)是威尼斯的地方长官。这三种经营模式体现了城市国家支配下的几种政治秩序手段:(1)以采邑殖民方式延伸的中央统治;(2)中央统治加地方自治;(3)由于宗主国政制的寡头式重构的影响而形成的封建统治。所有这些形式都不能帮助其自身像诸民族王国那样实现一种人民的政治连属化。

(六) 勃艮第

在“低地”的市镇密集区整合入勃艮第王国的过程中,我们

---

① [译注]“共和国总督”原文是 the doge,为了不与前句的殖民地总督(governor)相混,译文加了“共和国”三字,特指威尼斯本城的总督。意大利方言 doge 一词,源于拉丁语 dux(即英语中的 duke 和标准意大利语中的 duce),当时许多城邦共和国,比如威尼斯和热那亚,用它来称选任的城市国家首领。

② [译注]serrata del maggior consiglio:为了限制总督(doge)的权力,威尼斯于 1072 年成立了由 480 人所组成的“大议会”(maggior consiglo),作为威尼斯的最高决议机构。此后,威尼斯逐渐完全掌握东地中海的控制权,贵族势力因为在政治、经济上的一系列成功而得以强化,最终实现了强大的贵族寡头政治。这个划时代的事件即“大议会之封锁”(errata del maggior consiglio),据此封锁,大议会的成员仅限于黄金文书上登录的贵族世家。参见《韦伯作品集》II,《经济与历史》第四篇,第 20 章,康乐等编译,广西师范大学出版社,2004 年。

可以看到一种与威尼斯机制截然相反的制度化机制。[①] 在威尼斯案例中，城市国家是政治上主动的中心，以其先前存在的宪法和统治设置来整合领土。在勃艮第案例中，一个封建主通过将中央宪法和统治加诸他先前拥有的私人领地，把许多统一在他名下却并不相干的采邑整合进一个王国里。

领地的集中化始于法国国王约翰二世(John II)之子腓力二世(Philip II)1363 年受封为勃艮第公爵，并娶了佛兰德和阿图瓦的女继承人。经几度交换、遗赠和割让，他们的孙子“好人”腓力(Philip the Good)取得了荷兰、泽兰、布拉班特、林堡、卢森堡、埃诺、纳慕尔、安特卫普和梅希林。其继承人“无畏者”查理(Charles the Bold)(1467－1477 年在位)增添了海尔德兰和列日。为了统治这些领地，“好人”腓力和[224]“无畏者”查理创建了一套中央制度，把它们改造成一个王国的许多邦国。由勃艮第首相统领、所有邦国代表组成的公爵大议会(the Great Council of the Duke)处理涉及共同利益的事务。大议会的司法审理院于 1473 年在制度上分离出来，成为梅赫伦议会(Parliament of Malines)，并成为公爵所有辖区的上诉法庭。王国的财政管理由设在里尔、布鲁塞尔和海牙的三个审计法院(Chambres des Comptes)统筹。一支从所有辖区中征募的常备军由陆军部(Compagnies d'Ordonnance)统筹。1463 年，王国等级会议首次召开，会议由来自地方各个等级的代表组成。这个封建等级会议通过对各邦国所征之赋税的同意，从根本上有利于财政体系的合理化。最后，“金羊毛勋位”(Order of Golden Fleece)于 1430 年设立，显示了勃艮第公爵打算成立一个与个别领地的贵

---

① 关于勃艮第，参见 Henri Pirenne:《低地国家》(The Low Countries)，《剑桥中世纪史》，前揭，第 8 卷，第 10 章。

族阶级相区别的王国贵族阶级。一个中世纪的、封建的地区被改造成了一个具有理性的中央统治的君主国,但混合了对地方制度的认可和一个封建等级会议。勃艮第之所以能够获得威尼斯甚至不敢想象的成就,原因在于封建主凌驾于其名下的各种领地之上的优势。这个组织并非发端于这批政治单元的一员,而是发端于一个跟它们保持同等距离的共主。在意大利城市国家那里,我们反复看到那些可以在雅典帝国的创立中看到的困难,在一种更大的规模上,罗马帝国的创建也有同样的困难。城邦似乎无法将自身的制度扩展成一套全国的代表制。除威尼斯以外,这些困难均是以在城市里演化出了执政团(signoria)而告结束,执政团最终享有类似于托斯卡纳、费拉拉、米兰等较大领土的世袭绝对君王的地位。

(七) 汉　　萨

在波罗的海地区的特殊条件下,汉萨同盟(Hanseatic League)发展为一个[225]贸易保护的市镇组织。[1] 在那里,已经不存在征服和组织领土的问题;这种联盟的作用在于贸易特权的互相保护、获得和垄断性占有。汉萨令我们感兴趣,恰恰是因为它没有进行组织领土和人民的努力,在这个案例中,该同盟相当大的政治权力,有时甚至是军事力量,唯服务于明确的经济利益;至善社会观念压根就没有进入汉萨的政治概念。

我们必须很好地理解汉萨政治的这种局部的、单面的性质——若从政治体的创建来考虑,它是毫无成果的。这个巨大而重要的德意志社会区段,其数世纪的政治首创精神建立了一

---

① 关于汉萨同盟,参见 A. Weiner:《汉萨同盟》(The Hansa),《剑桥中世纪史》,前揭,第 7 卷,第 8 章。

系列制度，这些制度对市镇的繁荣极为有利，对德意志民族的政治连属化却几乎毫无影响。汉萨的繁荣令人印象深刻，当对其有限目标有利的时机逝去以后，它却结不出一个果实：它逐渐枯萎了，而单个的市镇不断被整合进领土性的诸侯国。以西部的民族王国所提供的制度发展标准来看，我们不得不说，14 世纪定型下来的德意志特殊主义是政治组织化的障碍，这种障碍不得不以多次大震荡来克服，而同一个时期的汉萨繁荣，实乃政治上的死路一条。在一片新获得的殖民地区条件下，汉萨是一种恰当的、或许还是必不可少的政治保护体制；以后殖民的民族发展视角来看，它却是导致后来数百年中民族性制度之缺乏足够历史动力的因素之一。尽管该同盟范围广泛，它却没有创建出可以超越单一市镇范围的民族政治行为模式。为了抵制 19 世纪及其后那些对德国问题的主观的、纯属臆想的解释，这一点怎么强调也不为过；拿德国人的“民族性格”说事的解释，跟拿英国人的“民族性格”说事的解释一样，都是贪图便宜的做法，忽略了长时段的制度[226]生长对于政治模式之确立的重要性。后来德意志的诸多难题，已经由 13 和 14 两个关键世纪的事件明确地决定了——这些事件包括：(1)历次空位期使皇室整合事业成为泡影；(2)紧接着空位期，众多领土性公国的兴起为民族国家层面上的政治连属化设置了障碍；(3)因为东方的殖民活动付出了巨大的军事开支，不然这些开支是可以用来建立王国的内部秩序的；(4)诸市镇的政治能量转向了那个短命的同盟。

汉萨同盟的有限目标乃是它组织松散的原因。过去的仔细研究表明，大约有 160 个市镇曾加入汉萨同盟，但要说明在任何一个特定的时间点上，汉萨真正有多少成员，它们是哪些市镇，却是不可能的。此外，汉萨同盟没有明确的起始点，并结束于 1350—1450 年，其最大的用数字表达的力量或许是 1450 年之后达到的,尽管它的衰落早已开始。

在汉萨的演化中,我们可以区别出两个阶段。值得注意的是,汉萨一开始根本不是一个城市同盟,而是国外贸易区的一个德意志商人联盟。12 世纪中叶之后,我们看到德意志商人在哥特兰岛获得了自治,在伦敦取得了集体防卫。1200 年之前,在诺夫哥罗德的代理处已经建立;分支设在普斯科夫、波洛茨克、维捷布斯克和斯摩棱斯克。13 世纪中叶之前,维斯比、诺夫哥罗德、伦敦、布鲁日、卑尔根已成为重要的联盟中心。联盟支配下的最有效的政治武器是贸易联合行动。这种联盟何时过渡为一个城市联盟已无法确知。一般认为在 1241 年,由于汉堡与吕贝克之间联盟,汉萨同盟正式开始。但 1241 年的联盟是两个城市的商贾(mercatores)间的联盟,而不是诸城市(civitates)本身的联盟。直到 14 世纪中叶之后,在与佛兰德作战之际,相关文书里城市才头一次取代商贾。这个同盟的内部分支在 1347 年的布鲁日代理处规章中变得清晰可见。规章确认了三个分区:吕贝克领导下的文德和萨克森[227]诸市镇;威斯特伐里亚—普鲁士团体与科隆;哥特兰—利夫兰诸市镇加维斯比。这个同盟的中央机构并没有充分地发展出来。自 14 世纪中叶之后,开始有全汉萨同盟会议的开会记录,商务议程由各地区委员会预先讨论;吕贝克市担任主席,主要是作为同盟的执行者。在与丹麦作战之后,这个同盟到达了它的顶点;1370 年的《施特拉尔松条约》(*Treaty of Stralsund*)授予同盟对斯堪尼亚的渔业、海湾关税和诸要塞的控制,丹麦方面承认,丹麦的王位继承人必须为同盟所接受而且认可同盟的特权,否则不得登基。随着波罗的海地区各领土性国家的巩固,汉萨同盟开始衰落:立陶宛和波兰于 1386 年统一,斯堪的纳维亚诸国于 1397 年加入卡尔马联盟(Union of Kalmar)。汉萨同盟的国际地位下降后,紧接着就是内部的解体，因为汉萨无法将那些从事农业的内陆地区组织起来。当领土性公国开始认真维护对其领土内的市镇的管辖权时，它们就会迫使这些市镇纷纷退出同盟。在15世纪后半期，由于勃兰登堡和萨克森的退出，汉萨同盟实际上已经瓦解。随着贸易的主要路线向大西洋转移，同威尼斯一样，其经济上的支配性地位丧失了。避免这个结局的唯一可能是，汉萨同盟超越其经济政策，将低地德意志的内陆农村地区建设成一个它所控制的领土性强国，通过兼并"低地"而获得通往大西洋的出海口。这种发展从军事上讲并非不可能，汉萨同盟在与丹麦的战争中展示出的可观的军事力量就是证明。

（八）西南德意志诸同盟

汉萨同盟未进行领土性的组织化过程，还能获得相当的势力，历时那么长久，是因为波罗的海地区的殖民地性质，以及那些首先削弱、最后结束了该同盟的领土性国家的发展推迟了。在德意志西部和南部，诸城市同盟只形成[228]一个短暂的高潮，既而在与诸侯的斗争中迅速崩溃。西南德意志诸同盟是13世纪"大空位期"的产物。自1247年起，莱茵和摩泽尔地区出现了城市之间的一些同盟，14世纪，斯瓦本和巴伐利亚的城市开始缔结许多同盟，这些同盟的目的在于保护商业和交通要道，抵制诸侯侵犯。1356年的《金玺诏书》是个转折点，诏书的有关规定，即禁止将管辖权扩展到非当地居住者，使任何以城市为中心发起的领土性组织都成为非法。在接下来几十年里，市镇和诸侯各执一端，使这个问题只能以武力解决。在14世纪70年代，大斯瓦本同盟和莱茵同盟成立。为了制止这一发展，"诸侯同盟"于1383年成立。1386年，市镇同盟进一步与伯尔尼、苏黎世、楚格和索勒尔这几个瑞士市镇结盟。双方战争开始后,市镇的联盟没有维持下去。瑞士地区是最早受攻击的目标,1386 年,瑞士人不得不在森帕赫孤军作战,却仍然取得了胜利。没有瑞士人的支援,斯瓦本同盟和莱茵同盟分别于 1386 年和 1388 年被打败。1389 年,皇帝解散了各个同盟,在接下来几百年里,诸市镇逐渐步入了为诸侯领地所吞并的末路。

(九)瑞士联邦

瑞士是西南德意志诸同盟中唯一获得成功的同盟。成功的原因在于瑞士地区的独特政治机制。在威尼斯案例中,城市在组织领土的过程中握有政治主动权;在勃艮第案例中,封建领主掌握主动权,将那片市镇地区组织成一个王国;在瑞士案例中,既不是某个城市,也不是某个封建领主,而是农村地区的农民公社握有政治主动权。联邦的核心由"乌里、施维茨、下瓦尔登三个森林州"组成。这些州原来是斯瓦本公国的组成部分,但是在 13 世纪的"大空位期",乌里和施维茨设法从弗里德里希二世那里取得了帝国直辖地声明。它们与封建势力的冲突发端于哈布斯堡王朝的鲁道夫为了其家族利益而试图恢复斯瓦本公国在[229]这些瑞士领地的完全管辖权之际。然而,身为皇帝的劳碌使他没有对降服这几州的事业予以充分的关注,其继承人拿骚的阿道夫(Adolf of Nassau)恢复了施维茨和乌里在帝国中作为皇室土地承租人的地位。1309 年,下瓦尔登从卢森堡的亨利(Henry of Luxemburg)手里取得了同样的地位。这些有皇室土地承租人地位的农民公社联合而成的"领土",能够与市镇一道组成一个联邦。1322 年,卢塞恩入盟;1351 年,苏黎世入盟。与苏黎世的条约成为后来吸收联邦成员的标准,而且在 1848 年新宪法将美国的联邦制经验融入瑞士的制度安排之前,一直是瑞士人心目中联邦概念的标准。1351 年的盟约规定了互相保护、地方自治、联邦的有限管辖权、仲裁法庭以及一个委员会。至 1353 年，格拉鲁斯、楚格和伯尔尼都已加入，八“老”州的联邦得以彻底建立。1370 年的《牧师宪章》(*Priest's Charter*)显示了联盟政治情绪的迅速兴起，宪章规定了一套效忠誓言，在联邦领土内每个居民效忠于联邦本身，从而确立了联邦与个人之间的直接效忠关系。联邦后来的发展绝非一帆风顺，其详情是政治史的内容。与本项研究相干的是那种适合于城市的内地问题解决方案。诸城市州没有必要征服农村领土，而是可以通过联邦制来获得食物补给的便利与极有战斗力的农民步兵团的军事力量。脱离哈布斯堡皇室和勃艮第王室而独立，危险巨大而持续时间长，使得市镇与乡村之间放弃常常是不可避免且无比强烈的对立和争竞，采取和睦相处这一更明智做法。“三森林州”的军事实力和政治主动权在很大程度上冲淡了它们的自卑感，与城市贵族相比，农村公社较少的处事经验以及在外交政治场合中的举止，是会导致自卑感的。一种独特的巧合以及多因素的互动，促成了市镇问题的这个联邦制解决方案。

（十）市镇的内部结构

市镇的内部结构，这个题目太大，不可能在这里加以充分地探讨，请读者参考[230]有关专著。[①] 我们将只涉及意大利城市

① 参见 M. V. Clarke:《中世纪的城市国家:论中世纪晚期的僭政和联邦》(*The Medieval City-State*: *An Essay on Tyranny and Federation in the Later Middle Ages*, London, 1926; rpt. Oxford: Oxford University Press, 1964)。这本书中对诸多问题有精彩概述，书中还附有到当时为止的庞大的阅读书目。有关意大利，后来一些有用的研究文献有：Romolo Craggese:《意大利，1313—1414 年》(Italy, 1313—1414)，《剑桥中世纪史》，前揭，第 7 卷，第 2 章；Cecilia (转下页)

国家政治的一两个问题，就是在市镇层面上的领土性国家的政治问题之前就先发生的问题。在这方面，意大利市镇比德意志市镇令人更感兴趣，因为它们有一种更加充分的、非常类似于英法两国在民族政制演化时期的社会分层化。市镇社会的核心部分是膏腴之民（popolo grasso）和细民（popolo minuto）：商人、银行家、实业家构成的上层和手工劳动者构成的下层。除了这个核心部分之外——这在德意志城市也很典型——意大利的结构因为贵族（grandi）和工业无产阶级的出现而变得复杂，贵族在德意志城市里尚不存在，而且在德意志市镇里，小手工业占据支配地位，工业无产阶级也没有发展到意大利城市的水平。意大利市镇出现了数百年后工业化了的欧洲民族国家里的全部阶层——贵族、高等资产阶级、低等中产阶级、无产阶级。

上等阶级之分化为贵族和资产阶级，是意大利城市剧烈派系斗争的主因。封建主义和资本主义两种文明类型一再发生冲突，两个团体都想在低等阶级的帮助下确保自身的政治统治地位。这些条件下的典型宪政发展，首先是以平民（popolani）来压制贵族（grandi）。1293 年佛罗伦萨的《公正法令》（*Ordinances of Justice*）标志着这种状态。法令规定，非行会会员不得进入市政府，非实际从事职业者不得成为行会会员。接下来的派系斗争的典型结局是共同体精神的削弱。该城市的人民

（接上页注①）Mary Ady：《佛罗伦萨与北意大利，1414－1492 年》（Florence and North Italy，1414－1492），《剑桥中世纪史》，前揭，第 8 卷，第 6 章。最近的研究包括 Henri Pirenne：《中世纪的城市：它们的起源以及贸易的复兴》（*Medieval Cities：Their Origins and the Renewal of Trade*，trans. Frank D. Halsey，Princeton：Princeton University Press，1969）；John K. Hyde：《中世纪意大利的社会和政治：市民生活的演变，1000－1350 年》（*Society and Politics in Medieval Italy：The Evolution of Civil Life，1000－1350*，New York：St. Martins，1973）；以及斯金纳：《现代政治思想的基础》，前揭，第 1 卷。

在整体上是一个公社，[231]每个人却属于不同协会（平民行会[arti of the popolani]、贵族结盟[consorterie of the grandi]），在协会之间争权夺利的斗争中，公共官员丧失了他们对全体人民的代表性价值，沦为某个时刻的在职者手里的技术性权力工具。

其次，市镇缺乏类似于作为王国之代表的国王这样的整合性制度，而派系的联合，最终证明是没有办法产生出一个能平衡诸派系特殊利益的代表型行政机关的。凌驾于党派冲突之上的执政团（signoria）的兴起——对于有效地处理日常事务，执政团是必要的——摧毁了自治政府，开创了绝对统治。这种情况或许可以通过以下事例得到最佳证明：14 世纪上半叶，佛罗伦萨发现自己有必要听任封建诸侯当暂时性的僭主（signori），以便开展军事行动：臣服于那不勒斯国王罗伯特（Robert）是为了与亨利七世的战役，臣服于卡拉布里亚公爵是为了与托斯卡纳的皇帝党（Ghibellines）的战役，臣服于雅典公爵布里安的沃尔特（Walter of Brienne）是为了与比萨的战役。

市镇政治的第三个发人深省的特征是，无产阶级没有赢得对政府的持久影响。当共同体的存在在经济上依赖于占统治地位的商人和银行家的国际联系和商业知识时，无产阶级要从政治上主宰市镇乃是不可能的，因为单是商业阶级的消极抵抗就可以很快把工人们置于一种无法维持的处境。1378 年佛罗伦萨的梳毛工起义（ciompi）所取得的民主成果，1382 年便被彻底摧毁。

对这些特征的考察表明，在宪政演化过程中，民族王国的代表型王权具有不可估量的重要性。如果没有国王的整合工作，单凭公社并不具有足够的凝聚力，能够在一个工商业社会的经济分层化充分形成之际就将多种派系利益收束于一个运转自如的政治单元中。另一方面，执政团的兴起以及它对公民首创精神的窒息作用，清楚地表明绝对统治对共同体经济发展的抑制性后果，在阿尔卑斯山以北的绝对王权君主制王国里，这种窒息作用也出现了。英国是这种统治的唯一例外，原因如我们在以前的章节中所示，把这个民族连属为王国内的诸集团的过程非常有力，足以平衡并最终克服[232]都铎君主制的绝对主义影响。一个公社分解为众多特殊主义的协会，这些协会中又没有一个能够赋予统治制度以代表性的权威，是最近才在民族国家层面上、随着立宪君主制之代表性价值的消逝而出现的问题——在德意志、法国、意大利和西班牙，这个问题都出现了。英国又是唯一的例外，因为统治性寡头群体的政治格局及其创立的执行机关类型，维护了政府的代表性价值没有被多次大陆型的革命摧毁掉。

（十一）威尼斯政制

在意大利的城市国家中，威尼斯具有特殊地位，比得上英国在众多民族国家中的特殊地位。威尼斯政制的平衡和稳定，这是在数百年中欧洲的奇迹，①是以幸运地缺失了那些导致其他市镇之不稳定的因素为条件的。由于地处意大利外围，威尼斯得以远离教宗党与皇帝党的毁灭性斗争，这种斗争使其他城市四分五裂。此外，它从未迫使来自乡村（contado）的贵族在城里居住，因此也没有贵族问题。最后，威尼斯的经济结构严

① 讨论威尼斯政制的文献相当多，最重要的论著是 Gasparo Contarini 的 *De magistratibus et republica Venetorum*。Contarini 在世时间为 1484 年—1542 年；英文版：《威尼斯共和国及其政府》(*The Commonwealth and Government of Venice*, trans. Lewes Lewkenor, New York: De Capo Press, 1969)；William J. Bouwsma:《威尼斯与共和主义自由的捍卫》(*Venice and the Defense of Republican Liberty*, Berkeley: University of California Press, 1968)。

重向商业倾斜，使手工业界和工业界无法获得足以消解商业寡头政治之同质性的社会相干性。对威尼斯而言，正如对英国而言一样，政治格局的简单，是它之所以伟大的本源所在。1172年的灾难之后——这场灾难是由人民的感情用事的决策和总督的草率反应造成的——威尼斯政制开始离弃它原来的平民大会。一个由480位领袖公民构成的议会于1172年成立，领袖公民从六区（sestieri）选出，任期一年，负责买卖业务的处理；总督受六大顾问的限制，而且必须举行总督宣誓（promissione ducale）。1297年，这一政制开始呈现出其最终形式。大议会固定由大约1500名世袭[233]议员组成，主要承担选举职能。立法权授予由120名大议会成员以及重要官员所组成的元老院。设四十人委员会，负责处理司法事务。执行机关是委员会（Collegio），由总督和26名部长组成，负责在元老院中提出法案和执行法律。1310年增设十人委员会，是由寡头领袖组成的最高监督机构。与其说这种政制是人民政制，毋宁说是一种寡头自治。

四　里恩佐

（一）问题的提出

次帝国政治的一个复杂问题是由罗马公社提出的。罗马的内部结构与意大利其他城市没有实质性的差异，1347年的里恩佐起义从表面上看是一次典型的平民反对贵族的起义，里恩佐（Cola di Rienzo）承担了一个僭主（signore）的职能。这次起义的其他特点是罗马特有的，比如说恢复罗马古制，为反对教会而革新唯灵论。不过，这些特征虽然在意大利其他城市里并不典型，在罗马却算不上什么新鲜事物：早在两个世纪之前，在布雷西亚的阿诺尔德(Arnold of Brescia)公社里就显示了这些特征。然而里恩佐起义仍有某些不同寻常的东西。在《佛罗伦萨史》(*Florentine Histories*)里，马基雅维利谈到了里恩佐起义给当时人们的印象，这种印象非常强烈，不仅附近的市镇，甚至整个意大利都纷纷派使节前来晋谒，欧洲其他国家“看到罗马已经再生”(vedendo come Roma era rinata)，也都惊讶地抬起头来(1.31)。在这个段落里，renaissance[复兴]一词首次和一个政治事件连用。鉴于 ordo renascendi[复兴秩序]在马基雅维利思想中的核心作用，这个词的使用只能意味着，马基雅维利承认里恩佐是“一个意大利”观念的先驱，这也是马基雅维利的观念——意大利将回到她的 principii[开端]，摆脱外国僭主支配，在众多民族中重新扮演领导角色。

马基雅维利感觉到里恩佐的外表下有某种新东西，其解释实质上是正确的，比那种更晚近的、把这位保民官视为一个梦想家、一个[234]浪漫派和一个保守派的观点更可取。在里恩佐案例中，我们遇到一个类似于在但丁案例中的问题：其符号世界是中世纪的，那些情绪却驶向未来。不过，由于里恩佐不是跟但丁一样重要的人物，他的面目和他的作品直到最近才得到应有的重视，这种重视的结果在某种程度上还是未知数。纵然有布尔达赫(Konrad Burdach)的杰出作品，里恩佐的人物形象仍不是很清楚。在最近的文献里，人们的注意力过于集中在他在作品里所运用的丰富的符号上面，它们已被置于文艺复兴时期的符号话语的历史脉络里来考察了。如今，里恩佐的面目和观念被一座繁琐的知识大山覆盖着，这座大山亟需更彻底、更精确的清理。因此在这里，我们将回到里恩佐的书信本身，希望能够基于其自我陈述及回想性的自我解释，给出其政治观的一幅图画。[①]

（二）致意大利各城市的书信

里恩佐政变发生于 1347 年五旬节。在成功地夺取政权后，

① 公认的权威论著为 Konrad Burdach:《里恩佐及其时代的精神变革》(*Rienzo und die geistige Wandlung seiner Zeit*, Berlin: Weidmann, 1913－1928[译注]原文误作 1938)。对 Burdach 作品的批评，参见 Karl Borinski:《中世纪的政治象征及其复兴》(Politische symbolik des mittelalters und werden der renaissance),《德语语文学期刊》第 48 期(*Zeitschrift für Deutsche Philologie* 48[1919])第 459－475 页。此外，请参考 Konrad Burdach 的两篇论文《"文艺复兴"和"宗教改革"二词的意义与起源》(Sinn und Ursprung der Worte Renaissance und Reformation, 1910)和《论人文主义的起源》(Ueber den Ursprung des Humanismus, 1913)，俱重印于《宗教改革、文艺复兴、人文主义》(*Re formation, Renaissance, Humanismus*, Berlin and Leipzig: Paetel, 1926)；Karl Borinski:《新时代的世界轮回观念，I:关于文艺复兴和历史概念"文艺复兴"与"中世纪"的发生史的争论》(Die Weltwiedergeburtsidee in den neueren Zeiten, I: Der Streit um die Renaissance und die Entstehungsgeschichte der historischen Beziehungsbegriffe Renaissance und Mittelalter)，载《拜仁科学院文史哲学部学术会议报告》(Sitzungsberichte der Bayerischen Akademie der Wissenschaften, philosophische-philologische-historische Klasse, Munich, 1919)；Karl Brandi:《里恩佐及其与文艺复兴和人文主义的关系》(Cola die Rienzo und sein Verhaltnis zu Renaissance und Humanismus)，载《瓦尔堡图书馆学术报告，1925－1926》(Bibliothek Warburg, Vorträge, 1925－1926, Leipzig, 1928)；Paul Piur:《里恩佐的生平与思想》(*Cold di Rienzo: Darstellung seiner Lebens und seines Geistes*, Vienna, 1931)；以及《作为意大利思想复兴之基础的世界末日期待和世界重生信念》(Weltuntergangserwartung und Welterneuerungsglaube als Grundlage der Geistigen Neugeburt Italiens)，载于 Paul Piur:《彼特拉克的"无名之书"和罗马教廷：早期文艺复兴论稿》(*Petrarcas "Buch ohne Namen" und die Päpstische Kurie: Ein Beitrag zur Geschichte der Frührenaissance*, Halle, 1925)。本文所用的资料来源于《里恩佐书札》(*Epistolario di Cola di Rienzo*), a cura di Annibale Gabrielli, Fonti per la Storia d'Italia, Rome, 1890;《里恩佐的通信》载于《从中世纪到宗教改革》(*Briefwechsel des Cola di Rienzo, in ed. Konrad Burdach and Paul Piur, vom Mittelalter zur Reformation*, II. 3, Berlin, 1912)。当代人写的里恩佐传记，见《里恩佐传》(*The Life of Cola di Rienzo*, trans. And intro. John Wright, Toronto: University of Toronto Press, 1975)；又见 Victor Fleischer:《里恩佐：一个独裁者的浮沉录》(*Rienzo: The Rise and Fall of a Dictator*, London: Aiglon Press, 1948)。

这位保民官立即致书意大利各城市，请它们武装好士兵，参与解放意大利的战争，派遣使节[235]来参加他在 8 月 1 日举办的会议，每个城市举荐一名法官，他将委派他们去参加审判委员会（consistorium）。这些书信中的第一封，就是 5 月 24 日那封，是致维泰博公社的，信里已包含了反映其政治观的主要表述（《书札》[*Epistolario*]第二，第 5 页以下）。诸市镇或许会欣喜不已，因为他向它们宣布了圣灵的礼物，耶稣在这个五旬节选择了这个礼物"赐予罗马人民，赐予你们，赐予我们一切虔诚的民族，就是构成我们成员的民族"。罗马被设想为意大利之首，其他城市是 corpus mysticum[神秘体]的组成部分；神秘体的范畴被转换成罗马，不是教宗或异教徒的罗马，而是一种新神意安排下的罗马，它将随着圣灵降临该城及其人民头上而出现，就像第一个基督教共同体是由圣灵在第一个降临节创建一样。这里有一个暗示，在新秩序之下，权力将集中在凯撒—教宗手里，因为保民官自称 Nicolaus severus et clemens[庄严而仁慈的尼科洛]，severus 暗示属世权力，clemens 暗示属灵权力。[①] 此外，这里还有 lex regia[王位法]的传统，因为圣灵的降临把"统一与和睦"归还给罗马人民，鼓励罗马人民把"在'罗马城'和'罗马省'内改善和维持和平的充分的、不受约束的权力和权威"移交给里恩佐。

后来几个星期的书信，多少详述和澄清了这些最早的表述。致其他市镇的信件跟致维泰博的信在内容上其实是相同的。但致佛罗伦萨的一封信却表明意在重起炉灶的打算（《书札》第四，第 12 页以下）。致佛罗伦萨的第二封信（《书札》第七，第 19 页

---

① clemens 的属灵意味因里恩佐提到 auctore clementissimo domino nostro Iesu Christo[以最仁慈的领袖、主耶稣基督]而加重。

以下）删掉了 provincia Romana[罗马省]的说法，代之以 sacra Italia[神圣意大利]，此后经常使用这个表述。7 月 8 日致教宗克雷芒六世的信中谈到这个政权具有出自圣灵的“渊源和地位”，并且补充说，罗马人民不臣属于任何人，只臣属于上帝、教会和教宗；此外，它还是第一封署明日期为“解放后共和国元年”的信件（《书札》第八，第 20 页以下）。7 月 9 日致曼图亚一书扩大了罗马的领导职责，它不仅是意大利的领导，[236]而且是“orbis terrarum[寰宇]一切城市”的领导，而且它宣布保民官将在 8 月 1 日被罗马和意大利其他城市的 syndici[代表团]擢升为“圣灵骑士”（《书札》第九，第 27 页以下）。

（三）保民官奥古斯都

8 月 1 日的擢升和加冕仪式充满了许多象征性的举动。对它们的解释以及它们在文艺复兴的符号话语脉络上的地位，我们请读者参考前面引用过的文献，尤其参考布尔达赫的论著。我们将只论及里恩佐的那次沐浴，沐浴地点选在圣约翰洗礼堂的紫岩泉中——君士坦丁大帝曾在此处受洗过，因为在一份典礼文书中，这种沐浴明显表示新权威的来源（《对皇帝的诏令》，《书札》第十七，第 48 页以下）。为了表示一位罗马皇帝的基督教信仰之改革与更新，在君士坦丁的泉水中沐浴，乃是从比喻的意义上重复君士坦丁大帝的净化和灵魂改造。里恩佐以对圣母、罗马教会、他至高的主和教宗的敬意，为了圣城罗马、神圣意大利和整个信众共同体的繁荣，接受了圣灵骑士爵位。典礼日子定在 8 月（August）第一天，所受封号是 tribunus Augustus [保民官奥古斯都]，更进一步强调了一种凌驾于整个基督教人类的属灵权力的革兴。

以属灵的奥古斯都的角色，里恩佐在同一天向两位德意志皇帝和诸选侯发布了他的诏令(《书札》第十七,第 48 页以下)。这些诏令规定了三个问题:(1)罗马人民恢复对他们曾经拥有的寰宇的完整权力、权威和权限,所有在损及罗马权威和权限的情况下被授予的特权都属无效;(2)罗马城是寰宇之首和基督教信仰的根据地,意大利所有城市都是自由的,这些城市的人民和单个公民获得罗马公民权以及享有罗马人的一切特权;(3)罗马皇帝的选举,以及神圣帝国的管辖权和君主,由罗马及其人民来决定;两个皇帝("巴伐利亚人"路易和查理四世)、诸选侯以及其他一切诸侯受召在罗马过下一个五旬节,以从里恩佐那里听取[237]关于新帝国秩序的决定。最后,9 月 19 日的一封信晓谕佛罗伦萨公社,皇帝的选举此后将由意大利人民负责,显示出里恩佐欲在下一个五旬节选举 aliquem Italicum[某个意大利人]当皇帝的打算。

(四) 民族情绪和帝国情绪

里恩佐的政治观不无自相矛盾之处,在 1347 年 5 月至 9 月这段时间里,它明显经历了一次演变;对之进行解释的困难也因他后来的辩解之辞而增加,这些辩解之辞暗示,并非他所有的话都可以当真,有些话是别有用心的。尽管如此,罗马国的革旧复新(《致维泰博书》,5 月 24 日)是一个明显的情绪基点。神圣意大利在此观念中处于中心地位;她的解放和统一是主要目标所在。围绕这一中心的那些符号却并非协调一致。圣灵的新安排在原则上应该是一个属灵加属世的王国,但里恩佐在每个场合都极为谨慎地强调他对教会和教宗的忠诚。神圣意大利是新的神秘体;但另一方面,罗马将恢复她作为整个基督教世界之首的地位。再者,那份诏令的分量被里恩佐后来给布拉格大主教的备忘录的声明削弱了,他说他当然从不相信两位德意志皇帝和诸侯会到罗马来接受他的命令，但他希望他可以诱使意大利的僭主们出现在这次宗教会议上，当他一股脑儿控制了他们后，他或有机会将那些狼“对着太阳在一天之内统统”绞杀。① 此外，如果我们考虑到里恩佐在同一份备忘录中的全盘告解说，他行事因形势之需而有时胡闹，有时庄严，有时热烈，有时犹豫，有时单纯，有时老谋深算，他的目的只有一个，那就是“革除分裂之弊，争取[238]人民统一”——他的整个符号话语看上去多少有点暧昧不清。② 里恩佐似乎也像但丁在其《书信集》中之所为一样，偶尔沉溺于用符号来玩的知识人戏法。这种戏法不过是前进了一步——从宣言书的语境走向政治行动的语境。③ 所以，更有必要强调在里恩佐早期政治活动中无疑存在的一种情绪，在一个复兴和统一的意大利——意大利将通过圣灵选中的工具里恩佐而得到新生——之观念中所表达的那种情绪。

里恩佐的告解表明，他并非全然是个梦想家和浪漫派，相反，他性格中有一种表演者和政治术士的气质，对他而言，符号不过是实现计划的手段。尽管如此，这一告解仍在一定程度上否定了自身。我们不知道在何种程度上，这一告解本身就是一

---

① *Verus tribuni libellus contra scismata et errores scriptus ad archepiscopum Pragensem*，1350 年 8 月，《书札》no. 35，第 154 页：“因此虔诚地希望最正义的上帝为他的整个羊群获得自由而感到喜悦，许多狼像奔向陷阱一样奔向这普遍正义之地，我会把它们对着太阳在一天之内统统绞杀。”

② 同上，第 155 页：“不过我承认，就像一个心中燃烧着熊熊烈火的醉汉，为了抛弃分裂的错误并使人民结成一体，我常常使自己表现得时而愚蠢、时而做作、时而严肃、时而迟钝、时而敏锐、时而热切、时而恐惧，为了我所提到的那个仁慈的目的，让自己变成一个伪装者。”

③ [译注]... from the context of manifestos to the context of political action. 大意是，以前但丁只是在文学著作的语境中耍符号戏法，比如时而自称“意大利人”，时而自称“佛罗伦萨人”，时而自称“无辜的流亡者”等。里恩佐已在现实政治的语境中耍这种戏法，时而表现得像个凯撒－教宗，时而自命为“保民官奥古斯都”，时而又说自己是“皇帝的仆佣”等。

出好戏，为的是让大主教和皇帝相信里恩佐的新政治制度的诚意。我们可以相信他所说的，对共和国的热爱而不是对帝国的热爱，激励他从事正义改革(《致查理四世书》，1350 年 7 月，《书札》第三十，第 96 页)，我们却不能就此以为，那场充斥着帝国符号的活动只不过是一场政治秀。我们倒应当承认，在帝国区里，将神秘体观念转到民族身体上的做法，并不能顺顺当当地生效。在意大利和德意志，民族神秘体的观念负载着罗马和德意志这两个帝国传统的重负。在这些地方，精神革兴的经验常常显示出一种欲在此革兴中囊括整个欧洲的倾向。由于这一倾向是普世基督教观念的一种沉渣，它在西欧各民族中当然也存在。我们在法国人和盎格鲁－萨克逊人身上同样可以看到它的存在，前者认为法国文明的价值放诸四海皆准，后者[239]则深信在英国和美国的十分特殊的条件下演化出来的政治制度放诸四海皆准。

在动力机制方面，西欧与帝国区却有一个差异。在西欧，帝国情绪和使命意识叠置于一种分裂主义的民族情绪上，而这种民族情绪基本上是站在传统帝国构造的对立面；而在意大利和德意志，帝国情绪一直存活下来，与中世纪的帝国观念一脉相承。因此，帝国区的政治思想家通常并不反对使用帝国的符号话语表达他们的情绪；这种使用很容易诱使人们以为，此处说的这位思想家是个“浪漫派”、“保守派”或“反动派”。我们在对比迪布瓦为欧洲组织所设计的法国霸权计划与但丁的帝国概念时就已注意到这个问题。这些表象会将人引入歧途。我们必须将西欧民族与意大利、德意志诸民族之间的这种动力机制差异作为一个事实接受下来。随着 14 世纪开始，意大利和德意志中的帝国符号话语基本上已经不能再以中世纪的意义来理解；它开始扮演从属于民族情绪的角色。前面所征引的里恩佐的表述——对共和国的热爱而不是对帝国的热爱激励了他——是对此关系的最精确表达。

（五）小兄弟会的使者

我们研究里恩佐的第二个政治阶段，也就是研究他在罗马的统治垮台后的阶段时，我们心里必须有上述考虑。1348 年，他退隐到阿布鲁齐的小兄弟会（the Fraticelli）中。两年后，1350 年，他出现在布拉格查理四世的宫廷里。他给这位皇帝和布拉格大主教埃内斯特（Ernest）的长篇备忘录是研究他退出和重返政治舞台之动机的资料来源。在这些备忘录里，里恩佐透露，他是一个服膺菲奥雷的约阿希姆和方济各会属灵派传统的神秘主义者。他的经历和观念之陈述不成体系，许多文件显示出相互抵牾的变异成分；但恰恰是这个冲突成分的集合体，使我们有可能洞察当时的危机，后中世纪的个人心态[240]与后帝国的共同体观念因这种危机而出现了。我们在以下陈述中不拟依照这些备忘录的时间顺序，这与我们在讨论的问题几乎毫不相干，而是要把它们系统地编排。

第一，首先应该考虑那个关于意大利和帝国的新政治计划。① 里恩佐仍然是圣灵选中的工具，但他的帝国理想破灭了。他报告了这一破灭过程的清楚故事。在他升为保民官的时候，他曾经自比基督：基督 33 岁升至其权力的顶峰，他也 33 岁升至保民官。有一名修士无意中听到了这个话，预言这种狂妄必招来可怕的后果。他给这个预言搅得心神不宁，致使他犯了一个令他垮台的错误。他当时决心退隐到小兄弟会中，为那 33 岁的亵渎，忏悔 33 个月。1350 年 9 月 15 日他就可以重返政治生

① 《书札》，前揭，no. 35，第 158—166 页。

活,在基督的帮助下实现帝国计划。不过他在退隐期间得到了一个启示,迫使他放弃这个雄心勃勃的计划,把自己交到皇帝手里,作为皇帝的单纯工具(operarius et mercenarius Cesaris[皇帝的仆佣])来从事意大利的解放和统一事业。里恩佐别无他求,只希望得到皇帝的准许和命令去彻底平定意大利;一旦这项事业得以完成,他将把 totam Italiam obsequentem Casari et pacificam[服从皇帝的、和平的全意大利]放手给皇帝。这里的 tota Italia[全意大利]将包括整个半岛,包括威尼斯,但不包括西西里、撒丁岛和科西嘉。这个政治计划如今已明确地缩小为皇帝管辖下的、民族统一的意大利。

第二,即便是经过了瘦身,里恩佐的计划也并非简单地设想以军事征服意大利,以武力来实现意大利的服从。意大利的统一将是圣灵以他的工具里恩佐而进行的事业。圣灵不是通过圣礼教会的渠道,而是通过其他渠道干涉,这个微妙的问题在他的故事里得到了极细致的探讨(《致查理四世书》,1350 年 8 月,《书札》第三十二,第 131 页以下)。他在圣灵将在他身上重新显现的诋毁面前为自己辩护,他从来没有主张过,一个新圣灵[241]会像一个新上帝一样来临。这种辩护说明,里恩佐至少认为自称圣灵是罪恶的;他极力为自己洗刷这个嫌疑,但他自己关于 33 岁之事的告解表明,他的某些言论是鼓吹过这个信念的。圣灵的复现如今被说成是对第一次降临的"补充",将光耀和革新整个世界。他提到了 Veni,creator Spiritus[来吧,创造者圣灵]的祈祷,并且问道:如果我们不期待圣灵的降临,这句祈祷还有什么意义?这一降临如今是盼望已久的:"因为每当我们在罪恶中变得冷酷无情和渐渐老去时,我们都需要圣灵的革新。"(第 132 页)对于在罪恶中衰老的世界而言,spiritualis renovatio[圣灵复新]无疑正恰逢其时。约阿希姆的历史哲学是这种概念的基础;奥古斯丁的衰老的世界将因圣灵在地球上的一次复活而被克服;并且通常来讲,不仅这一次,圣灵的复活每一次都是必要的。

第三,尽管个人的因素受到努力克制,[①]但里恩佐还是无法避免对圣灵降临中他自己的角色做出说明和辩解。在致查理四世的第一封信(《书札》第三十)里,他揭示了修士安基洛(Angelo)的预言,安基洛是隐居在阿布鲁齐的一个修士。上帝计划对教会进行全面改革。当前时代的终结,已经在圣方济各对教会的严厉批评中显示出来了。在圣方济各和圣多明我的例子中,教会的毁灭被推迟了;但鉴于教宗之住锡于阿维尼翁的罪恶,毁灭如今又一次即将来临。一些伟大的革命马上就要爆发,终将导致教会恢复到它先前的神圣状态,并把撒拉森人[②]纳入基督教信徒共同体中。一位 vir sanctus[圣徒]将成为这些革命的工具;他将和皇帝一道重整寰宇。他里恩佐将成为在这一事业中辅佐皇帝的"前驱"。借助修士安基洛的预言,里恩佐被免除了对这一事业的个人责任;他更像是个小兄弟会的使者,小兄弟会向他泄露了上帝的计划,打发他执行任务。这个预言的内容实质上是[242]但丁关于在一个"元首"和一个精神领袖之下的全新神意安排的愿景。

第四,致查理四世的第二封书信就不那么谦虚了。[③] 其时代意识跟修士安基洛预言中的相同,但里恩佐这次将预言解释

---

① 为了杜绝怀疑,他甚至将他以前的自我委任重新解释为"圣灵的选择",就这一委任而言,他的意思不是说,圣灵出于对他个人功德的信任而选择了他,而是说,"人民的单元通过圣灵而被创造出来"(《致布拉格大主教书》[*Letter to the Archbishop of Prague*],1350 年 10 月,《书札》,前揭,no. 37,第 183 页以下)。

② [译注]泛指伊斯兰的阿拉伯帝国。

③ 《致查理四世书》(*Letter to Charles IV*),1350 年 8 月:《书札》,前揭,no. 31;对于下文的分析,详见第 107 页以下。

为他目前地位的缘由以及他为什么在某种程度上要退居幕后；他退隐至小兄弟会之前的那次保民官职位授予仪式再次被提到，并成为他之所以在即将到来的时代里拥有“前驱”角色之权威的缘由。上帝难道不想让一个人在圣约翰礼拜堂，在皇家泉水里，接受洗礼，让他被所有民族接纳和期待，以便让皇帝有一位涤除帝国污秽的前驱，像施洗者约翰是基督的前驱一样吗？皇帝本人也已经承认（或许是在与里恩佐的谈话中说的），除非发生神迹，否则帝国不可能被革新。当然了，摇摇欲坠的罗马帝国因一个 per virum pauperem et novum[贫穷、寂寂无闻之人]而得到帮助，就像摇摇欲坠的罗马教会因圣方济各而得到帮助一样，看上去确实像一个奇迹。圣方济各的统治有助于教会，里恩佐的统治将有助于帝国——“因为我相信帝国的革新不应该被排除在圣灵的事业（opus spirituale）之外”（第 108 页）。里恩佐将完成这项由圣方济各所开启的事业。

这些语句极好地显示出帝国区中那些阻碍帝国情绪向民族情绪转型的困难。这一总的背景是由对时代的意识所构成的。旧有的基督教人类单元已在诸空位期以及教宗住锡阿维尼翁期间从制度上遭到了破坏。问题是，会有哪一种 corpus mysticum[神秘体]来代替那个已经瓦解了的一统基督教？在帝国区里，这个问题不可能获得西方民族国家的那种相对简单的分裂主义答案，因为帝国传统的影响太大了。对这个问题的最重要且最全面的解决办法将是，出现一位知来藏往的人物，一位约阿希姆的元首，作为新欧洲的神秘体的首脑。里恩佐对这个观念有所触及，[243]但和教会的冲突使它被搁置起来了；“第三王国”概念和属灵派的 Evangelium Aeternum[永恒福音]概念不可能被严肃地重申。所以圣灵的降临应该是对原来那次降临的一种“补充”，是一种复现，标志着基督教永世里的一个时代。在修士安基洛的预言中，里恩佐仍然玩弄一次大改革这一观念，这次大改革只是因为方济各的干预才被搁置起来。在改革的过程中，教会的权贵将被迫溃逃，教宗将面临人身的威胁，一位 pastor angelicus[天使牧师]将完成改革，建立起“圣灵殿”(《书札》第三十，第 92 页)。里恩佐意识到自己是在继承方济各的事业，相信这项事业只能以帝国的革新来补充，在这种意识和信仰中，与历史现实状况的进一步接近已经达到。他醉心于意大利的民族改革和统一的观念。关键在于，这些情绪和观念既没有形成一个按时间次序排列的序列，也不是一个在体系上和谐的整体。它们同时存在，根据不同情况，它们其中之一会受到更有力的强调。

（六）精神的民族主义和武力统一

里恩佐的计划并未实现。皇帝派他去了阿维尼翁；1352 年，他跟阿尔波诺斯回到意大利，在教廷支持下在罗马重新建立了一个政权；1354 年，他被政敌杀害。这一政治失败曾经遮蔽了里恩佐对意大利民族观念演化的重要性。里恩佐的想法的元素，可以在约阿希姆、方济各会属灵派以及但丁那里找到，方济各唯灵论与神圣意大利的神秘体观念，两者在一种把这个观念转变为现实的政治努力中的联系，却是全新的。这是一个后来还让马基雅维利全神贯注的问题。后一位思想家对于单凭精神的力量就可以革新这个民族已不抱希望，尤其因为他想到了萨伏纳洛拉(Girolamo Savonarola)在佛罗伦萨的失败。统一人民的先知必定是个武装的先知。但马基雅维利毫不怀疑，一个国家不能单靠军事行动创建；为了把成员们熔铸为一体，精神的革新必不可少；那赋予内部凝聚力的“精神”，仍旧是里恩佐心目中的精神。在里恩佐那里，马基雅维利看到了政治复兴在意大利的爆发;在方济各那里,他像在里恩佐那里一样,看到了[244]精神复兴的开始。这个问题对西方民族国家来说是陌生的。在英国,国家的成长是在强大王权的压力下进行的。在帝国区里,诸民族是通过民族精神的生长,以及当这种精神足够成熟时,通过军事行动克服特殊主义的政治割据而获得政治统一的。

第二十二章 公会议运动

一 "大分裂":公会议

(一)"大分裂"

[245]公会议运动是1378—1417年间"大分裂"的直接产物。公会议(General Council)应该在关乎信仰的事务,尤其在反对异端教宗的事务中有权力做出决断,这个观念先前已经由帕多瓦的马西利乌斯和奥卡姆的威廉在教廷与"巴伐利亚人"路易发生冲突期间提出来了,但在当时,这个观念还停留在理论阶段。1378年的选举选出了两个对立的教宗,乌尔班六世与克雷芒七世(Clement VII),意味着教会制度的一个事实上的变化,因为事到如今,各地区的教会不得不发表声明,认可两个教宗之一为教会的合法首领。教宗由枢机主教团选出后,要经过地区圣职者的认可,这一做法不可避免地把一种强烈的立宪论因素引入教会结构。这种情况的革命性质,因民族政治问题而进一步加剧,尽管选出一个法国籍教宗来同一个意大利籍教宗对抗,这件事情并不如人们曾经所想的那样完全是个民族问题。相

反,除了西班牙政府之外,似乎唯有法国政府详细审查了两个对立教宗的权利要求,并达成了一个煞费苦心的决定。[1] 尽管如此,法国对克雷芒七世的认可,必然在民族政治场域中有反响。英国不假思索地认可意大利籍教宗;苏格兰站在法国一边;帝国认可那个意大利人,西班牙政府则认可那个阿维尼翁人。[246] 尽管两个教宗的存在需要由各民族圣职者做出认可,但民族因素使"大分裂"必须由超民族的公会议来克服。

(二) 盖尔恩豪森的康拉德和朗根施太因的亨利

针对"大分裂"的第一波反应是巴黎大学的成员所发表的一些论著,要求召集公会议来处理"大分裂"。巴黎大学对此问题特别感兴趣,因为它是欧洲首屈一指的研究所:如果归属罗马教宗管辖的德意志人和意大利人被迫离去的话,该大学的工作和注册学生就会受到严重的危害。这些论著中最重要的是 1380 年盖尔恩豪森的康拉德(Conrad of Gelnhausen)的《协和信札》(*Epistola Concordiae*)和 1381 年朗根施太因的亨利(Henry of Langenstein)的《和平会议》(*Consilium Pacis*)。[2]

---

① Machiavelli:《论李维》第 3 卷,第 1 章(*Discorsi* III. 1)。关于这个问题,参见 Borinski:《新时代的世界轮回观念》,前揭,第 69 页。

② 盖尔恩豪森的康拉德:《分裂时期公会议之召集论册》(*Tractatus de congregando concilio tempore schismatic*)(《协和信札》[*Epistola Concordiae*]这条简短的标题出现于这本论著的最后部分);文本见 E. Martene 和 U. Durand:《佚苑新珍》第二册(*Thesaurus Novus Anecdotorum*, Paris, 1712, 2: 1200—1226)。朗根施太因的亨利(Henry of Langenstein):《和平会议:论教会之统一与改革》(*Consilium Pacis, de Unione ac Reformatione Ecclesiae*);文本录于《让·热尔松全集》第二册(*Joannis Gersonii Opera Omnia*, Antwerp, 1706, 2: 809—840)。对朗根施太因之论著的节译本载于 M. Spinka 编的《宗教改革的辩护者:从威克里夫到伊拉斯谟》(*Advocates of Reform from Wyclif to Erasmus*, Philadelphia: Westminster, 1953)。在讨论公会议运动的卷帙浩繁的文献中,有代表性的著作如下:Walter Ullman:《大分裂之渊源》(*Origins of* (转下页)

这两位作者有时被视为会议至上论的、宪政的教会政府概念的开创者。鉴于他们最早提出以会议至上的方案来解决当时的危机，这种评判有几分道理，但我们不应该忽略，由于“大分裂”，教会的宪政革命事实上早就发生了。这里所说的两本论著不是要挑起一场革命，毋宁说，它们试图通过设立一个专用于应付特殊形势的会议以作为紧急措施，使形势恢复到正常状态。它们之有趣不在于它们的理论成就，而在于它们在处理两位对立教宗所提出的不寻常问题过程中表现的常识和法理上的敏锐。这个意图在盖尔恩豪森的康拉德那里有明确表述：

> [247]正如为处理一个教省的事务，主教会议得以召开，同样道理，为处理关系全世界的新难题，公会议必须召开。教省里新而危险的情况由教省会议来解决、纠正，使之回复常态……不可不借助一个会议，以应紧急之需。①

这个应急方案，为理论性的论点所支持。ecclesia universalis

(接上页注②)*the Great Schism*, New York: Burns and Oats, 1948); Brian Tierney:《公会议理论的基础》(*Foundations of the Conciliar Theory*, Cambridge: Cambridge University Press, 1955); Anthony Black:《公会议和集团》(*Council and Commune*, London: Burns and Oats, 1979); F. Oakley:《中世纪晚期的自然法、公会议主义与同意》(*Natural Law, Conciliarism, and Consent in the Late Middle Ages*, London: Variorum Reprints, 1984); C. M. D. Crowder:《统一、异端与宗教改革，1378－1460 年：大分裂激起的会议回应》(*Unity, Heresy, and Reform, 1378－1460: The Conciliar Response to the Great Schism*, New York: Edward Arnold, 1977)。

① 盖尔恩豪森的康拉德:《协和信札》，第 1 章第 1207 页。朗根施太因的亨利在其论著的第四章讨论了这个局面的出现。又见亨利在《和平会议》第 15 章第 832 页中提出的准则：会议 casu tali necessitatis[偶然和必然地]直接根据基督的权威行动。

[全体教会]的无谬误性属于信众集体,或他们在公会议中的代表们,而教宗和枢机主教团是可能犯错误的。“福祉(salus)终不可于公教之外求取,却可于教宗和枢机主教团体之外求取。”[①]因此公会议高于教宗,它可以在世俗统治者们的征召下开会,设若教宗没有召集的话。[②] 它可以听取对立教宗们的言论,还可以决定支持他们中之一或另选教宗。[③] 教会在不同时期曾经采用不同办法来选举教宗,因此,通过会议来选举教宗,并不是对一种未中断传统的革命。[④]

(三)《勤政教谕》

解决“大分裂”的紧急措施可以成为教会体制的持久性成分,这个观念缓慢地发展。[248]直到1417年,“大分裂”因马丁五世当选而结束的那一刻,它才在事实上达到了顶峰。1417年10月9日,在康斯坦茨会议第三十九次会议上,《勤政教谕》(*Decretum Frequens*)颁布,公会议转变为一项持久性制度。教

---

① 盖尔恩豪森的康拉德:《协和信札》第1章,第1208页;朗根施太因的亨利:《和平会议》第3章。

② 朗根施太因的亨利:《和平会议》第5至6章。关于这个问题,又见 *Parisiensis, Oxoniensis, Pragensis et Romane Universitatum Epistola de Auctoritate Imperatoris in Schismate Paparum tollendo, et vera ecclesiae libertate adservanda*, 1380;后者是致乌尔班六世教宗和文西斯劳斯皇帝的;文本见 Goldast:《神圣罗马帝国帝政》(*Monarchia S. Romani Imperii*),I:229—232。此外见盖尔恩豪森的康拉德的《协和信札》第3章第1216页;康拉德再次有力地强调了会议的应急性质,n casu necessitatis extremae[若极其必要],会议可以在没有教宗授权的情况下召开。25年之后,这一点仍是一个问题。见 Franciscus de Zabarellis:*De Schismatibus authoritate imperatoris tollendis*, 1406(文本见 Schardius, *De jurisdictione*[Basel, 1566], 688—711):“谁有权力召集会议呢?我的回答是,在往昔是皇帝召集会议。”(第689页)

③ 朗根施太因的亨利:《和平会议》第14章第828页以下。

④ 同上,第826页以下。

谕规定，公会议应当定期召开。第一届会议应于康斯坦茨会议结束之后五年召开；第二届会议应于第一届结束后七年召开；此后，公会议应每十年召开一届。教宗应于每届会议结束的前一个月宣布下一届会议的开会地点；要是他没宣布，指定开会地点的权力移交公会议。这样，公会议召开的时间和地点就永久性地规定下来了。这些规定的意图被明确地表达为，旨在确保"一种连续性，以便无论何时，公会议要么正在召开，要么会按预定计划召开"。[①] 休会期限可以由教宗缩短，但不可延长。设若出现一次新的分裂，在此情况下公会议开会的详细程序规定如下：从正式出现两个教宗那天起至下次会议召开的期限缩短为一年。分裂之日一年之后，所有参与会议的人都在前次会议所指定的地点集合，不需要专门召集。更有一些规定要求新当选的教宗举行公教信仰宣誓礼，并禁止在违背主教们意志的情况下调动他们。最后，《勤政教谕》的改革还应该补充一项，新当选的教宗马丁五世发布的《什一税及外邦教士之赋税教谕》(*De decimis et aliis oneribus ecclesiasticis*)。这份教谕将整个教廷的课税权力限制于紧急状况上，而财政课征一般必须征得各王国和教省的同意。[②]

(四) 唯名论与权限论

《勤政教谕》的规定显示出康斯坦茨会议期间形成的高度自

---

① 《勤政教谕》，载 J. D. Mansi：《神圣会议文书新全集》(*Sacrorum Conciliorum Nova*, et Amplissima Collectio, Venice, 1784)第 27 卷，第 1159—1163 页。文中引用的语句是"ut sic per quamdam continuationen semper aut Concilium vigeat aut per terminipendentiam expectetur"。

② 《康斯坦茨会议第四十三次会议》(*Fortythird Session of the Council of Constance*)，载《神圣会议文书新全集》，前揭，第 1175 页以下。

觉的宪政。[249]再说一次,在"大分裂"开始之际,一场革命在获得正式表达之前事实上就已经发生了。1415 年 4 月 6 日的第五次会议构成了这场革命的背景,通过这次会议,公会议清楚地规定了自身的地位和权威。根据这次会议的法令,公会议的权威直接源于基督;每个人,即便是教宗,在信仰事项上,在消除"大分裂"的事项上,以及在 in capite at membris[作为信众首脑之]教会的改革事项上,都必须服从公会议。①

此种法令根本就没有什么革命性的因素;就权威的来历和"大分裂"的消除而言,这些规定对于确立公会议之权限,不过是必不可少的最低纲领。尽管如此,公会议却因为当时所引入的程序上的做法,在这种权威下获得了意想不到的发展。公会议将自己组建为所谓的"诸民族团";组建起来的四大"民族团"是意大利团(包括克里特和塞浦路斯)、法国团、英国团(包括斯堪的纳维亚)和德意志团(包括斯拉夫人的东方);西班牙人到来时,又将西班牙"民族团"组建为第五个"民族团"。② 这种"民族团"的组织方式的初衷在于削弱意大利人的影响,要是只采取简单多数的表决方式,意大利人就可以支配公会议;这种组织方式被用于全体会议的表决,以民族团取代多数决,并且由各民族团选派相等人数的代表组成各个委员会。这种程序性安排的结果之一是,公会议的政治重心有向诸民族团会议转移的趋势,各民族团通过它们的代表而左右委员会的程序;传统的等级制政治

---

① 1415 年 4 月 6 日的《神圣法令》,载《神圣会议文书新全集》,前揭,第 590 页以下。

② 关于由民族团来投票,参看 Rev. George C. Powers:《康斯坦茨会议中的民族主义,1414－1418 年》(*Nationalism at the Council of Constance, 1414－1418*, Washington, D. C.: Catholic University of America Press, 1927),特别是第 2 章。关于西班牙"民族团",参看 Bernhard Fromme:《西班牙民族团与康斯坦茨会议》(*Die spanische Nation und das Konstanzer Konzil*, Münster, 1896)。

结构被严重打乱，因为枢机主教们被划为民族团之外的一团，而且只以分给他们的三张表决票在各民族组成的那些委员会中发挥正式影响。在1415年夏天，当一般事务已经有所缓和，公会议开始干预许多属于教宗[250]权限范围内的事务时，形势变得严峻起来。由于以革命性的会议主持管理事务时不可避免的种种弊端，这个寡头制的管理机关面临着民主化的危险。① 然而，这里所用的“民主化”一词不应该给人传达一种印象，觉得公会议特别具有某种平民主义意义上的民主色彩。恰恰相反，那些用公会议权威反枢机主教寡头集团的人，大多数是国王委派的；作为一个群体，他们代表绝对君主国的势力和民族王国官僚部门的势力。②

从上述演化过程来看，很明显，公会议的改革热情不大专注于圣灵的革新，而更多是专注于谋取权限。奥卡姆式的唯名论如今确实已变成了制度性的实践。corpus mysticum[神秘体]的精神本体正在消解为不同细部——亦即教宗、枢机主教团、公会议、公会议中的“民族团”以及各民族的教士会议——的地位和权利，正在消解为常规权限和紧急措施。

公会议的历史，清楚地表明了这个瓦解为权限和细部的过程。第一届公会议比萨会议召开于1409年，枢机主教团将两个对立教宗管辖区的代表召集与会，会议目的在于消除“大分裂”；其结果是又产生了一个教宗，从而导致三个教宗并存的局

---

① 关于枢机主教们的立场，参看 Heinrich Finke:《康斯坦茨会议史的研究和原始资料》(*Forschungen und Quellen zur Geschichte des Konstanzer Konzils*, Paderborn, 1889)，第6章，“论《反对和赞同枢机主教团的文件》”(on the“Schriften gegen und fur das Kardinalskolleg”)。

② 此点参见 Powers:《康斯坦茨会议中的民族主义》(*Nationalism at the Council*)，前揭，第45页以下。

面，因为两个在任教宗都拒不辞职支持会议选出的教宗。1417年康斯坦茨会议最终消除“大分裂”后，公会议的用处立即变得可疑起来。尽管教廷疑虑重重，公会议后来还是按《勤政教谕》的规定召开了：五年之后是1423—1424年的比萨—锡耶纳会议，又过七年是1431年的巴塞尔会议。然而，教宗犹金四世(Eugene IV)已有能力就与希腊教会统一的问题分裂巴塞尔会议，并于1438—1445年在费拉拉—佛罗伦萨召集了一个他自己的公会议。巴塞尔会议的残部继续开会，选出新教宗菲利克斯五世(Felix V)。这项制度，原本是为了消除“大分裂”，如今却造成新的分裂，这对巴塞尔会议的威信和[251]一般的公会议观念，不啻为沉重一击。当教宗犹金四世有能力以一些不痛不痒的改革措施作为代价，通过1448年的《维也纳协约》(*Concordat of Vienna*)与德意志诸侯达成共识，巴塞尔会议的处境就变得毫无希望了。1449年，巴塞尔会议解散；在1450年这一大赦年，教廷可以庆祝君主制的教会政府对公会议运动的胜利了。每十年召集一届会议的规定一直威胁着教廷，这一规定不时被对手们用来对教廷施加政治压力，但在那个世纪余下来的年头里再也没有召开过公会议。只是到了1511年，法国国王路易十二世(Louis XII)才又在比萨召集了一届公会议，以抑制尤利乌斯二世(Julius II)的扩张；教宗被迫应之以1512年的拉特兰会议。然而，拉特兰会议所进行的诸项改革毫无意义。1517年，路德把他的《九十五条论纲》钉在了维滕堡教堂的大门上，宗教改革开始。

康斯坦茨会议时期的文献反映了一种大体上是唯名论的思想模式。它的有趣之处仅在于其内容具有典型性；个别的、理论上的成就则无足观，尽管某些作者在学识和道德方面都有非凡之处。在这里，提一下达耶利(Pierre d'Ailly)与热尔松(Jean

Gerson)的论著就够了。[①] 巴塞尔会议时代呈现出一副与以往不同的面貌。思想界的情况如今已由一个基督教人文主义者团体所主导，其中核心人物是年轻有为、才华横溢的枢机主教切萨里尼(Giuliano Cesarini)，他指挥过讨伐胡斯派的战争，是前期巴塞尔会议的主席。这个团体的杰出成员还有皮科洛米尼(Enea Silvio Piccolomini)，也就是后来的庇护二世(Pius II)，以及[252]库萨的尼古拉(Nicholas of Cusa)。他们原先都是热心的会议至上论者，见证了公会议运动的革命性势头；但巴塞尔会议的场面让他们当中最重要的成员——切萨里尼、皮科洛米尼和那个库萨人——深信一个君主制教会政府的优越性。登普夫将这些君主制论者说成是 Monarchioptants[君主制选择者][②]，

---

① Petri de Alliaco:《论教会、公会议、罗马教宗和枢机主教的权力》(1417)(*Tractatus de ecclesiae, concilii generalis, Romani pontificis et cardinalium auctoritate*)；文本见 Jean Gerson:《全集》(*Opera Omnia*)第 2 卷，第 925－960 页。标题暗示了 d'Ailly 在进行权限的研究。Jean Gerson:《论教会之统一及其法理和法律的渊源》(1417)(*De unitate ecclesiastica et de origine juris et legum*)，收于《全集》第 2 卷，第 225－256 页。关于 Gerson 的研究的一篇简介，参看他的《以公会议的方式终止目前分裂的一些有用建议》(1408)(*Propositiones Utiles ad exterminationem praesentis schismatis, per uiam Concilii Generalis*)(《全集》，2:112－113)。根据《有用建议》(*Propositiones Utiles*)，权限的争论 debent civiliter intelligi[属于政治智慧]。传统的教会政府是一个应对正常情况的政府；在紧急状态下，有必要根据衡平法规则，也就是亚里士多德意义上的 epikeia[法律的权宜解释]，采取一套明智的做法。Gerson 著作的最近版本有:《全集》9 卷(*Oeuvres completes*, ed. P. Glorieux, 9 vols., Paris, 1960－1973)。又见 L. B. Pascoe:《让·热尔松:教会改革之原则》(*Jean Gerson: Principles of Church Reform*, The Hague: Brill, 1973)；A. Black:《君主制与共同体:后期公会议争议中的政治观念》(*Monarchy and Community: Political Ideas in the Later Conciliar Controversy*, Cambridge: Cambridge University Press, 1970)；Joachim Stieber:《教宗犹金四世、巴塞尔会议与帝国中世俗的和教会的权威》(*Pope Eugenius IV, the Council of Basel, and the Secular and Ecclesiastical Authorities in the Empire*, Leiden: Brill, 1978)。

② [译注]所谓 Monarchioptant，就是希望一个君主出来结束政治失序的人。持此立场的早期人物，除了文中提到的库萨等人之外，还有意大利人(转下页)

以便把他们的重要性跟16世纪的君主制选择者的重要性联系起来。他们的教会君主制理论构成了下一代人的世俗君主制理论的背景,其中有科米纳(Philippe de Commynes)、马基雅维利和莫尔(Thomas More)。[1]

二 高卢主义和政教协约

公会议运动并非简单是一场教政"民主化"重建运动。公会议的纷争,本身应该是个关于普世教会体制的纷争,却因民族问题而变得错综复杂。与公会议运动携手并进的,是争取民族教会独立的运动。这些运动中最重要者,是同"大分裂"有直接关系的高卢主义运动。

(一) 1398年法兰西教士会议

1395年2月,法国国王查理六世召集了第一届法兰西教士会议。会议投票支持让步政策,也就是说,支持两个教宗共

(接上页注②)Collucio Salutati,他曾撰有《僭主论》(*De Tyranno*,写于1400年)一书,通过对政治展开实在论的分析,洗刷人们加在"僭主政治"(tyranny)一词上的污点,从而在理论上论证,以僭主政治来确立政治秩序是正当的。参见沃格林的《马基雅维利〈君主论〉的背景与写作》(Machiavelli's *Prince*: Background and Formation, in *The Reuiew of Politics*, Vol. 13, No. 2, Apr., 1951, pp. 142—168)以及《政治观念史稿》卷四的有关章节。

① 关于这群人的文献,见Dempf:《神圣帝国》,前揭,第554—556页。其中最重要的作家和作品有Andreas of Escobar的《公会议政治》(*Gubernaculum Conciliorum*),文本见Van der Hardt的*Rerum Omnium Concilii Constantiensis Tomus* VI(Frankfurt and Leipzig, 1700);John of Segovia的《巴塞尔公会议始末》(*Historia gestorum generalis concilii Basiliensis*);Enea Silvio的《罗马帝国之兴起与权势》(*De ortu et auctoritate imperii Romani*);库萨的尼古拉的《论公教和谐》(*Concordantia Catholica*)——本章对之有详细讨论。

同辞职并选举新教宗。两个教宗拒绝辞职。至 1398 年，形势变得十分严峻，从而有必要采取更激进的举措。第三届法兰西教士会议，于 1398 年 5 月至 8 月召开，讨论了撤销对阿维尼翁教宗的服从，以此为消除“大分裂”的措施。这次所提出的理由，超乎寻常地显示了 corpus mysticum［神秘体］观念已毁坏殆尽并为一种政治的－技术的关系论所取代。［253］比如说，克拉缪（Simon Cramaut）在其《倡议书》（*Pro positions*）中辩称，撤销对阿维尼翁教宗的服从，是一项立即就可以恢复教会统一的措施。克拉缪争辩说，阿维尼翁教宗并没有多少独立的收入。撤销服从是统一的关键，因为教廷的岁入主要来自法国；来自法国的岁入是阿维尼翁教宗得以固守职位的原因；是他的权力之本。因此，法兰西教会应该撤销 emolumenta illa，seu obeoedientiam［其薪俸和对他的服从］；服从等同于向教宗缴税；缴税一旦停止，教宗就会对自己的职位不再感兴趣了。[①]

圣米歇尔修道院主持勒鲁瓦（Pierre Leroy）的理论，在形式上不是这么直言不讳，不过在实质上跟克拉缪的理论没什么差别。勒鲁瓦提出一种替代性方案，代替 subractio particularis［完全撤销服从］。如果对教廷的服从不完全撤销，至少应该部分撤销（subtractio particularis）。部分撤销服从将包括，拒绝为有俸教职的授予和晋升给教宗支付酬金，拒绝缴纳年金以及其他税目。对主教们的认可在远古教会中是大主教的事，有俸教职的授予则是主教和教区成员的事。这一长期持续的传统为教

---

① 《第三届法兰西教士会议与高卢教会法案》（*Acta Tertii Concilii Regis et Ecclesiae Gallicanae*）；文本见 Bourgeois de Chastenet 的《新康斯坦茨会议史》（*Nouvelle Histoire du Concile de Constance*，Paris，1718）中的《史料》（Preuves）；克拉缪的这段评论在第 27 页。

宗之僭越所废止，这种僭越 contra bonam et debitam politiam［有违福祉与政治责任］。先前的状态必须予以恢复，因为基督教人民为数甚巨而无法以一个中央权威统治之。教宗的职能应仅限于处理教义问题，使不信基督教者皈依，以及处理教会中其他困难的、普遍的事务。[①] 勒鲁瓦的陈述清楚地表明，撤销服从具有远远超于消除"大分裂"的意涵。部分撤销的观点设想一个永久性的教会体制，在此体制中，地区性的教会享有高度独立，教廷则被剥夺了教会内部的一切日常的职能，而差不多只限于处理紧急状况。

法国完全撤销对阿维尼翁教宗的服从，是由 1398 年 7 月 27 日的一份王室法令正式确定的。这份法令最重要的规定是，克雷芒五世为教廷争取到的有俸圣职的授予权重归于常任的有俸教士。［254］然而，这一撤销行为的成效并不如法兰西教士们所预想的那般称心如意。其直接的效果当然是势不可挡的。本笃十三世（Benedict XII）被他的枢机主教团废黜，阿维尼翁的民众把他围困在自己的寝宫里。但高卢教会并未取得多大的自由，因为教廷的勒索没有了，王室的勒索接踵而至。1400 年的一封王室公函精心建构了一套分肥体制：有俸教士必须有选择地为国王、王后、国王的兄弟或叔伯，以及巴黎大学这四者的被保护人提供生计。不愿如此的主教受到了严厉惩罚。在 1403 年本笃十三世逃亡后，枢机主教团和阿维尼翁恢复了对教宗的服从。同年 5 月，法国恢复了对教宗的服从。[②]

---

① Bourgeois de Chastenet：《新康斯坦茨会议史》，前揭，第 34 页。

② 1398 年的《完全撤销服从》（*Subtractio Totalis Oboedientiae*），出处同上，第 79—84 页；1403 年 5 月 28 日的《恢复服从》（*Restitutio Oboedientiae*），出处同上，第 84—86 页。

（二）1406 年法兰西教士会议

接下来一次危机于 1406 年来临。这年的法兰西教士会议，使勒鲁瓦有机会详细阐述他关于高卢教会自由的概念。他争辩道，地方比中央更了解教士等级（estat de l'église）的情况；由罗马任命的教职常常用人不当；类似的干预导致分裂、纷争和混乱；因此，它们有违 droit commun[普通法]和教会创始者的意愿。为了革除这些弊端，教会、尤其是法兰西教会，必须恢复其古时候的自由和习惯。[①] 教廷的金钱勒索过于繁重，摧残地方教会的物质基础。因此，负有保护受压迫者之职责的国王，必须为这个受压迫的教会作主。在这件事情上，绝不可期望教廷会给予什么帮助，因为即将发生的变革将违背其利益；公会议也不起作用，因为许多拖延战术阻碍其召开。为此，勒鲁瓦建议高卢教会撤销在有俸圣职任命方面对教廷的服从；有人或许反驳，教宗必定会挨饿的，这个反驳没有说服力，因为事实上，Patrimonium Petri[彼得的遗产]要是经营得当，完全足以支持教廷的用度。关于财政义务而不是有俸教职，勒鲁瓦[255]提出一种主教团预算权。只有在主教们的赞同下，教廷才可以征收援助金；援助金之征收必须出于必需，且不得超出实际需要；任何教堂都不应支付超出其能力的款项；对于因经常性的圣职出缺而陷入窘境的教堂，应给予特殊照顾。[②] 对教廷的服从于 1406 年被再次撤销；1408 年第五届法兰西教士会议上，自治的高卢教会建立，由多个教省和大主教区组成。[③]

---

① "…que l'Eglise soit ramenée, et especialement l'Eglise de France, à la liberté et manière ancieenes."（《新康斯坦茨会议史》，前揭，第 172 页）

② 《勒鲁瓦的主张》（*The Propositions de Pierre Leroy*），出处同上，第 172—175 页。

③ 1408 年的组织的详情，参见 Mollat：《阿维尼翁教宗与大分裂》，前揭。

高卢教会对阿维尼翁教廷的反抗是这个进程中最有趣的案例:地区教会取得一种相对的自治,与此同时却屈服于国王的控制。因为法兰西教会独立运动,同时伴随着高卢主义观念的理论阐述。这场争取制度性自治的运动在其他地区也在进行。在以前的章节里,我们讨论过英国在 14 世纪的立法活动,这种立法活动实际上正好导致了勒鲁瓦要求高卢教会实行的部分撤销。我们也注意到,英国在这个问题上的进展尽管先于法国,却没有产生出一套安立甘主义教会的理论。

(三)政教协约

争取民族教会自治的运动成为公会议运动的一股重要潮流。康斯坦茨会议最后所达成的改革成果不得不以"政教协约"(national concordats)的形式表达,就是教廷与君王控制的民族教会之间的协议。这些协约的确是革命性的创新。神圣帝国包含着属灵权力和属世权力作为其神秘体内的两个 ordines[品级],这个观念如今遭到切实的摧毁。教会似乎变成一个可与世俗王国缔结契约关系的自治社会。我们或许可以说,对于教会与世俗权力之间的这一新关系的认可,是公会议时期最为重要且持久的成果。新的民族主义弥漫于整个教会组织,甚至感染了这个等级制团体的最高层,[256]《康斯坦茨协约》(*Concordats of Constance*)的第一条就是教宗承诺,他会使枢机主教团限定为 24 名成员,并且会"公正地"从所有国家中吸收。①

---

① 1418 年的协约可见 Mansi:《神圣会议》,前揭,第 27 卷:一般法令见第 1177 页以下;与法国的协约,见第 1184 页以下;与德意志的协约,见第 1189 页以下;与英国的协约,见第 1193 页以下。

《康斯坦茨协约》的期限仅为5年。当其于1423年被废止后，局势再次变得紧张起来。1425年，马丁五世发布了一份针对法国的单边宪章，后来被1426年的《真扎诺协约》(*Concordat of Genzano*)所取代。1438年，奥尔良—博格斯法国教士会议达成了《博格斯国是诏书》(*Pragmatic Sanction of Bourges*)。标题"国是诏书"是一个法律创新，用来标识国王发布的教会宪章。根据它的规定，教宗的权力实质上只限于任命罗马教廷的有俸圣职。一个民族君主领导下的高卢教会终于建立。直到1461年查理七世去世后，教廷才又成功地恢复了与高卢教会的谈判。法国《国是诏书》之后，随即是1439年德意志美因茨会议的《承诺书》(*Acceptatio*)。它接受了巴塞尔会议中像《改革法令》这样取悦诸侯的部分，有所增补。不过，这份《承诺书》在实践中却发展成了一份诸侯宣言，仅此而已。伟大的德意志和解方案于1448年因《维也纳协约》而到来。它的意义在于，这次"改革"是以教廷和领土性诸侯共同分肥的形式出现的。教廷取得了对公会议运动的胜利，而诸侯则获得了主教区税收的丰厚份额以及对领土内教堂的控制。这一协定在当时是对教廷有利的，因为诸侯撤销了对公会议的支持，它在16世纪导致了路德的宗教改革能够在地方上相对容易地取得成功，因为诸侯对教会施加了有利于路德改革的控制。

三　《论公教和谐》

（一）库萨的尼古拉

库萨的尼古拉的《论公教和谐》(*Concordantia Catholica*)是公会议运动带来的唯一高于[257]唯名论和权限论之争论水

平的作品。[①] 这部作品之所以品质出众，其原因要从这个库萨人的品质中寻找。他是个人文主义者兼神秘主义者，带有强烈的形而上学气质。作为人文主义者，他耽好古人的哲学体系与教父和经院主义的哲学体系；因此，他可以利用他对柏拉图、亚里士多德和圣安布罗斯（Saint Ambrose）、奥古斯丁、托名狄奥尼修斯和托马斯的研究来表达自己的思想。作为神秘主义者，他扎根于 theologia negativa［否定神学］；他书名中用 concordantia［和谐］一词，表明他把社会的宇宙视为类似于神的三位格的神秘和谐体；值得注意的是，他的作品受到了艾克哈特大师的强烈影响。正是这种神秘主义，使他没有变成教条主义者，站在宗派斗争的哪一方。最后，仗着热爱形而上学思考的气质，他能够严肃地着手解决由于希腊的与基督教的人的形象（images of man）之混合而产生的问题。在这一点上，他比圣托马斯更成功，在后者的作品里，亚里士多德的自然主义和基督教的唯灵论并立而存，没有融入一个连贯的神学体系。

这三个因素——人文主义、神秘主义和形而上学气质——的结合，使库萨成为第一位伟大的后经院主义哲学家。他的作品是最早带有明显的文艺复兴风格的作品。这种“现代主义”的外在征象是，库萨的思维习惯中的一种强烈的自然科学色彩。我们将看到，在许多关键问题上，他以数学、生理学和医学作比喻。

---

① 库萨的尼古拉：《论公教和谐》(*De Concordantia Catholica Catholica Librires*, Paris, 1514; facsimile Bonn, 1928, with a preface by Gerhard Kallen)。《库萨全集》第 7 卷中的《论公教和谐》(*De Concordantia Catholica*, ed. G. Kallen, in *Nicolai Cusani Opera Omnia*, vol. 7, Berlin: Meiner, 1959)。是书写于 1433 年，有 Paul E. Sigmund 的英译本（*The Concordance of the Catholic Faith*, Cambridge, 1991）；此外参看 Sigmund:《库萨的尼古拉与中世纪政治思想》(*Nicholas of Cusa and Medieval Political Thought*, Cambridge: Harvard University Press, 1963)。

（二）精神的和谐

在阐述《论公教和谐》时，我们将首先处理体系核心的概念，然后简述他的制度设计。

[258]和谐“是这种东西，ecclesia catholica[公教会]因之有天主和万民的协调一致”。和谐是一种精神的和谐，它从“和平之君”(the king of Peace)流出，逐级、渐次流入一切从属而统一的成员，“总之，只有一个上帝”。我们自始以来(ab initio)，通过基督把我们接纳为上帝的孩子，就注定走向这种和谐(《论公教和谐》I. 1)。库萨以这些语句开始了他的论著，界定了社会的精神本体，亦即成员们的协调一致所赖以支撑的本体。这个根本性的见解，必须清楚地理解。我们要是忽视了它，就会获得一种解释，这种解释是经常出现的，它割裂了库萨的代表制和同意理论，并且忽视了这一点，即在库萨看来，同意的制度化，是以遍布于共同体所有成员、使同意变得可能的精神本体作为前提的。库萨与唯名论者的差异恰在于此。库萨并不认为，解决政治罪恶的办法可以在制度改革中找到。在他看来，代表制政府的观念不是一种信条，而是一个有助于实现和谐的实用手段。当巴塞尔会议的经历使他深信，代表型会议并非无条件地就是创造和谐的最佳手段时，他便可摇身一变，在不放弃自己形而上学和神秘主义见解的情况下，成为教会政府内的一个君主主义者。和谐的精神本体至关重要；制度不过是一些有助于在政治实践中实现和谐的手段而已。

（三）无限的和逐级的和谐

在库萨看来，人生的目的在于同基督的灵魂和肉体永远合一。为了让人能靠信仰达到这种 concordantissima unio[和谐合一]，上帝命定了教会神秘体的 gradualis concordantia[逐级和谐]。社会的逐级和谐是三一体神性的 summa et infinita concordantia[至高无限之和谐]的一种俗世相似物(I. 1)。在这种类比的建构里，库萨借助数学符号，把无限实在设想为对神之无限性的一种接近。只有在库萨晚年的作品里，才可以发现一套完整阐述的符号话语。在 1440 年的《论有学问的无知》(*Docta Ignorantia*)里，库萨取得了一项特殊的功绩，以数学记号(notation)—请允许我使用一个音乐术语[①]——谱写出一套否定神学。[259]上帝是绝对的极大。无限的神性表现为 coincidentia oppositorum[对立一致]，就像一个点，一个无限数列的极大和极小在那里重合，一个圆中一条无限直线的端点在那里相接。从形而上学来讲，我们或许可以说，这个"被一切民族毫无疑义的信仰认作上帝"的极大[②]，就是 realissimum[绝对实体]，在它之内，众多差异的无限冲突被转化为众多差异的一种无限和谐；它是绝对，实在的开展在它那里被扬弃(aufgehoben)——黑格尔意义上的扬弃。因而在库萨看来，经验性的社会现实，既不是一种充满冲突的无政府状态，也不是一种多元利益的完美和谐；毋宁说，由于神的命令，它是一种近似的和谐，在这种和谐里，没有哪个特殊的职位，可以被正当地弄成一个绝对的东西。合作与同意是两个形式，必须不断处于这两个形式中，这种近似的和谐才会发挥作用。这个任务并非毫无希望，凭借神的预先注定，圣灵必将遍布社会，提供同质的本体，就是使众

---

① [译注]插入句中所谓"音乐术语"，即 notation，这个词用在音乐领域，常见意思为"记谱法"。

② 库萨的尼古拉：《论有学问的无知》(*Docta Ignorantia*, ed. E. Hoffmann and E. Klibanski, in *Opera Omnia*, Jussu et auctoritate Academiae Litterarum Heidelbergensis, vol. I, Leipzig, 1932), I. 2，第 7 页。有 Germain Heron 的英译本(*Cusa*, *Of Learned Ignorance*, London, 1954)。

多冲突的力量趋于一致的东西。

> 圣父是生命之源，和圣子相融于血管，圣灵的甘泉，借之流入一切人的心田。①

（四）等级秩序

神秘体的秩序是等级制的。等级秩序的范畴，大体上被库萨用作最重要的原理来解释宇宙；这是托名狄奥尼修斯的范畴，我们已经看过它在圣托马斯那里所起的关键作用。受造物以等级方式自上帝流出，从接近上帝影像的受造物，下降至低等的自然构造。用柏拉图的比喻来讲，每个较低的等级都是其上一级的影子，逐次下降至最低一级，最低一级是不发光的阴影，在等级体系中不再有比它更低的级别。这个从永恒之光的光辉至绝对[260]阴影的序列，②库萨再次使用数学符号、以一个 ab infinito usque ad nihil[从无限大到无]的数列来表达(I. 2)。接下来，这种等级观被用于解释神秘体。这个身体，或者说 ecclesia Christi[基督教会]，由圣礼、圣职者和信众所构成。圣礼是灵，圣职者是魂，信众是身体。这三者结合在一起，成为神秘体。体内的两个 rdines[品级]。牧师和信众，被以等级的方式排序，从教廷的和皇帝的首脑，经过教会的和封建的诸多级别，下至普通的 laici[平信徒](III. 1)。

---

① 库萨的尼古拉：《论公教和谐》，I. 1。这一生理学的比拟应该与他的《论有学问的无知》中(II. 13)详细阐明的自然符号话语比照来看。关于有机体比喻，详见《论有学问的无知》之第 111 页以大地为一头四足兽的观念。这类比拟的思想渊源是希波克拉底；关于他们对达·芬奇的影响，见第 111 页的注释。

② [译注]参见柏拉图《理想国》509D—511E，郭斌和、张竹明译，北京：商务印书馆，1986 年。

(五)神秘体的扩大

到此为止,神秘体的总体结构,与9世纪以来主流的观念是一致的:这是一个保罗式的等级体系,因纳入了世俗统治级别而有所扩大。不过,库萨迈出了革命性的步伐:进一步增加了几类人,为了让神秘体与当时的后封建结构相一致,这些人必须包括进来。他为此目的所采用的手段是保罗的caritas[爱]与柏拉图—亚里士多德的至善社会观念。

库萨将圣保罗的caritas[爱]解释为,它意味着corpus mysticum[神秘体]的一种扩大,超越个别列出的恩赐(charismata)。caritas[爱]亦即爱的纽带,在圣保罗那里,是维持共同体的团结和等级秩序的东西,它在库萨那里已成为一个普遍原则,将赋予每个信徒以在神秘体中的地位,因此任何人都不会被遗落在基督之外。这个身体不应该只包括杰出的圣徒们,而应该包括一切信徒,甚至还包括那些虽不是基督徒,但品德高尚、能力出众之士。整个natura rationabilis[合理的自然]应该坚持以基督为首。① [261]如果保罗的爱以这种方式来解释,那么ecclesia[教会]就不再是那个处于异端环境中的圣徒共同体,它甚至不再是那个因皇帝和封建等级制而扩大了的教会;它已变成亚里士多德意义上的至善社会,人类天性的一切潜能,尤其是理智潜能,

---

① 《论公教和谐》,I. 1,其中涉及这个表述的那段文字毫不妥协:"由于他,一个在所有圣职部门分支上与福音理性地相谐而结合统一成的信众身体,有助于在仁爱方面均衡地增强他的身体,以产生一座为一切人享有的殿堂和灵的居所。我认为此处我们必须明了,存在着一个信仰和圣灵的合一,这种合一不仅属于圣徒,而且属于一切信众与神界的一切主宰和神灵,以至于通过诸神和圣职部门的某种协同,一个由一切具有理性特征的灵所构成的身体追随他们的首脑基督,以个体追随者之间的联系不被感觉所认知的方式,形成这座教会大厦的框架。"(《论公教和谐》,英译本第6页)这是对圣安布罗斯的一封信的引用。

有机会彰显。现在，已经可能将 sapientes et heroes[贤哲和英雄]，即柏拉图的哲学家和护卫者，以及亚里士多德的自由人和奴隶的政治等级体系，作为新的级别引入神秘体(III，序)。

然而，这种把柏拉图和亚里士多德笔下的几类人引入神秘体的做法，不仅仅是人文主义兴趣的反映，而是具有十分现实的目的，即在神秘体中赋予人们相应的地位，使 sapientes[贤哲]享有真正自由的人的高贵地位。由于这种对贤哲地位的概念，一股两个世纪以来引人注目的趋势达到了顶峰。我们看到，在 13 世纪，随着布拉班特的西格尔和圣托马斯，知识人作为西方社会中的一个新的种类开始出现。哲学家、受过训练的神学家、王室和教会的法学家、教会和世俗政府的官员，他们代表封建社会模式中尚未规定的一种生活方式。在马西利乌斯的《和平保卫者》中，可以强烈地感到官僚政治专家的自我意识和悲悯之情，这种人认为自己必须去操控政府，把他统治的福祉施予无文化的臣民。库萨引入 sapientes[贤哲]这个新的级别，扩大了神秘体。在此过程中，我们必须看到，库萨对知识人的肯定，简直可以与加尔文派对资产阶级的肯定等量齐观。

对亚里士多德的自由的 sapientes[贤哲]和奴性的 insipientes[愚蠢人]这两个级别的采用，导致了一个棘手的问题，因为希腊人关于自然奴隶的观念，跟基督教的灵魂上自由的人的观念是格格不入的。库萨解决这个问题的方式是：

> 让一个人成为奴隶的，不是自然，[262]而是他的愚蠢(insipientia)；使一个人自由的，不是 manumissio[获释]，而是自律。(III，序)

愚蠢和明智是两种性格类型。蠢人是情欲、贪婪、恶意和愤怒的奴隶。明智者将不被恐惧所制伏，不因权力而改变，不因成功而忘乎所以，也不会被悲伤吞没。明智者有一种平常心，不会因事物的变化而消沉或洋洋得意，也不会像小人一样，被每一股学说风气赶得团团转。自由的人在生活中奉守法律；他所奉守的法律，不是铭刻在碑版上，而是铭刻在他心里。明智者能够控制自己，而蠢人则被自己的欲望所控制（III，序）。一个人属于聪明者还是蠢人，会影响到他在社会等级体系中的地位，却不影响他在神秘体中的成员身份。这种对自由人和奴隶的划分，并不是像希腊人的理论那样，在公民们在共同体中的成员身份与奴隶们的非政治身份之间划一条界线。

（六）自然与恩典

区分两种性格类型，断言 insipientia［愚蠢］不影响蠢人在神秘体中的成员身份，并不足以克服亚里士多德的自然主义。把希腊政治理论融入基督教政治理论的最主要障碍是希腊人关于自然的观念，希腊人的自然是缺乏神恩的自然。两类人的划分是一种严酷的事实。在《理想国》中，柏拉图不得不引入金属神话，以便让较低的级别相信他们必须服从聪明人的统治；在《法义》中，他使这种差异的严酷性多少有所缓和，但是当下层人要参与统治时，他依然祈求诸神不要让最糟糕的人参与。在基督教的体系中，自然本身必须在精神的方面被突破，以便让天生的差异，在心理上变得可以忍受，在体系上可以跟精神自由的观念相容。在这位谨慎而注重体系的思想家看来，人的地位一方面取决于圣父接纳下的童年，另一方面又取决于一种盲目自然，这是绝不可能的。库萨的解释是，全能的上帝已赋予蠢人一种性格特征，借此特征，他们乐于信任贤哲，因此蠢人能够［263］靠其自身之助（ipsorum adjutorio）而被统治。

> 所以，由于一种自然本能，贤哲的统治和蠢人的臣服得以相谐，可以在普通法下存在，其最根本的规定为，贤哲是创制者、护卫者和执行者。(III，序)

这种"自然本能"，即 naturalis quidam instinctus，既不是希腊人的盲目自然，也不是后来在 17 世纪的自然法理论探索中——比如在格老秀斯的理论中——出现的那种心理的自然。这是一种被神圣律法所照亮的、被引向理性的自然。库萨笔下的本能，既不是顺从或屈服某个碰巧持有权力的统治者的本能，也不是迫使人们加入共同体的群居天性，它确切说来是理性的一个变量。贤哲能够以理性控制自己；而蠢人具有"信任"，这种信任促使他在贤哲的统治中，接受他本人所无法运用的理性律令。没有贤哲的统治，蠢人就是自身欲望的奴隶；在聪明人的统治下，他将获得自由。这种导致服从的"信任"，确保贤哲在社会形式中得到理性的统治，这在他个人形式中是无法得到的。这种"信任"，是基于同意的理性统治变得可能的前提。没有它，代表制统治就会仅仅是一个权限和权力的问题，基于同意的统治就会退化为由情绪和欲望所支配的多数暴政。根据库萨的阐述，信任和法治是两条原则，有赖这两条原则，基于领导能力和同意的民主制统治的观念才说得通。

（七）制度规划

库萨的这套设想预设了一个信仰，也就是相信，上帝实际上是与他的人民同在的：统治者心里铭刻着上帝的律法；被治者因为其信任，乐于同意理性的领导。库萨抱有对社会和谐的有力信仰。这一深刻的确信，促使他详细阐述了基于同意之统治的制度形式;《论公教和谐》实际上是一本议会程序手册。在这方面,当时绝无任何作品能出其右,[264]在他看来,只有这样一个人,基于审议和同意的统治事关实质性的信仰,才能写出这本论著。①

实定法必须依据自然法来制定才是有效的。为了保证实定法与自然法的一致性,sapientiores et praestantiores[贤哲和俊秀]必须被选为立法者。ratione vigentes[长于思考]的人是其他人的天然统治者。他们作为统治者,是由于理性,而非由于强制性的法律或强加于不情愿者的决议。由于"一切人天生是自由的"(natura omnes sunt liberi),只有遵守法治,统治地位才能有其合理性。统治权威来源于和谐与人民同意。

> 由于人天生是同样强大、同样自由的,一个天生并不比别人强的人,其真正的、健全的权力,只能是选举和同意授予的。(II. 14)

此外,某项特定的实定法立法要获得有效性,必须 usus et acceptatio[有用和被接受];一套法律若不能获得遵守和执行,因而无法打入社会,就是无效的。一套法令要完全有效,必须满足三个条件:(1)立法者手中的立法权力;(2)适用过程中的赞同;(3)颁布(II. 11)。适用于个别案例的决议,在一个教省中可以由其首都做出;而普遍性的法规则必须获得教省宗教大会的批准。

---

① 登普夫暗示(《神圣帝国》,前揭,第558页),库萨的信仰植根于他的故乡摩泽尔地区的农民民主和选任的教会统治的经历。这种乡土自豪感在库萨的作品中的确起到重要的作用。在第三卷序中,他情不自禁地谈到了特里维鲁斯(Treverus)神话,特里维鲁斯被逐出巴比伦,在流亡过程中建立了那个因他而被命名为特雷夫斯([译注]Treves,即特里尔[Trier])的城市,那是"欧洲最古老的城市","位于一片极其宜人的土地上,摩泽尔河从城中流过"。

> 因为在这种谐和中，那至高者感到喜悦……上帝是首席者(primas)，在他那里，可达致一种完美无瑕的谐和。(II.10)

在一个公会议中，普世教会的所有首脑必须出席，这个会议的决定才是有效的；一个残余的公会议是没有代表性的(II.2—3)。开会的时候，完全的言论自由必须受到保证：一个公会议，它的成员之多，比不上它所到达的高度自由和一致，能让人印象深刻。任何秘密谈判都不应该发生，必须给予每个人公开议事权。如果已就某个问题以一致宣判的方式达成了协定，这个决定必须被视为是由圣灵和基督所促成的，基督掌管着这种[265]以他的名义召开的集会(II.3)。若一项决议出自于和谐，那么它就出自圣灵，即和谐的源泉。一群人集结在一起，以完全的言论自由，在和谐中达成一项决议，这绝非人力所能及，而是神意注定的(II.4)。

(八) 人类和谐

总之我们不得不说，《论公教和谐》是阐述基督教社会中基于同意的统治所必须依赖的诸原则的一次伟大尝试。《论公教和谐》第二卷，正如我们所说的，享有作为第一本议会程序手册的殊荣，第三卷则含有对帝国体制中的封建制残余的批评(III.25—31)和关于宪政改革的建议(III.32—41)。据说，德国人要是采纳了这些建议的话，就可以避免许多政治灾难。在这项任务中，他运用了希腊人的、教父学说的以及经院主义的概念工具，而这种阐述的动力，则无疑是来自公会议运动。一种焕然一新、革命性的制度的力量，贤哲的自信，以及对于人性的某种乐观主义，决定了当时的氛围。

然而，在《论公教和谐》中，有某种超出时代倾向的东西：因为当时的倾向是占绝对优势的唯名论倾向，而库萨的作品却因其形而上学的唯实论在当时独树一帜。这种唯实论难道是对前唯名论的13世纪的复归？是否应该把《论公教和谐》视为对时代的反动？答案是否定的。库萨的唯实论扎根于他的神秘主义，而他的神秘主义，是随艾克哈特而开始的那场伟大运动的神秘主义。库萨的信仰，不像奥卡姆那样是唯信论的，他的教会主义既不是权限论的，也不是关系论的。经过14世纪的神秘主义运动，一种新的实质性信仰的源泉，已经为基督教精神的新作做好了准备。

如果对三一神性中的 concordantia infinita[无限和谐]的神秘经验以及对此经验的知性解释，能够在形而上学上被阐述为一套对社会之解释有益的规则，那么人类共同体就作为身体而被召唤，因为圣灵弥漫其中之故，这个身体神秘地处于和谐状态，它在这个世界上行进，在信仰和爱中成长，趋近那个无限，却永远无法领悟它[266](《论有学问的无知》，III. 12，第159页)。库萨的基督教历史视野既不是圣奥古斯丁的衰老世界，也不是像约阿希姆和但丁的第三王国那样的全新神意安排，而是一个敞开的领域——人类永远在信仰中成长，在对信仰的知性洞察中成长。理智和信仰相互决定。

> 因为信仰本身意味着一切不可知者，理智是对信仰的阐明。所以理智以信仰为指导，信仰因理智而伸张。没有可靠的信仰，就没有真正的理智。(III. 11，第152页)

知性神秘家的生命，从“观照上帝”(the Vision of God)中汲取本质，[①]因此它可以历史地存在于一个和谐的人类之中，逐渐走

---

① 参见库萨的尼古拉：《上帝的影像》(*The Vision of God*, trans. E. G. Salter, intro. Evelyn Underhill, New York: Ungar, 1960)。

向 unio concordantissima[和谐合一]。

> 因我们的理智之故,我们希望理智地活着,亦即越来越多地、越来越深地进入"生命"和"喜悦"。"生命"无限,有福的将不断地被自己的愿望送到他那里。饮用"生命"之泉的人,渴止之时仍觉得渴;由于这道甘泉不会随时间而消逝——因为它是永生中的甘泉——因此有福的将一直喝,一直觉得渴止还渴,永不醉倒,永不餍足。[①]

准确地讲,中世纪的 sacrum imperium[神圣帝国]被消解为教会与诸民族的 societates perfectae[至善社会]之时,正是神秘体的范畴从普世基督教被转化为众多特殊的民族身体之日,新的人类和谐,为那个库萨人以新的知性神秘主义力量所召唤。脱胎于 sacrum imperium[神圣帝国]的诸民族,没有变成一堆缺乏神恩的野蛮权力事实:对人类 concordantia[和谐]的神秘信仰,依然作为一道永恒之光普照着它们,殊胜于诸时代的不和谐。

---

① 《论有学问的无知》III. 12:"但是我们的心灵的欲望将靠心灵而活着,它不断地、越来越多地进入生命和喜悦。但生命和喜悦是无限的,蒙福的将因他们热诚的欲望注定享有生命和喜悦。饮用生命之泉的,感到满足,又仍然以口渴;由于这道甘泉不会消逝,因为它是永恒的,因此蒙福的将总在喝且总是渴,那渴和满足永远不会消失。"(译自英译本第 168 页)

索　引[①]

A

Ab infinito usque nihil 从无限大到无 260

Ab initio 自始以来 258

Abraham 亚伯拉罕 182

Absolute monarchy 绝对王权的君主制48—49

Absolutist theory 绝对王权者理论 46—53,P48①,84,105

Acceptatio《承诺书》256

Acciajuoli,Niccolo 尼科洛·阿恰约里 222

Acephalus 无首的 158

Acre,fall of 阿克雷的陷落 39

Adalbert of Bremen 不来梅的阿达尔贝特 201

Adam 亚当 182,185

Adamites 亚当派 175

Ad jussum imperatoris 听从皇帝的指令 P50①

Ad nutum 听命于 51,P50①

Adolf of Nassau 拿骚的阿道夫 229

Adolf of Schaumburg 绍姆堡的阿道夫 201

Aegidius Romanus 罗马的吉莱斯。见 Giles of Rome

Aeneid（Virgil）《埃涅阿斯纪》(维吉尔）73

① ［译注］索引使用原书页码，即本书中用“［ ］”标出的随文编码；需参考注释处为本书页码，在索引中以“P ... ”标出，如 P48①表示本书第 48 页注释①。

Aequitates naturales 自然公正 P128③④

Africa 非洲 40

Alanus 阿拉努斯 55

Albert the Bear “大熊”阿尔贝特 201

Albigensian Catharism 阿尔比清洁派 175

Albigensians 阿尔比派 172—175

Albornoz, Cardinal 枢机主教阿尔波诺斯 165

Alfonse of Castile 卡斯蒂尔的阿方索 198

Aliquem Italicum 某个意大利人 237

Alsace-Lorraine 阿尔萨斯—洛林 218

Ambrose, Saint 安布罗斯 257, P294①

America 美洲 40,239

Anagni affair 阿纳尼事件 38,41

Ancilla et famula 奴婢 52

Andreas of Escobar 埃斯科巴的安德烈亚 P284①

Angelo, Fra 修士安基洛 241,242,243

Anglicanism 安立甘主义 129,130,168,255

Anima animi 活的灵魂 4

Anima intellectiva 智慧心灵 99—100

Animal analogies 动物比喻 87—88,89,P293①

Annates 年金 167,253

Anne, Queen 安妮女王 P60①

Anonymous of York 约克无名氏 129,190

Anselm of Canterbury 坎特伯雷的安瑟尔姆 129

Antichrist 敌基督者 181,183,188,192

Arabic philosophers 阿拉伯哲学家们 100

Arete 德性 12,86,87

Aristocracy 贵族制 121,122

Aristotle 亚里士多德 12,20,56,75,76,85—90,93—95,P105①,101,105,121,190,P283①,257,260—262

Arnold of Brescia 布雷西亚的阿诺尔德 233

Arti 行会 231

Articles of the Barons《男爵法案》133

Articulation 连属化 137—141,151—153,163,231—232

Asceticism 禁欲主义 119

Asia 亚洲 40

Athens 雅典 144—145,222,224

Aufgehoben 扬弃 259

Augustine, Saint 奥古斯丁 53, 81—82, 158, 188, 189, 241, 257,266

Augustinian Order 奥古斯丁会 53

Austria 奥地利 P183②,202

Authority 权威

Dante's symbols of 但丁的权威符号 72—74; of German ruling elite 德意志统治精英的权威 92; governmental authority based on concordantia 基于和谐的统治权威 263—265; papacy's universal political authority 教廷普世政治权威 11,165; representative authority 代表的权威 88—91

Autobiographical Reflections (Voegelin)《自传体反思录》(沃格林) 1

Auxilium 贡金 136,144

Averroës 阿威罗伊 75

Averroism 阿威罗伊主义 12,P70—71①,75,P80—81①,81,85—86,94—99,101,104,105,109

Avignon papacy 阿维尼翁教廷 11,41,61,79,121,164—167, 182—183,242,253—154

B

Babenberg, Lupold of 巴本贝格的卢波尔德。见 Lupold of Babenberg

Babenbergs 巴本贝格家族 197

Babylonian Captivity "巴比伦之囚" 163,164

Baldwin, Emperor 皇帝鲍德温 60

Baldwin II 鲍德温二世 60

Baldwin of Trier, Archbishop 特里尔大主教鲍德温 214

Baltic coast 波罗的海岸 200,217, 218,227

Barker, Professor 巴克教授 151

Baronage 男爵阶层 152—153, 158,160

Basel, Council of 巴塞尔会议 41, 250—252,256,258

Bassermann, Alfred 阿尔弗雷德·巴塞曼 P85—87

Bavaria 巴伐利亚 202

Beckmann, Josef Hermann 约瑟夫·赫尔曼·贝克曼 P85—87

Belgium 比利时 218

Bellarmine, Cardinal 枢机主教贝拉尔米内 112

Benedict XI, Pope 教宗本笃十一世 164

Benedict XIII,Pope 教宗本笃十三世 254

Benevento,battle of 贝内文托战役 39,60

Bernard of Clairvaux 克莱沃的伯纳德 P50①

Bertrand de Got 贝特朗·德·高斯 164

Bertrand of Bayonne 巴约讷的贝特朗 45—46

Bible《圣经》

New Testament《新约》45,46,74,178,183,186;Old Testament《旧约》74,159,182,183,185;Wycliffe's preparation of English Bible 威克里夫的英语《圣经》编纂 170

Bios theoretikos 静观生活 101

Bismarck,Otto von 奥托·冯·俾斯麦 83

Black Death 黑死病 175

Bloch,Marc 马克·布洛赫 P60①

Bodin,Jean 让·博丹 55,69

Boetius Dacius 波埃修斯·达西亚 86,104

Bohemia 波希米亚 10,174—175,200,202,204,P237②,213

Bona spiritualia 属灵的财富 179

Bona temporalia 属世的财富 179

Bonaventure,Saint 波拿文都拉 P70—71①

Boniface VIII,Pope 教宗博尼法切八世 12,38,41,43—45,56,59,P64①,104,164,165,210

Boniface IX,Pope 教宗博尼法切九世 174

Bourgeoisie 资产阶级 139,140,142

Bradwardian doctrines 布拉德沃丁的教义 188

Brandenburg 勃兰登堡 202,213

Brutus 布鲁图斯 159,P176①

Buergertum 市民阶级 139

Bulgaria 保加利亚 39

Burdach,Konrad 康拉德·布尔达赫 234,236

Burgundy 勃艮第 206,207,223—224,228,229

Byzantine empire 拜占庭帝国 195

C

Caesar 皇帝 206

Calvin,John 约翰·加尔文

and Christian discipline 与基督教纪律 119;compared with. Luther 与路德相比较 9,42,69;compared with Wycliffe 与威克

里夫相比较 169,189;and eschatology 终末论 187;and Reformation generally 宗教改革 9,174;on universal federation of reformed churches 论改革后的诸教派的联合 173
Calvinism 加尔文派 261
Camera apostolica 教会财产局 166
Canon law 教会法 124,208
Cape of Good Hope 好望角 40
Capet,Hugh 胡格·卡佩 P59－60
Capetian kings 卡佩王朝诸国王 58－59,P59－60
Caput Christus 以基督为首 188
Caput populi Christiani 基督教人民之首领 209
Carinthia 卡林西亚 202
Caritas 爱 269－261
Statute of Carlisle《卡莱尔法令》 167,168,174
Carlyle,R. W and A. J. 卡莱尔兄弟 49,P47②
Carolingians 卡洛林家族 58,P59－60,195,215
Catherine of Valois 瓦卢瓦的卡塔丽娜 222
Catholic Church 天主教会。见 Church
Causae 原因 109
Causae formales 形式因 95
Causae materiales 质料因 95
Causa prima 初始因 109
Censuarii 登记的财产 59－51
Cesarini,Cardinal Giuliano 枢机主教朱利亚诺·切萨里尼 251,252
Chambres des Comptes 审计法院 224
Champagne,Comte de 香槟区伯爵 P59－60
Charismata 超凡魅力 46
Charity 仁爱 178－179,181－183,260－261,265－266
Charlemagne 查理大帝 58,P59－60,195,204,215
Charles IV,Emperor 查理四世皇帝 203－205,209,236,239,241,242
Charles IV,King of France 法国国王查理四世 204
Charles VI,King of France 法国国王查理六世 252
Charles VII,King of France 法国国王查理七世 256
Charles of Anjou 安茹的查理 39,P48①,59－61,104
Charles of Basse-Lorraine 下洛林的查理 P59－60

Charles the Bold“无畏者”查理 223—224

Chelcicky, Peter 彼得·海尔奇茨基 175, P194①

Chiliastic movements 千禧年运动 175

Chioggia, War of 基奥贾战争 220

Chrimes, S. B. 克赖姆斯 155, P170②, 158

Christ 基督

as head of invisible church 作为无形教会的首脑 188; historical Christ 历史上的基督 110; imitation of, by Saint Francis 方济各效法基督 108, 120; and infallibility of church 教会的无谬误性 124; Joachim of Fiore on 菲奥雷的约阿希姆论基督 14; and kings 国王 190; Marsilius of Padua on 帕多瓦的马西利乌斯论基督 98, 100; Nicholas of Cusa on 库萨的尼古拉论基督 258, 259, 264—265; in *Piers Plowman*《耕者皮尔斯》180—183; and popes 历代教宗 121, 189—190, 192; poverty of Jesus 基督的贫穷 185, 192; refusal of dominium over the world 对此世统治权的拒绝 119, P130①; Rienzo compared with 里恩佐自比基督 240; trial of, by Roman court 受审于罗马人的法庭 78; William of Ockham on 奥卡姆的威廉论基督 108, 110, 119—121, 124; Wycliffe on 威克里夫论基督 188—190, 192. 也见 Christianity; Corpus mysticum; God; Trinity

Christianity 基督教

in Bohemia 波希米亚 202; conversion of Clovis to 克洛维之皈依基督教 58; and corpus mysticum 神秘体 11, 24, 25, 41, 46, 110, 113, 120, 158—159, 162, 259—262, P294①, 266; corruption of 基督教的败坏 182—184; historical literalism of 基督教的历史经律主义 110; and love 爱 178—179, 181—183; Marsilius of Padua on 帕多瓦的马西利乌斯论基督教 97—101, P107①, 105; and order 秩序 12—13; “parochial Christianity”“教区基督教” 15, 168—175, 192; and *Piers Plowman*《耕者皮尔斯》178—184; and pre-Reformation 宗教预改革 172—175; and Reformation 宗教改革

9,15,69,119－120,126,130,172,174,192,251,256;regional spiritual movements 地区性的精神运动171－175;and representation 代表制 152－153;of William of Ockham 奥卡姆的威廉的基督教信仰 108－109;and Wycliffe 威克里夫 13,168－170,172－175,184－192. 也见 Christ; Church; God; Popes; Trinity

Christianum imperium 基督教帝国 205

Church 教会

and Babylonian Captivity"巴比伦之囚"163,164;Christ as head of invisible church 基督作为无形教会的首脑 188;clash between nations and 国家与教会的冲突 40－42;and *Clericis Laicos*《平信徒教谕》43,44;and Conciliar movement 公会议运动 12,24,41－42,113,125,245－266;and *corpus mysticum* 神秘体 11,24,25,41,46,110,113,120,158－159,162,259－262,P294①,266;corruption of 教会的败坏 182－184;Curia in 罗马教廷 166－67,168,209;and *Donation of Constantine*《君士坦丁御赐教产谕》57;and ecclesiastical totalitarianism 教会的极权主义 52－53;in England 英国 129,130,138－139,143,167－70,255;in France 法国 253－255,256;in Germany 德意志 198,256;Giles of Rome on papal power 罗马的吉莱斯论教宗的权力 51－52;and *Golden Bull*《金玺诏书》198,203－216,228;and Great Schism"大分裂"41,163,188,191,192,245－253;Greek Church 希腊教会 250;Hildebrandine assertion of papacy's universal political authority 希尔德布兰德关于教廷拥有普世政治权威的断言 11,165;and Hussite question 胡斯派问题 41－42;and *Index Prohibitorum Librorum*《禁书目录》112;infallibility of 教会的无谬误性 111,124－125,247,and Investiture Struggle"主教叙任权之争"15,40,66,79,92,103,116,193;and Jubilee of 1450,1450 年大赦年 42;Marsilius of Padua on 帕多瓦的马西利乌斯论教会

97—101，P107①，105；monarchical government for 君主制的教会政府 252,258；and nationalism 民族主义 40—42,255—256；Nicholas of Cusa on government of 库萨的尼古拉论教会政府 263—266；Papacy at Avignon 阿维尼翁教廷 11,41,61,79,121,164—167,182—183,242,253—254；papal interference in reign of Louis IV 教宗在路易四世统治期间的干涉 83；pope's role in 教宗在教会中的职能 11—12,51—52,162；as power organization 教会作为权力组织 41；and pre-Reforma-tion 宗教预改革 172—175；and Reformation 宗教改革 9,15,69,119—120,126,130,172,174,192,251,256；regional spiritual movements 地区性的精神运动 171—175；and representation 代表制 152—153；and Rienzo 里恩佐 235,237,241,243；secular civilization and withdrawal of 世俗文明与教会的退出 109—112；temporal power of 教会的属世权力 11—12,120—121,187—188,248,253；transformation of organization of 教会组织方式的转型 164—167；and *Unam Sanctam*《一圣教谕》43—46,47；and Universal Inquisition 普世裁判所 112；William of Ockham on 奥卡姆的威廉论教会 120—121；and Wycliffe 威克里夫 13,168—170,172—175,184—192. 也见 Christianity；Popes

Church Militant"战斗的教会" 188

Church of England 英格兰教会 167—168

Ciompi 梳毛工起义 231

Cistercian Order 西笃会 66,171

City-states 城市国家

area of 城市国家地区 216—218；Burgundy 勃艮第 223—224；constitution of Venice 威尼斯政制 232—233；feudal world and towns 封建世界与诸市镇 218—219；and Fourth Crusade 第四次十字军东征 221—222；in Germany 德意志的城市国家 216—219,224—228；and Hansa 汉萨同盟 224—227；internal structure of towns 市镇的内部结构 229—232；in Italy 意大利的城市国家 10,154,217—218,

220－223,228,230－233;organization of Venetian conquest 威尼斯征服的组织方式 222－223;Southwest German leagues 西南德意志诸同盟 227－228;Swiss Confederation 瑞士联邦 228－229;trade routes and food supply 贸易路线与食物补给 220－221

Civil Dominion（Wycliffe）《论政治统治》（威克里夫）185,186－188

Civitas 国家 86,87,93,95－97

Civitas Dei《上帝之城》81

Civitates 诸城市 226

Civium universitas 公民整体 89

Clemens 仁慈 235,P264①

Clement IV,Pope 教宗克雷芒四世 60

Clement V,Pope 教宗克雷芒五世 164,253

Clement VI,Pope 教宗克雷芒六世 165,167,185,235

Clement VII,Pope 教宗克雷芒七世 245

Clericis Laicos《平信徒教谕》43,44,138－139

Cloud of Unknowing《未知的云》177

Clovis 克洛维 58

Cluniac reforms 克吕尼改革 152,171,196,197

Codex Justinianus《查士丁尼法典》149

Cola di Rienro 里恩佐。见 Rienro,Cola di

Cole,G. D. H. 科尔 143

Collegio 执行委员会 233

Colonization 殖民 199－203

Colonna,Cardinal 枢机主教科隆纳 38

Commentary（Peter Lombard）《评注》（彼得·隆巴德）176

Common law 普通法 130

Commune consilium regni 王国共同会议 152

Communes 集团（公社）136,218,230－235

Communism 共产主义 72,110

Communitas 共同体 213

Communitas civitatis 市民共同体 148

Communitas comitatus 臣民共同体 148

Communitas perfecta 至善团体 56,86,87

Community consciousness 共同体意识 21－25

Compacta of 1433，1433 年的《协议》42

Compagnies d'Ordonnance 陆军部 224

Conciliar movement 公会议运动

and *Concordantia Catholica*《论公教和谐》256－266；and concordats 政教协约 255－256；and Conrad of Gelnhausen 盖尔恩豪森的康拉德 246－247；and *Decree Frequens*《勤政教谕》247－248，250；forerunner of 先驱 113，125；and French National Council of 1398，1398 年法兰西教士会议 252－254；and French National Council of 1406，1406 年法兰西教士会议 254－255；and Gallicanism 高卢主义 252－256；and Great Schism "大分裂" 245－253；and Henry of Langenstein 朗根施太因的亨利 246；impact of 公会议运动的影响 12；and national-concordats 民族的政教协约 252－256；and Nicholas of Cusa 库萨的尼古拉 24，256－266；nominalism and jurisdictionalism in 公会议中的唯名论和权限论 248－252；purposes of 公会议的目标 41－42

Concives（fellow citizens）公民同胞 149

Concordantia（精神的）和谐 17，24－25，257，258，263－266

Concordantia Catholica（Nicholas of Cusa）《论公教和谐》(库萨的尼古拉）24，P284①，256－266

Concordantia infinita 无限和谐 265－266

Concordantissima unio 和谐合一 258，266

Concordat of Genzano《真扎诺协约》256

Concordat of Vienna《维也纳协约》251，256

Concordat of Worms《沃尔姆斯协约》206

Concordats 政教协约 252－256

Concordats of Constance《康斯坦茨协约》256

Concordia 和睦 215

Concorditer 和谐 211

Coningsby（Disraeli）《科宁斯比》（迪斯雷利）142

Conjurationes 魔法 218

Conrad of Gelnhausen 盖尔恩豪森的康拉德 246－247，P276－277 ②

Considerata quantitate 从量上考

虑 90

Consilium (baronial parliament) 政务会(男爵议会) 136,140,152

Consilium Pacis (Henry of Langenstein)《和平会议》(朗根施太因的亨利) 246,P276—277②

Consistorium 审判委员会 235

Consorterie 结盟 231

Conspiracies 谋叛 214

Constance,Council of 康斯坦茨会议 41,248—250,255

Peace of Constance《康斯坦茨和约》197

Constantine,Emperor 君士坦丁大帝 236

Constantine Donation《君士坦丁御赐教产谕》57,191

Constantinople 君士坦丁堡 39,40,221,222

Constitutionalism 立宪论

and community consciousness 共同体意识 21—25;and Council of Constance 康斯坦茨会议 248—249;definition of 宪政定义 141,141n;in England 英国宪政 22,23—24,128,129,134,141—145,149;in Germany 德国宪政 83—84;growth of 宪政的发展 19;and hierarchy of powers 权力等级制构筑 46;medieval world as forerunner of 作为宪政先驱的中世纪世界 6,21;Nicholas of Cusa on 库萨的尼古拉论宪政 24—25,265;philosophic-Christian synthesis and 哲学—基督教综合 19—20,21,41,56;and representation 代表制 22—23;sources of 源头 20;as symbol 作为符号的宪政 22,144—146;Venetian constitution 威尼斯政制 232—233;Voegelin's analysis of process of 沃格林对宪政发展过程的分析 21—22

Constitutions of Melfi《梅尔菲宪章》205

Contra bonam et debitam politiam 有违福祉与政治责任 253

Contrat Social (Rousseau)《社会契约论》(卢梭) 93

Cordon sanitaire 防疫线 18

Epistle to Corinthians《哥林多书》46,74

Corpus diaboli 魔鬼身体 185

Corpus mysticum 神秘体 11,24,25,41,46,110,113,120,158—159,162,235,237,242,243,250,252,259—262,P294①,266

Corsica 科西嘉 240

Council of Basel 巴塞尔会议 24, 250—252,256,258

Council of Constance 康斯坦茨会议 248—250,255

Council of Ferrara/Florence 费拉拉—佛罗伦萨会议 250

Council of Lateran 拉特兰会议 171,251

Council of Pisa 比萨会议 250

Council of Pisa/Siena 比萨—锡耶纳会议 250

Council of the French church of Orleans Bourges 法兰西教会在奥尔良—博格斯召开的会议 256

Council of Trent 特伦托会议 111

Courtenays 科特尼家族 60

Coutumes 习惯法 130

Cramaut, Simon 西蒙·克拉缪 253

Crécy, battle of 克雷西战役 68

Crete 克里特岛 222,249

Crusades 十字军东征 39,40,44, 59,60,62—64,165—166,P183②, 171,173,201,207,221—222, 251

Cusa, Nicholas of 库萨的尼古拉。见 Nicholas of cusa

Cyprus 塞浦路斯 2 22,249

Czechoslovakia 捷克斯洛伐克 146,174,175,200

D

d'Ailly, Pierre 皮埃尔·达耶利 251,P283①

Dante 但丁

and Averroism 阿威罗伊主义 P70—71①,75,P80—81①,81; compared with Nicholas of Cusa 与库萨的尼古拉相比较 266; compared with *Piers Plowman* 与《耕者皮尔斯》相比较 178, 181,183—184; compared with Rienzo 与里恩佐相比较 234, 238,242,243; as conservative 作为保守派 71; *Divina Commedia by*《神曲》67—72,P70—71①,73,78—82; hierarchy of souls in *Divina Commedia*《神曲》中灵魂的等级 78—79; as idealist 作为观念论者 70; *Inferno* by《地狱》178; on intellectual and hegemonic world organization 论智识主义的与霸权的世界组织 76—77,121, 239; and isolation of political thinker 政治思想家的孤立

66—68; and Joachitic tradition 约阿希姆传统 67n,70,73,79—81,104,113; *Letters* of《书信集》72—73,75,81,238; and *lingua volgare* 民间语 73; literary forms of, and symbols of authority 文体与权威符号 72—74; as medieval figure 作为中世纪人物 37; *Monarchia* by《论世界帝国》71,73,74—78,100; on myth of the Italianità 论意大利人神话 77—78; *Purgatorio* by《炼狱》78—82,178,181; as Renaissance figure 作为文艺复兴时期的人物 37—38; as romantic 作为浪漫派 71; and separation of spirit from politics 精神之脱离于政治 68,105; and Siger-Thomas question 西格尔和托马斯问题 67,P70—71①; and spiritual realism 精神实在论 70—72; and symbols of authority 权威符号 72,73—74; ontemporal monarchy 论俗世的帝国 71—72,74—75; and universal intellect 普遍的理智 75; vision of generally 总的看法 9—10; on world monarchy 论世界帝国 75—77,100

Davidsohn, Robert 罗伯特·达维德松 P85—86

De Anima (Aristotle)《论灵魂》(亚里士多德) 75

Debent civiliter intelligi 属于政治智慧 P283①

De Christo et suo Adversario Antichristo (Wycliffe)《论基督及其敌人敌基督者》(威克里夫) 192

De consideratione libri v ad Eugenium Tertium (Bernard of Clairvaux)《慎思论五篇呈犹金三世》(明谷的伯尔纳) P50①

De Contrarietate Duorum Dominorum (Wycliffe)《论对立的二元统治》(威克里夫) 188

Decretum Frequens《勤政教谕》247—248,250

De decimis et aliis oneribus ecclesiasticis《什一税及外邦教士之赋税教谕》248

De Dominio Civili (Wycliffe)《论政治统治》(威克里夫) 185,186—188

De Dominio Divino (Wycliffe)《论神的统治》(威克里夫) 185

De Ecclesia (Wycliffe)《论教会》(威克里夫) 188—189

De ecclesiastica potestate (Giles of Rome)《论教会权力》(罗马的吉莱斯) 46－47,59－53,55,84,97

De fensor Pacis (Marsilius of Padua and John of Jandun)《和平保卫者》(帕多瓦的马西利乌斯和简登的约翰) 12,84－102,P91①;P104①;P105①;P107①,105,261

De Haeretico Comburendo《烧毁异端者法令》173

De Imperatorum et Pontificum Potestate (William of Ockham)《论皇帝与教宗之权力》(奥卡姆的威廉) 120,126

De juribus regni et imperii Romani (Lupold of Babenberg)《论王国和罗马帝国之权限》(巴本贝格的卢波尔德) 214－216

De juribus romani imperii (William of Ockham)《论罗马帝国之权限》(奥卡姆的威廉) 122

Democracy 民主 144－145

De Monarchia (Dante)《论世界帝国》(但丁) 71,73,74－78,100

Dempf,Alois 阿洛伊斯·登普夫 5,P91②,P129①;P130①,252,P298①

De Natura Legis Naturae《论自然法之本质》156

Denmark 丹麦 201,227

De Officio Regis (Wycliffe)《论国王之职责》(威克里夫) 169,190

De ortu et auctoritate imperii Romani (Enea Silvio)《罗马帝国之兴起与权势》(埃内亚·西尔维奥) P284①

De pauperie Salvatoris (Fitzralph)《论救主之贫穷》(菲茨拉尔夫) 169,185

De Potestate Papae (Wycliffe)《论教宗权力》(威克里夫) 191－192

De potestate summi pontificis in rebus temporalibus (Cardinal Bellarmine)《论教宗对属世事务之权力》(枢机主教贝拉尔米内) 112

De recuperatione terre sancte (Dubois)《论圣地之收复》(迪布瓦) 61－65,P64①;P66－67

De regtmine principum (Giles of Rome)《论君主制》(罗马的吉莱斯) 48－49

De sacramentis fidei Christiana (Hugh of Saint Victor)《论基

督信仰之圣事》(圣维克多的胡格) 47

Deutero-Isaiah “第二以赛亚” 74

Devil 魔鬼。见 Satan

Devotio moderna 现代虔信派 17

Dialogus (William of Ockham)《对话集》(奥卡姆的威廉) P128④, 120,121,122,124

Diet of Frankfurt 法兰克福会议 83

Diet of Mainz 美因茨会议 256

Diet of Metz 梅斯会议 205

Diet of Nuremberg 纽伦堡会议 205

Dignus est operarius cibo suo 仆人是他应得之生活 162

Ding an sich 物自体 107

Dionis Hid Divinite《神秘教诲》 177

Dionysius Areopagita 卫城山的狄奥尼修斯(托名狄奥尼修斯) 176,257,259

Discordia 不和 215

Disraeli,Benjamin 本杰明,迪斯雷利 142

Divina Commedia (Dante)《神曲》(但丁) 67—72,P70—71①, 73,78—82,P85①

Divino Afflante Spiritus《圣神默示》P121①

Divi Romanorum imperatores et reges 神圣罗马皇帝 206

Divisio regnorum (division of realms)《王国分割令》55

Docta Ignorantia (Nicholas of Cusa)《论有学问的无知》(库萨的尼古拉) 258—259,P292②, 266,P301①

Domina scienciarum 一切学问的女王 52

Dominic,Saint 圣多明我 241

Dominican Order 多明我会 20,56, 66,151,152—153,171

Dominion by grace doctrine 神恩统治学说 185—187

Dominium 统治 117,119,P130①, 169

Dominium generale 总的支配权 120

Dominium particulare 部分的支配权 51

Dominium politicum et regale 君民共主 23,155—157

Dominium regale 君主 23,155—156

Dominium tantum regale 君主专制 160

Dominus mundi 世界之主 207

Donation of Constantine《君士坦丁御赐教产谕》57,191
Droit commun 普通法 254
Dubois,Pierre 皮埃尔·迪布瓦,39—40,61—65,P64①,72,77,104,239
Ducatus Romanus 罗马公爵领 164
Duce 元首 P85—86
Duns Scotus 邓斯·司各脱 106,109,169,P202①
Durant,Guillaume 纪尧姆·杜兰特,P56③
Dux 元首 80,P85—87,183,242

E

East Frankish kingdom 东法兰克王国 194—196
Ecclesia 教会 41,47,261
Ecclesia Christi 基督教会 260
Ecclesiastical Appointments Act of 1534,《1534 年圣职任命法》168
Ecclesiastical totalitarianism 教会的极权主义 52—53
Ecclesia universalis 全体教会 247
Eckhart,Meister 艾克哈特大师 169,257,265
Eclogue (Virgi)《牧歌》(维吉尔) 73
Edward I,King of England 英国国王爱德华一世 136,138,148,149,160
Egidius of colonna 罗马的吉莱斯。见 Giles of Rome
Egypt 埃及 221
Electoral college 选举人团 210—214
Electus in imperatorem 皇帝当选者 208
Emperors and empire 皇帝和帝国。见 Imperial policy and power
Engel-Janosi,Friedrich von,P105 ①
England 英国(英格兰)
baronage in 男爵阶层 137—138; church in 教会 129,130,138—139,143,167—170,255; civil service in 文职部门 131; Civil War in 内战 141; clergy in 教士阶层 138—139; and *Clericis Laicos*《平信徒教谕》43,44; common law in 普通法 130; compared with continental development 与大陆发展相比较 140—141; constitutionalism in 英国宪政 22,23—24,128,129,134,141—145,149; and Council

of Constance 康斯坦茨会议 249;and estate of the king 国王等级 169－162;feudalism in 封建制 136;Fortescue on political structure of realm of 福蒂斯丘论王国的政治结构 155－162; and healing power of king 国王的治疗能力 P60①，122; and Hundred Years War 百年战争 40, 62, 128, 141, 210; institutions of 制度 135－143;insularity of,and absence of disturbing-factors 岛国特性，干扰因素之缺乏 128－131;internal disorder in, during fourteenth and fifteenth centuries,14－15 世纪英国的内部失序 68－69;kingship in 英国王权 11,57,69,93,127,128,135－137,169－162,167; labor and labor movement in 英国的劳工与劳工运动 142－143,175－176;“Lancastrian experiment” in “兰开斯特实验试” 155; and *Magna Carla*《大宪章》23, 131－138, 153; merchants in 英国的商人 149;middle class in 中产阶级 139,143; military in 武装力量 130－131, 161,P178①;and nationalism 民族主义 29,127－162,194－195, 199, 200, 216, 239; and Norman conquest 诺曼征服 129,195;Parliament in 英国议会 136,139,140,145,P170②; Peasant Revolt in 英国农民起义 68,176;political articulation and integration in 政治连属化与整合 137－141,151－153,231－132;and the realm 英格兰王国 154;*Reform Bill of* 1831 in,《1831 年改革法案》142; Reform of1832in, 1832 年改革 139;representation in 英国的代表制 145－154,151－153; and Roman Church 罗马教会 130; and Share in European balence of power 分享欧洲的权力平衡 121; spiritualism in, and *Piers Plowman* 唯灵论以及《耕者皮尔斯》175－184;symbols of 符号 144－145; towns in 市镇 136,217;Tudor monarchy in 都铎君主制 69,167,234;Wars of the Roses in 玫瑰战争 68－69; writs of summons in 诏令 148－151

Entwuer fe《书信手稿》P236①

Epikeia 法律的权宜解释 P283①

Epistola Concordiae (Conrad of Gelnhausen)《协和信札》(盖尔恩豪森的康拉德) 246－247
Ernest, Archbishop of Prague 布拉格大主教埃内斯特 239
Estat de l'église 教士等级 254
Estonia 爱沙尼亚 201,217
Ethics (Aristotle)《伦理学》(亚里士多德) P105①
Eudaimonia 幸福 86,87
Eugene IV, Pope 教宗犹金四世 250
European league of sovereign states 欧洲主权国家联盟 63－64,P66－67①,239
Evangelium Aeternum 永恒福音 120,243
"Evocative ideas" 召唤观念 4
Executiva 执行机能 95
Explorations 探险 40
Ex populo erumpit regnum 人民肇兴为王国 157

F

Faith 信仰
"civilizational schism" between reason and 理性与信仰之间的"文明分裂" 8,18－21; Marsilius on 马西利乌斯论信仰 97－98; Nicholas of Cusa on 库萨的尼古拉论信仰 25,258－259,263－66; severed from reason in modernity 在现代性中与理性斩断联系 8－9,18; Thomas Aquinas on 阿奎那论信仰 20,98,105; unity between reason and 信仰与理性之间的统一 25; William of Ockham on 奥卡姆的威廉论信仰 7－8,17,25,107－111,P117①,126,265
Falkenhausen, F. Frh von 冯·法尔肯豪森 P85－86
Falsa cognitio 错误认识 97
Fascism 法西斯主义 49－50,P85①
Felix V, Pope 教宗菲利克斯五世 250
Ferdinand of Aragon 阿拉贡的斐迪南 69
Ferrara 费拉拉 224
Ferrara/Florence, Council of 费拉拉－佛罗伦萨会议 250
Feudalism 封建制 130,131－136,141,154,160,163,175,185,218－219
Figuratur(symbolized) 以……来象征 72
Fiore, Joachim of 约阿希姆。见

Joachim of Fiore (Flora)

Fitzralph, Richard, bishop of Armagh 阿尔马大主教理查德·菲茨拉尔夫 169,185

Flanders 佛兰德 60,217,226

Florence 佛罗伦萨 230—232,235,237,243

Florensian Order 佛罗伦萨修会 66

Florentine Histories (Machiavelli)《佛罗伦萨史》(马基雅维利) 233—234

Flotte,Pierre 皮埃尔·弗洛特 62,P65①

Food supply 食物补给 220—221

Foolishness 愚蠢 261—263

Foreign policy 对外政策 44—45. 也见 Imperial Policy and power

Forma securitas《安全条款》137

Forma securitatis《安全条款》133,153

Fortescue,Sir John 约翰·福蒂斯丘爵士 23,155—162

France 法国

Capetian kings in 卡佩王朝诸国王 58—59,58n; and Charles of Anjou 安茹的查理 39,P48①,59—61; church in 教会 253—55,256; and *CLericis Laicos*《平信徒教谕》43,44; communes in (封建)自由市 136; compared with England 与英国相比较 140—141; conflict with Boniface VIII 与博尼法切八世的冲突 38,41,43—45,56,59,P65①,165,210; constitutionalism in 法国立宪论 22; and Council of Constance 康斯坦茨会议 249; and Dubois 迪布瓦 39—40,61—65,P64①,72,77,104,239; feudal lords in 法国的封建主 130; and Fourth Crusade 第四次十字军东征 221—222; and Gallicanism 高卢主义 252—256; and healing power of king 国王的治疗能力 58—59,122; and Hundred Years War 百年战争 40,62,128,141,210; imperial policy of 法国的帝国政策 39—40,59—61,238—239; and independence from imperial power 法国之独立与帝国的权力 55—57; internal disorder in, during fourteenth and fifteenth centuries, 14—15 世纪内部失序 68; Jacquerie of 1358,1358 年扎克雷起义 68,176; kingship in 法国王权 17,39—40,54,69,93,127,141, 167; National Council of1398,1398年法兰西教士会议252－254;National Council of 1406,1406年法兰西教士会议254－255;and nationalism 民族主义 194－195,199,200,210,216,238－139;period preceding fall of 法国衰落之前那段时期145;political articulation in 政治连属化 140－141;realm of 法兰西王国 160;Reformation in 宗教改革 130;regional assemblies of villes in 城镇的地方集会136,140;representation in 代表制 147;and thaumaturgic kingship 灵异的王权 57－59,122,127;third estate in 第三等级139,141,200

Francis,Saint 方济各 9,14,41,66,72,103,108,120,121,241－244

Franciscan Order 方济各会 14－15,17,66,P80－81①,79,104,105,108,112－114,123,125,171,174,176,180,P202①,185,239,243

Franciscan spiritualism 方济各会属灵派(方济各会的唯灵论)14,17,79,105,112－114,123,176,180,P202①,239,243

Franciscus de Zabarellis 弗朗西斯库斯·德·扎巴里利斯 P278②

Frankish kingdom 法兰克王国194－196

Franks 法兰克人 58,195,214－215

Fraticelli 小兄弟会 239－243

Frederick I,Emperor 皇帝弗里德里希一世 197,198,201,202,204,207

Frederick II,Emperor 皇帝弗里德里希二世 59,72,103,147,197,198,205,207,228

Frederick Barbarossa 红胡子弗里德里希 P59－60

Frederick the Great 弗里德里希大帝 P179①

Freedom 自由 52,264

Free will 自由意志 181,P202①

French Kingship, overview of, 法国王权 17

From Enlightenment to Revolution (Voegelin)《从启蒙到革命》(沃格林) 4

Fronde 投石党运动 154

Fruitio Dei 享有神性 69

Fundamentalism 原教旨主义 9

Fundamentum 基础 205

Futurus imperator 未来之皇帝

206,208

G

Gabriel,Ralph H. ,P157①

Gallicanism 高卢主义 129,168,252—256

Gaudium et Spes (*The Pastoral Constitution in the Modern World*)《喜乐与希望》(《论教会在现代世界牧职宪章》) P121①

Gaul 高卢 195,214

Gelasian balance of powers 格拉西乌斯式权力平衡 46,74,83

Gelnhausen,Conrad of 盖尔恩豪森的康拉德。见 Conrad of Gelnhausen

Genesis,Book of《创世记》185

Genoa 热那亚 229—221

Gens Germanica 日耳曼人民 P236①

Concordat of Genzano《真扎诺协约》256

Geoffrey of Monmouth 蒙茅斯的杰弗里 P176①

Gerard of Abbeville 阿布维尔的热拉尔 46

Germany 德意志

church in 教会 198,256; citystates in 城市国家 216—219,224—228; and colonization of the East 东方殖民 199—203; concentration of royal power in 皇室集权 196—199; constitutional development in 宪政发展 83—84; and Council of Constance 康斯坦茨会议 249; East Frankish kingdom and Italy 东法兰克王国与意大利 194—196; election of king-emperor in 国王—皇帝的选举 206,208,210—215,211n; empire in 皇帝 10,39,83—84,194,238—239; encirclement complex of 德意志人的被包围情结 P178①; and-*Golden Bull*《金玺诏书》198,203—216,228; Hansa in 汉萨同盟 224—227; historiography of nineteenth century19 世纪的历史编纂学 194; institutional creativeness in 制度创新 143; and interregna 空位期 194,196—199,203; kingship in 王权 130,193,198—199,205—216; and Lupold of Babenberg's juristic theory 巴本贝格的卢波尔德的法学理论 214—216; and MaximilianI 马克西米利安一世 69; middle and lower classes in 中下层阶级 141; national character of 德意志"民族性格" 194,200,225—226;National Socialism in 纳粹 P59—60,142,218;and nationalism 民族主义 194,210;obstacles to political unity in 政治统一的障碍 194;oligarchy of princes in 诸侯的寡头统治 212—214;and particularism 特殊主义 194,195,198—200,216—217,225;poet as divine voice of nation in 诗人作为民族的神的喉舌 74;Reformation in 宗教改革 130;and Rienzo 里恩佐 236—237;southwest German leagues 西南德意志诸同盟 227—228;subimperial politics in 次帝国政治 193—203;and Swiss Confederation 瑞士联邦 228—229;unlimited authority of ruling elite in 统治精英的不受限制的权威 92;Weimar Republic 魏玛共和国 145

Germinal institutions 制度胚芽 128

Gerson,Jean 让·热尔松 251,P283①

Ghibellines 皇帝党 231,232

Giles of Rome (Aegidius Romanus)罗马的吉莱斯(埃基迪乌斯·罗马努斯):absolutism of 绝对主义 46—53,49n,104,110,111;*De ecclesiastica potestate by*《论教会权力》46—47,50—53,55,84,97;*De regimie principum*《论君主制》48—49;and ecclesiastical totalitarianism 教会的权力至上论 52—53;as fascist 作为法西斯 49—50;and mysticism of Hugh of Saint Victor 圣维克多的胡格的神秘主义 47—48,P45—46;overview on 对吉莱斯的总览 12;and sacrificium intellectus 理智的牺牲 52;theory of power of 吉莱斯的权力理论 50—51,71,105;and will to power of intellectual 知识人的权力欲 48—49,67

Gnosticism 灵知主义 13—14

God 上帝

Dante on derivation of imperial authority from 皇帝的权威由上帝赐予 78;Nicholas of Cusa on 库萨的尼古拉斯论上帝 258—259,264,266;in *Piers Plowman*《耕者皮尔斯》182;and predestination 预定论 189;William of Ockham on 奥卡姆的威廉论上帝 107,P115①,111,

119n,126;Wycliffe on 威克里夫论上帝 185－187,191,192;也见 Christ;Trinity

Godfort of Beaulieu 博利厄的戈佛 59

Golden Bull of Eger (1213)《埃格尔金玺诏书》(1213 年) 198

Golden Bull of 1356,《1356 年金玺诏书》203－216,228

Golden Fleece, Order of “金羊毛勋位” 224

Good life doctrine 良好生活的学说 94,101

Grabmann, Martin 马丁·格拉布曼 P70－71①

Grace (神的)恩典 189,262－263; dominion by 神恩统治原则 185－187

Gradualis concordantia 逐级的和谐 258－259

Grandi 贵族 230,231,232

Great Schism “大分裂” 41,163,188,191,192,245－253

Greek Church 希腊教会 250

Greeks 希腊 154,159,215,261－263

Gregory VII, Pope 教宗格雷高利七世 38,55,164,197

Grey, earl 格雷伯爵 142

Grosseteste, Robert 罗伯特·格罗斯泰特 176

Grotius, Hugo 格老秀斯 263

Grundmann, Herbert 赫伯特·格伦德曼 P70－71①

Gubernaculum Conciliorum (Andreas of Escobar)《公会议政治》(埃斯科巴的安德烈亚) P284①

Guelfs 教宗党 232

Guild Socialist plan 基尔特社会主义方案 142－143

Guillaume de Nogaret 纪尧姆·德·诺加雷 38,62

H

Habsburgs 哈布斯堡家族 P183②,194,198

Hactenus 至今 P236①

Hainaut, Comte de 埃诺伯爵 P59－60

Hanc potestatem a populo effluxam 出自人民的权力 158

Hansa 汉萨同盟 224－227

Harmony 和谐 257－258

Hausmacht policy 世袭领地政策 194,198－199,203

Haute bourgeoisie 上等资产阶级

139,142,230
Hegel,G. W. F. 黑格尔 142,259
Henry,Prince of Portugal 葡萄牙的亨利王子 40
Henry III,Emperor 皇帝亨利三世 196
Henry IV,Emperor 皇帝亨利四世 P59—60,196—197
Henry V,Emperor 皇帝亨利五世 197
Henry VI,Emperor 皇帝亨利六世 197,198,207
Henry VII,Emperor 皇帝亨利七世 39,72,74,79
Henry I,King of England 英国国王亨利一世 133
Henry II,King of England 英国国王亨利二世 P60①
Henry III, King of England 英国国王亨利三世 137
Henry VII,King of England 英国国王亨利七世 219,231
Henry VIII,King of England 英国国王亨利八世 168
Henry of Langenstein 朗根施太因的亨利 246,P278②
Henry of Luxemburg 卢森堡的亨利 229
Henry the Lion "狮子"亨利 197,201
Heraclitus 赫拉克利特 68
Heresy 异端 124—125,170,172
Hierarchy 等级制
Aristotelian Political hierarchy 亚里士多德论等级制 261;Marsilius on hierarchy of status groups 马西利乌斯论地位团体的等级制 90—91;Nicholas of Cusa on 库萨的尼古拉斯论等级制 259—260;Pauline 保罗式的等级体系 260; of powers 权力等级制 45—46;pseudo-Dionysian theory of 托名狄奥尼修斯的等级制理论 45—48,P45—46,259;of sciences 知识等级制 52;of souls in *Divina Commedia*《神曲》中的灵魂等级 78—79
Hieronymus of Prague 布拉格的希罗尼穆斯 174
High Middle Ages 中世纪盛期。见 Middle Ages
Hilton,Walter 沃尔特·希尔顿 177
Hippocrates 希波克拉底 P293①
Historia gestorum generalis concilii Basiliensis（John of Segovia)《巴塞尔公会议始末》(塞

戈维亚的约翰）P284①

History 历史[学]

critical history 批判的历史学 110；Joachitic philosophy of 约阿希姆的历史哲学 241；Nicholas of Cusa's perspective on 库萨的尼古拉的历史观 266；Trinitarian speculation on 三位一体的历史观 14

History-of-ideas approach to political theory 政治理论的观念史研究 2，3

History of Political Ideas（Voegelin）《政治观念史稿》（沃格林）

editor's preparation of manuscript for publication 手稿出版前的编辑 25－26；misimpressions of 对该书的错误印象 3；overview of high Middle Ages in 对中世纪晚期的总览 5－25；purpose of 目的 1；significance of 意义 3－5；Voegelin's decision not to publish 沃格林决定不发表 3，4；Voegelin's view of as flawed 沃格林认为有缺陷 1－2，3

Hitler，Adolf 阿道夫·希特勒 P85－87

Hobbes，Thomas 霍布斯 13，53，69，71，158，P175

Hohenstaufen 霍亨斯陶芬 39，104，163，193，197－199，203，207

Hölderlin，Friedrich 弗里德里希·荷尔德林 74

Holland 荷兰 217，218，223

Holy Spirit 圣灵 182，235－237，240－241，P271①，243，264－265

Hugh of Saint Victor 圣维克多的胡格 47－48，P45－46，52－53

Humana natura 自然人形 182，183

Humanism 人文主义 257

Humbert，Cardinal 枢机主教洪贝特 105

Hundred Years War 百年战争 40，62，128，141，210

Hungary 匈牙利 200

Hus，Jan 扬·胡斯 172－75

Hussites 胡斯派 41－42，173－175，251

I

Ideals 理想 70

Ideas 观念 1－4

Idiota 俗人 179

Imitatio Christi《效法基督》177

Immaculate Conception "圣母无原罪始胎论" 111

Imperator 皇帝 206,207,216

Imperatorem promovendus 皇帝候选人 206

Imperator futurus 未来之皇帝 206,208

Imperator in regno suo 自己王国的皇帝 216

Imperator vel rex Romanorum 罗马人之皇帝或国王 206

Imperatura 皇帝辖区 207

Imperaturam Romani solii 罗马帝国的土地 207

Imperial policy and power 帝国的政策与权力

and city-states 城邦国家 216—233; and Dante 但丁 78,79—83,239; election of Germanking-emperor 德意志国王—皇帝的选举 206,208,210—215,211n; elimination of emperor after the Hohenstaufen 霍亨斯陶芬王朝之后皇帝被淘汰 163; of France 法国 39—40,59—61; in Germany 德意志 39,83—84,194,205—216,238—239; and *Golden Bull*《金玺诏书》198,203—216,228; independence from, and France 法国之独立于皇帝的权力 55—57; and Lupold of Babenberg's juristic theory 巴本贝格的卢波尔德的法学理论 214—216; in Middle Ages generally 在整个中世纪 6—7,44—45; Ottoman empire 奥斯曼帝国 P183②,175; and Rienzo 里恩佐 236—239; roles of German king-emperor 德意志国王—皇帝的职责 207—208,215—216; Roman empire 罗马帝国 53,77—78,122,152,154; state-*imperium* and world-*impe-rium* 国家—帝国与世界—帝国 205—210,216; subimperial politics 次帝国政治 193—203; William of Ockham on empire 奥卡姆的威廉论帝国 122—223; 也见Realm

Imperium 帝国(权力) 57,79,125,154,205—210,214,216,236,243

In capite at membris 作为信众首脑的 249

Incolae 居民 149

Index Prohibitorum Librorum《禁书目录》112

Indifferentism 宗教无差别论 110
Indocti 未受教育的 90
Infallibility 无谬误性 111,124—125,247
Inferno (Dante)《地狱》(但丁) 178
Infinita 无限 258—259
In imperatorem promovendus 皇帝候选人 206
Innocent III, Pope 教宗英诺森三世 38,55,131,206—207
Inquisition 裁判所 112
Insipientes 蠢人 261—263
Instinct 本能 263
Intellect 理智
Nicholas of cusa on 库萨的尼古拉论理智 266,266n; sacrificium intellectus 理智的牺牲 52,110,111; universal intellect 普遍的理智,75; Vossler on 福斯勒关于理智的评论,P80—81①
Intellectuals 知识人 48—49,52,66—69,261—262,266
Intellectus 理智 180
Intencio populi 民意 158
Interregna 空位期 39,71,194,196—199,203
Investiture Struggle "主教叙任权之争" 15,40,66,79,92,103,116,193
Invidiosi 招人憎恶 67
Ipsorum adjutorio 靠其自身之助 263
Isabella of Castile 卡斯蒂利亚的伊莎贝拉 69
Isaiah 以赛亚 182
Islam 伊斯兰教 100
Isolation of political thinker 政治思想家之孤立 66—68
Italianità myth 意大利人神话 77—78
Italy 意大利
city-states in 城市国家 10,154,217—218,220—223,228,230—233; and Cola di Rienzo 科拉·迪·里恩佐 233—244; commune of Rome in 罗马公社 233—234; and Council of Constance 康斯坦茨会议 249; Dante on 但丁论意大利 78; in Dante's *Letters* 但丁《书信集》74; and Fourth Crusade 第四次十字军东征 221—222; German control of 德意志对意大利的控制 195—196,197,203,206,207,215; institutional creativeness in 制度创新 143; Lombard conquest of 伦巴第人之征服 195; Machiavelli on 马基雅维利论意

大利 78;and Marsilius of Padua on limited government 帕多瓦的马西利乌斯论有限政府 91—94; and myth of the *Italianità* 意大利人神话 77—78;and nationalism 民族主义 78,237—244;political technicism on 技术政治论 101—102;regnum in 意大利王国 10; religious communal movements in 意大利的宗教团体运动,91;Rienzo and *reformatio et renovatio* in 里恩佐与意大利的改革与更兴 11;Rome 罗马 233—237,239,243;social structure in towns of 市镇结构 230—231;spiritual nationalism and military unification in 精神民族主义与武力统一 243—244;town politics of 市镇政治 93—94;unification of 意大利的统一 11;Venice in 威尼斯 220—223,228,232—233,240

Ius gentium 万民法 55,P105①

Ius naturale 自然法 P105①

Ivan the Great 伊凡大帝 69

J

James II,King 国王詹姆斯二世 P60①

Jean of Jandun 简登的约翰。见 John of Jandun

Jesuit Order 耶稣会 112

Jesus 耶稣。见 Christ

Joachim of Fiore(Flora)菲奥雷(弗洛拉)的约阿希姆 14,66,P70—71①,72,79—81,104,181,239,243,266

Joachitic tradition 约阿希姆传统 P70—71①,70,73,79—81,104,113,176,241

John,First Letter of《约翰一书》178

John,King of England 英国国王约翰 131—135

John II,King of France 法国国王约翰二世 223

John II,King of Portugal 葡萄牙国王约翰二世 69

John XXII,Pope 教宗约翰二十二世 114,116,166

John of Jandun 简登的约翰 84,129

John of Paris 巴黎的约翰 55,56—57,104

John of Salisbury 萨利斯伯瑞的约翰 88,92,157,103

John of Segovia 塞戈维亚的约翰 P284①

John the Baptist 施洗者约翰 74,182

Jubilee of 1450 1450 年大赦年 42

Judicialis et consiliativa 审断机能和议事机能 95

Julius II,Pope 尤利乌斯二世 251

Jurisdictionalism 权限论 248—252

Jurisprudencer 法学。见 Law

Jus fori 法庭里的正义 117—118

Jus gentium 万民法 118,122,123,215,216

Jus poli 天上的正义或自然正义 117—118

K

Kaempf,Hellmut 赫尔穆特·肯普夫 P56③

Kampers,Fritz 弗里茨·坎佩斯 P85—86

Kant,lmmanuel 康德 18—19,107,109

Kantorowicz,Ernst 恩斯特·坎托罗维奇 P56③

Kingship 王权

Charles of Anjou on 安茹的查理关于王权 59—61;Dante on temporal monarchy 但丁论世界帝国 71—72,74—75;Dante on world monarchy 但丁论世界帝国 75—77,100;election of German king-emperor 德意志国王—皇帝的选举 206,208,210—215,P237①;in England 英国 11,57,69,93,127,128,135—137,160—162,167;Fortescue on estate of the king 福蒂斯丘论国王等级 160—162;in France 法国王权 17,39—40,54—65,69,93,127,141,167;in Germany 德意志 130,193,198—199,205—216;Giles of Rome on absolute monarchy 罗马的吉莱斯论绝对王权君主制 48—49;and *Golden Bull*《金玺诏书》198,203—16;healing power of kings 国王的治疗能力 58—59,P60①,122;independence from imperial power 独立于帝国权力 55—57;John of Paris on 巴黎的约翰论王权 56—57;Marsilius of Padua on 帕多瓦的马西利乌斯论王权 92,96;papal approval of German king-emperors 教宗对德意志国王—皇帝的核准 207—210,P236①,216;problem of royal power 国王权力问题 54—55;property rights of the king 国王的财产权 160—162; roles of German king-emperor 德意志国王—皇帝的职责 207—208, 215—216; servant's role of king 国王扮演仆人的角色 162,P179①; thaumaturgic kingship 灵异的王权 57—59, 122, 127; Thomas Aquinas on king's role 阿奎那论国王之职责 162; universal monarchy 普遍君主制 96,123; William of Ockham on 奥卡姆的威廉论王权 121; Wycliffe on 威克里夫论王权 185,189—190. 也见Rulers

Kurverein of Rense 伦斯选侯会议 83

L

La Roches 拉罗什家族 60

Laband, Paul 保罗·拉班德 83—84

Labor and labor movement 劳工与劳工运动 142—143,175—176

Laici 平信徒 260

Lancasters 兰开斯特家族 68—69

Landfriedensbünde 和平同盟 213—214

Langenstein, Henry of 朗根施太因的亨利。见 Henry of Langenstein

Langland, William 威廉·朗格兰 177—184

Langton, Stephen 斯蒂芬·兰顿。见 Stephen Langton, archbishop of Canterbury

Later Middle Ages 中世纪晚期。见 Middle ages

Laski, Harold J. 哈罗德·拉斯基 143

Lateran Councils 拉特兰会议 171,251

Lateran Treaty of 1929 1929 年的《拉特兰条约》165

Law 法[律]

canon law 宗教法规 124,208; definition of 定义 97; English common law 英国普通法 130; and *Golden Bull*《金玺诏书》198, 203—216; Lupold of Babenberg's juristic theory 卢波尔德的法学理论 214—216; Marsilius on 马西利马斯论法律 97; natural law 自然法 53, 117—221, 118nn, 156—158, 187,263,264; Roman law 罗马法, 130, 149, P163⑤, 208;

William of Ockham's theory of natural law 奥卡姆的威廉的自然法理论 117－118，P128④，125－126
League of Nations 国际联盟 64
Legibus solutus 不受法律拘束者 122
Legislation，validity of 立法的有效性 264
Legislator 立法者 88－93，95，96，157
Legislator humanus 人类立法者 12
Legnano，battle of 莱尼亚诺战役 197
Leicester，earl of 莱斯特伯爵 138
Lenin，V. I. 列宁 72
Leonardo da Vinci 莱奥纳尔多·达·芬奇 P293①
Leroy，Pierre 皮埃尔·勒鲁瓦 253，254－255
Letters (Dante)《书信集》(但丁) 72－73，75，81，238
Leviathan (Hobbes)《利维坦》(霍布斯) 53，158
Lewis the Bavarian "巴伐利亚人"路易 114，129，204，208，P236①，236，245
Lex Christiana 基督的律法 120
Lex regia 王位法 235
Licet juris《选举法》208－209，P234②
Lingua volgare 民间语 73
Lithuania 立陶宛 201，227
Livland 利夫兰 201
Livonian Brothers 利福尼亚人兄弟会 201
Locke，John 约翰·洛克 158
Lollards 罗拉德派 173，174
Lombard，Peter 彼得·隆巴德 176
Lombards 伦巴第人 74，195
Lombardy 伦巴第 196，197，199，202
Lothair II，Emperor，皇帝洛塔尔二世，197
Lotharingian realm 洛林王国 217
Louis IV，Emperor 皇帝路易四世 39，83
Louis VI，King of France 法国国王路易六世 58
Louis VII，King of France 法国国王路易七世 P59－60
Louis VIII，King of France 法国国王路易八世 P59－60
Louis IX，King of France (Saint Louis)法国国王路易九世(圣路易) 55，59－60
Louis XI，King of France 法国国

王路易十一世 69,167,219

Louis XII,King of France 法国国王路易十二世 251

Love 爱 178－179,181－183,260－261,265－266

Lupold of Babenberg 巴本贝格的卢波尔德 214－216

Luther,Martin 马丁·路德 9,42,53,69,70,119,169,173,174,189,251,256

Luxembourg 卢森堡 223

M

Machiavelli,Niccolò 尼科洛·马基雅维利 9,11,13,69－71,78,101,233－34,243－244,252

Magna Carta《大宪章》23,131－138,P145①,136,137,138,153

Magna latrocinia 大盗 53

Majestas genii 天才巨匠 66

Majority problem 多数决问题 210－212

Manfred of Sicily 西西里的曼弗雷迪 60

Manichaean dualism 摩尼教的二元论 188

Mantua 曼图亚 235－236

Manumissio 释放 262

Marsilius of Padua 帕多瓦的马西利乌斯

and Aristotelian theories 亚里士多德理论 85－90,93－95;and Averroism 阿威罗伊主义 85－86,94－99,101,105;on Christianity and the church 论基督教与教会 97－101,98n,105;at court of Lewis of Bavaria 在"巴伐利亚人"路易的宫廷 129;*Defensor Pacis* by《和平保卫者》12,84－102,P104①;P105①,105,261;difficulties in interpreting 解释的困难 84－85;esotericism of 隐秘教义 99－101;on heretical popes 论异端教宗 245;on hierarchy of status groups 论地位团体的等级制 99－91;on law 论法律 97;on legislator 论立法者 12,88－93,95,96,157;on limited government and Italianism 论有限政府与意大利主义 91－94,104;and naturalism 自然主义 94－95;organic analogy by 有机体比喻 87－88,157;overview on 对马西利乌斯的总览 12－13;on pars principans 论领头部分 95－96;

on plurality of warring states 论纷纭战国 96,100;political technicism of 技术政治论 101—102, 104; and problem of intramundane representative authority 世间的代表性权威问题 88—91;on ruler 论统治者 91—94;on secular state 论世俗国家 12—13,84—102

Martin V,Pope 教宗马丁五世 41,248,256

Marx,Karl 马克思 69

Marxism 马克思主义 261

Mary 圣母马利亚 182

Mathematics 数学。见 Science and mathematics

Maximilian I 马克西米利安一世 69

McIlwain,C. H. 麦克伊文 P48①,P56③,P91②③,137,151

Medieval period 中世纪时期。见 Middle ages

Mendicant Orders 托钵修会 171—172

Mercatores 商贾 226

Merchants 商人 149,226,230,231

Merovingians 墨洛温王朝 58

Metanoia 悔改之心 108

Metaphysical realism 形而上学的唯实论 265—266

Michael of Cesena 切塞纳的米迦勒 15,114,115,116,129

Michael IIof Epirus 伊庇鲁斯的米歇尔二世 60

Middle Ages 中世纪

character of high Middle Ages 中世纪盛期的特征 37—42; "civilizational schism" between faith and reason in 理性与信仰之间的"文明分裂" 8,18—21; clash between church and nations 教会与诸民族之间的冲突 49—42; and disintegration of sacrum imperium 神圣帝国的解体 8, P11②, 14, 16, 25, 126, 266;as forerunner of modernity 作为现代的先导 6,7,23—24; and hierarchy of power 权力等级制 45—46; imperial policy and foreign policy in 帝国政策与对外政策 44—45;overview of high Middle Ages 对中世纪盛期的总览 16—25;overview of Voegelin's views on 对沃格林中世纪盛期观点的总览 papal and imperial authorities within one public order 在一个公共体制内教宗的权威和皇帝的权威

6－7; and sacrum imperium 神圣帝国 5－8,10,15－16,40－41,46,66,74,79,123,125,193,205,207,214,236,255; secular political constructions in 世俗政治结构 17; shift of politics to the West 政治重心向西欧转移 39－40; source of unity as philosophical 哲学上的统一性根源 7－8; and spiritualization of the world 对此世的灵化; 16－17; suspense between Renaissance and 文艺复兴与中世纪之间的悬疑 37－38; Voegelin's theoretical framework on 沃格林的中世纪理论框架 "waning" or "twilight" of 中世纪的"衰落期"或"迟暮之年" 68

Middle Ages (to Aquinas) (Voegelin)《中世纪(至阿奎那)》(沃格林) 5

Middle class 中产阶级 139,143,230

Milan 米兰 224

Milic, Jan 扬·米利奇 175

Militant Church "战斗的教会" 188

Military Order 圣殿骑士团 171

Miracles 奇迹 58－59

Modernity 现代性 6－9,23－24,257; Mollat, Guillaume 纪尧姆·莫拉 615

Monarchia (Dante)《论世界帝国》(但丁) 71,73,74－78,100

Monarchia temporalis 世界帝国 71－72,74－75

Monarchioptants 君主制选择者 252

Monarchy 君主制。见 Kingship

Monasticism 修道主义 14,119

Mongols 蒙古人 76n,80n

More, Thomas 托马斯·莫尔 252

Morosini, Cardinal 枢机主教莫罗西尼 221

Mosca, Gaetano 加塔诺·莫斯卡 102

Mussolini, Benito 本尼托·墨索里尼 P85①

Mystical body 神秘体。见 courpus mysticum

Mysticism 神秘主义

of Hugh of Saint Victor 圣维克多的胡格的神秘主义 47－48, P45－46; of Nicholas of Cusa 库萨的尼古拉的神秘主义 257, 265－266. 也见 Spiritualism

N

Naples 那不勒斯 231

National character 民族性格 29,194,200,225—226

National concordats 政教协约 255—256

Nationalism 民族主义

and church 教会 40—42,255—256;Czech nationalism 捷克民族主义 174;and England 英国 29,127—162,194—195,199,200,216,239;and France 法国 194—195,199,200,210,216,238—239;and Germany 德意志 194,210;and Italy 意大利 78,237—244;and papacy 教廷 110;spiritual nationalism in Italy 意大利的精神民族主义 243—244

National Socialism 纳粹 P59—60,142,218

"Nations" and Council of Constance "诸民族团"与康斯坦茨会议 249,250

Natural instinct 自然本能 263

Naturalism 自然论 94—95,101,105,110

Naturalis quidam instinctus 自然所赋予的神秘本性 263

Natural law 自然法 53,117—121,P128④,156—158,187,263,264

Natura omnes sunt liberi 一切人天生是自由的 264

Natura rationabilis 合理的自然 260

Nature 自然 106—107,262—264

Newman,Cardinal 枢机主教纽曼 130

New Science of Politics (Voegelin)《新政治科学》(沃格林) P5①

New Testament《新约》45,46,74,178,183,186

Nicholas of Cusa 库萨的尼古拉 17,24—25,251—252,P284①,256—266

Nicholas of Dresden 德累斯顿的尼古拉 175

Nicolaus severus et clemens 庄严而仁慈的尼科洛 235,P264①

Nietzsche,Friedrich 弗里德里希·尼采 69,70,71

Nihilism 虚无主义 69

Nimrod 宁录 156,159

Nisi per commune consilium regni nostri 唯全国公意所许可者,不在此限 136

Nominalism 唯名论 106—109,115—117,126,248—252,258,265

Nomoi《法义》262
Nomothetes 创制者 89
Norman conquest 诺曼征服 129，195
Nous 努斯 21

O

Ockham，Willian of 奥卡姆的威廉。见 William of Ockham
Officia 职司 95
Oldcastle，Sir John 约翰·欧德卡索爵士 174
Old Testament《旧约》74，159，182，183，185
Oligarchy of Princes 诸侯的寡头统治 212－214
Olivi，Peter 彼得·奥利维 113
Operarius et mercenarius Cesaris 皇帝的单纯工具 240
Opus Nonaginta Dierum（William of Ockham）《九旬书》115，117－118
Opus spirituale 圣灵的事业 242
Orbis terrarum 寰宇 154，236，241
Order and Christianity 秩序与基督教 12－13
Order and History（Voegelin）《秩序与历史》（沃格林）2－3
"order" of powers 权力"秩序" 45
Order of the Golden Fleece "金羊毛勋位" 224
order of world 世界秩序 118－120
Ordines 等级 255，260
Ordo renascendi 复兴秩序 233
Organic analogies 有机体比喻 87－88，157－158，P293①
Ottakar II 鄂特塔卡二世 202
Ottoman empire 奥斯曼帝国 P183②，175
Otto the Great，Emperor 奥托大帝 195

P

Padua，Marsilius of 帕多瓦的马西利乌斯。见 Marsilius of Padua
Pagans 异教徒 53，73
Palatine 巴拉丁 213
Papacy 教宗宗座。见 Popes
Papal states 教宗国 11－12，164
Pareto，Vilfredo 维尔弗雷多·帕累托 102
Parliament，English 英国议会 136，139，140，145
Parliamentary procedure 议会程序 263－265
Parliaments 大理院 140
"Parochial Christianity" 教区基督

教 15,168—175,192
Pars principans 领头部分 88,92,95—96
Pars valentior 有势力的部分 89
Particularism 特殊主义 194,195,198—200,216—217,225
Pastor angelicus 天使牧师 243
Patria Germania 日耳曼祖国 214
Patrimonium Petri 彼得的遗产 254
Paul, Saint 圣保罗 45,46,108,260—261
Pax romana 罗马和平 74
Peace-leagues (Landfriedensbünde) 和平同盟 213—214
Peace of 1411 1411 年的和约 201
Peace of Constance《康斯坦茨和约》197
Peace of Thorn《托伦和约》202
Peasant Revolt 农民起义 68,176
Pennington, K., P56③
Pentecost 五旬节 235—237
Perfect society (societas perfecta) 至善社会 25,75,225,260—262,266
Per Venerabilem (Innocent III)《藉可敬的弟兄教谕》(英诺森三世) 55
Per virum pauperem et novum 贫穷、寂寂无闻之人 242
Peter 彼得 121,191—192
Petrine succession 彼得统绪 191—192
Pfalburgerii "逃脱市民" 214
Philip the Bold "无畏者"腓力二世 P56③
Philip the Fair "美男子"腓力四世 12,48,59,P65②,113
Philip of Swabia 斯瓦本的菲利普 207
Philipp Augustus 腓力·奥古斯都 P60①
Philippe de Commynes 菲利普·德·科米纳 252
Philipp I 腓力一世 58
Philipp III 腓力三世 60
Philip the Good "好人"腓力 223
Philosophy 哲学 52
Picard refugees 皮卡尔难民 175
Piers Plowman《耕者皮尔斯》13,15,169,177—184
Pisa 比萨 231
Pisa, Council of 比萨会议 41,250
Pisa/Siena, Council of 比萨—锡耶纳会议 250
Pistis 信心 108
Pius II, Pope 教宗庇护二世 251
Pius IX, Pope 教宗庇护九世 110,

111
Pius XII, Pope 教宗庇护十二世 112
Plato 柏拉图 21, 257, 259, 260, 261, 262
Plenitudo potestatis 完全权 115, 120
Podestà 市长 223
Poitiers, battle of 普瓦捷战役 68
Poland 波兰 199, 200, 201, 202, 227
Policraticus (John of Salisbury) 《治国者》(萨利斯伯瑞的约翰) 88
Polis 城邦 75, 86, 93, 95, 85, 145, 154
Politeia (Plato) 《理想国》(柏拉图) 262
Political thinkers, isolation of 政治思想家的孤立 66—68
Politics 政治
history-of-ideas approach to political theory 政治理论的观念史研究 2, 3; separation of spirit from 精神之脱离于政治 68—69, 105; subimperial 次帝国政治 193—203; William of Ockham's method of 奥卡姆的威廉的政治学方法 115—117. 也见 Imperial policy and power
Politics (Aristotle) 《政治学》(亚里士多德) 75, 85—90, 95, 101
Pomerania 波美拉尼亚 201
Poor Priests "穷牧师派" 174
Popes 教宗
as Antichrist 作为敌基督者 192; approval of German king-emperors by 对德意志国王—皇帝的核准 207—210, P236①, 216; in Avignon 住锡阿维尼翁 11, 41, 61, 79, 121, 164—167, 182—183, 242, 253—254; and Babylonian Captivity "巴比伦之囚" 163, 164; Boniface IX and *Statute of Carlise* 博尼法切九世和《卡莱尔法令》174; Boniface VIII and conflict with France 博尼法切八世以及与法国的冲突 38, 43—45, 56, 59, P65①, 165, 210; Clement IV and the Crusades 克雷芒四世与十字军东征 60; and *Clericis Laicos* 《平信徒教谕》43, 44; Cluniac reform of papacy 教廷的克吕尼改革 196, 197; and *Concordat of Vienna* 《维也纳协约》251; conflict between Franciscans and 方济各会与教

宗的冲突 113－114,123;Cramaut on 克拉缪论教宗 253;and *Donation of Constantine*《君士坦丁御赐教产谕》57;Dubois on power of 迪布瓦论教宗的权力 62－63;election of 教宗的选举 41,191－192,P214①,245,247;excommunication of John Lackland by Innocent III 英诺森三世对"无地王"约翰的绝罚 131;and French revenue 来自法国人的岁入 253;functions of 教宗的职责 120,253;German popes 德意志籍教宗 196;and *Golden Bull*《金玺诏书》198;and Great Schism "大分裂" 41,163,188,191,192,245－253;heretical popes 异端教宗 124－125,245;and imitation of Christ 对基督的效法 121,189－190,192;and infallibility 无谬误性 111,124－125,247;Innocent III's Per Venerabilem 英诺森三世的 55;interference in reign of Louis IV 教宗干预路易四世的统治 83;John XXII and *Quia vir reprobus* 约翰二十二世与《致被责罚者通谕》114;and Jubilee of 1450 1450 年大赦年 42;Leroy on 勒鲁瓦论教会 253;and LoulS IV 路易四世 83;and *Magna Carla*《大宪章》133;and national concordats 政教协约 255－256;and Petrine succession 彼得统绪 191－192;Pius IX and *Syllabus Errorum* of 1864 庇护九世与 1864 年《谬说要录》110;Pius XII and *Divine AJ flante Spiritus* 庇护十二世与《圣神默示》P121①;power of 教宗权力 11,51－52,120－121,162,165,188－192,248,253;and Rienzo 里恩佐 235,237,243;rival popes 对立教宗 245－247,250,252;territorial bases of 领土性根据地 11－12;and *Unam Sanctam*《一圣教谕》43－46,47;William of Ockham on 奥卡姆的威廉论教宗 120－121,245;withdrawal of obedience to 撤销对教宗的服从 253,255;Wycliffe on 威克里夫论教宗 188－192. 也见 Church,specific popes

Popolani 平民 230,231,233

Popolo grasso 膏腴之民 230

Popolo minuto 细民 230

Populus 人民 89,149

Populus romanus 罗马人民 78

Portugal 葡萄牙 69

Postilla in Apocalypsim (Peter Olivi)《启示录注疏》(彼得·奥利维) 113

Potenzia coactiva 强制力 97

Potentia intellectiva (universal intellect)理智潜能 75

Potestas absoluta 绝对权力 106, 107,108,P121①,126

Potestas artificialis 技艺能力 50

Potestas coactiva 强制权力 98

Potestas ordinata 普通权力 106, P121①

Potestas principatum 君王的权力 50

Potestas scientifica 知识能力 50

Poverty 贫穷 113－114, 118－120,142,171,180,185,192

Power 权力

absolutist theory of Giles of Rome 罗马的吉莱斯的绝对王权者理论 46－53, P48①, 84, 105; civil power 世俗权力 53; definition of, from Giles of Rome 罗马的吉莱斯对权力的界定 50, P49①; ecclesiastical totalitarianism 教会的极权主义 52－53; French independence from imperial power 法国之独立于皇帝的权力 55; Gelasian balance of powers 格拉西乌斯式的权力平衡 46, P50①, 74, 83; hierarchy of powers 权力等级制 45－46; imperial power 皇帝的权力 6－7, 55; medieval theory of doctrine of powers in plural 中世纪讨论复数形式权力的理论 50; "order" of powers 权力秩序 45; Paul on 保罗关于权力 45; of popes 教宗权力 11, 51－52,129－121,162,165,188－192, 248, 253; Pouerful ruler versus powerless subjects 有权势的统治者与无权势的臣民 50－51; problem of royal power 国王权力问题 54－55; secular power versus papal power 世俗权力与教廷的权力 51－52, 51n; sword as symbol of 剑作为权力之象征 51, 51n; types of, from Giles of Rome 罗马的吉莱斯的权力分类 50; will to power of intellectual 知识分子的权力欲 48－49

Praecipere 训诫权 95

Statuteo of Praemunire《蔑视王权罪法令》167－168

Pragmatic Sanction of Bourges《博格斯国是诏书》256
Predestination 预定论 189
Pre-Reformation 宗教预改革,172—175
Previte-Orton, C. W. 普雷维特—奥滕 90
Priest's Charter《牧师宪章》229
Primas 首席者 264
Princeps in regno suo 在其国中为元首 P56③
Principii 开端 233
Professio Fidei Tridetina《特伦托信德宣言》111
Proletarian 无产阶级 69
Promissione ducale 总督宣誓 232
Property rights 财产权 53, 117, 123, 160—162
Propositions (Cramaut)《倡议书》(克拉缪) 253
Propositiones Utiles (Gerson),《有用建议》P283①
Protestant International "新教国际" 173
Protestantism 新教。见 Reformation
Provinciae 行省制 154
Provincia Romana 罗马省 235
Statutes of Provisors《圣职候补令》167,168
Prussia 普鲁士 201—202
Pseudo-Dionysian theory of hierarchy 托名狄奥尼修斯的等级制理论 45—48, P45—46
Pseudo-Dionysian Writings 托名狄奥尼修斯的著作 176,177
Psychology 灵魂学 115—116
Ptolemy 托勒密 40
Purgatorio (Dante)《炼狱》(但丁) 78—82, 178, 181
Puritanisrn 清教徒主义 175

Q

Quaestiones de Anima (Siger de Brabant)《关于灵魂的探问》(布拉班特的西格尔) P70—71①
Quia vir reprobus《致被责罚者通谕》114

R

Ratio 理性 180
Ratio aeterna 永恒理性 106
Rationalism 唯理主义 9
Realism 唯实论 265—266
Realissimum 绝对实体 259
Realm 王国

as analogue of Divine Trinity 作为神之三一体的类似物 205; definition of 定义 154,158;Fortescue on political structure of realm of England 福蒂斯丘论英格兰王国的政治结构 155—162;of France 法兰西王国 160; in *Golden Bull*《金玺诏书》 205—210;origin and growth of 起源和成长 154,159;terminology for 指称王国的术语 205—206;terminology for head of 指称王国首领的术语 206. 也见 Imperial policy and power

Reason 理性

"civilizational schism" between faith and 信仰与理性的"文明分裂" 8,18—21;Nicholas of Cusa on 库萨的尼古拉论理性 263; severed from faith in modernity 在现代性中与信仰斩断联系8—9,18;Thomas Aquinas on 阿奎那论理性 20,98,105,unity between faith and 信仰与理性的统一 25

Reformatio et renovatio 改革与更兴 236,237

Reformation 宗教改革 9,15,69, 119—120,126,130,172,174, 192,251,256

Reges Christianissimi 基督教世界的王 58

Regnum 王国 47,54,56,57,75, 86,87,93,149,214—216

Regnum particulare 特殊王国 75

Regnum politice regulatum 王国的政治模式 157

Regnum politicum 政治的王国 160

Regnum Teutonicum 条顿王国 206—207

Reguli 小国之君 207

Renaissance period 文艺复兴时期 37—38,140,198,234,257

Renovatio 革新 236,237

Renovatio evangelica 福音革新 79

Renovatio vitae evangelicae 革新福音生活 113

Declaration of Rense《伦斯宣言》 210

Repgow,Eike von 艾克·冯·雷普戈 P237②

Repraesentantes populi 人民代表 215

Representation 代表制

and articulation 连属化 151—153; and Christianity 基督教 152—153;and Cluniac organization 克吕尼组织 152；definition of 定义 145－148；electoral college and majority problem 选举人团与多数决问题 210－214；in England 英国 145－154，Lupold of Babenberg on 巴本贝格的卢波尔德论代表制 215，216；Marsilius of Padua on 帕多瓦的马西利乌斯论代表制 88－91；Nicholas of Cusa on 库萨的尼古拉论代表制 258，263；origin of 起源 146－147；overview of 对代表制的总览 22－23；and the realm 王国 154；and writs of summons in England 英国的诏令 148－151

Res vestra maxime agitur 专门讨论你们的事 150

Rettore 教堂住持 223

Rex Christianissimus 基督教世界的王 60－61

Rex electus 当选国王 207

Rex erectus est 立一个首领 158

Rex et sacerdos“国王兼祭司”58，P60①

Rex Romanorum 罗马人之王 206，208，213，216

Rex Romanorum futurus imperator 罗马人之王一未来之皇帝 206

Rex Romanorum in caesarem promovendu 将任凯撒之职的罗马人之王 209

Richard I 理查一世 132

Richard II 理查二世 57，68

Richard of Cornwall 康沃尔的理查 198

Rienzo，Cola di 科拉·迪·里恩佐 11，233－244，P271①

Rivière，Jean 让·里维埃 P48①

Robert，King of Naples 那不勒斯国王罗伯特 231

Robert II 罗贝尔二世 58

Rolle，Richard 理查德·罗尔 176－177

Roman Church 罗马教会。见 Church；Popes

Roman empire 罗马帝国 53，77－78，122，152，154，195，215，224，242

Romania 罗马尼亚 200

Roman law 罗马法 130，149，P163⑤，208

Romans，epistle to《罗马书》45，186

Romantic movement 浪漫主义运动 199

Rome 罗马 233－237，239，243

Rousseau，Jean-Jacques 让一雅

克·卢梭 93
Rudis homo 粗人 179
Rudolf of Habsburg (Rudolf I)哈布斯堡的鲁道夫(鲁道夫一世) 39,198,228—229
Rulers 统治者
Marsilius of Padua on 帕多瓦的马西利乌斯论统治者 91—96; natural rulers by reason 由于理性的天然统治者 264; powerful ruler versus powerless subject 有权势的统治者与无权势的臣民 50—51; Wycliffe on 威克里夫论统治者 186—187. 也见 Imperial policy and power; Kingship
Russia 俄罗斯 69,92,143,199,200
Rusticus 乡巴佬 180

S

Sacerdotium 教权 47,54,125
Sachsenspiegel《撒克森法鉴》212
Sacra Italia 神圣意大利 235,236,237,243
Sacred kingship 神圣王权 57—59
Sacrificium intellectus 理智牺牲 52,110
Sacri Romani celsitudo imperii 神圣罗马大帝国 205
Sacro-sanctum imperium Romanum 至尊神圣罗马帝国 205
Sacrum edificium 圣殿 205
Sacrum imperium 神圣帝国 5—8,10,14—16,25,40—41,46,66,74,79,123,125,126,193,205,207,214,236,255,266
Sacrum imperium Romanun 神圣罗马帝国 205
Saecularia 世俗领域 120
Saeculum aeternum 永世 98
Saeculum senescens 衰老世界 81—82,266
Saint Denis,Sugar de 圣丹尼斯的舒格 59
Salisbury,John of 萨利斯伯瑞的约翰。见 John of salisbury
Samogitia 萨莫吉提亚 201
Samuel,Book of《撒母耳记》74,182
Santayana,George 乔治·桑塔亚纳 111
Sapientes et heroes 贤哲和英雄 261—263,265
Sapientiores et praestantiores 贤哲和俊秀 264
Sapienza,battle of 萨皮恩察之战

220
Sardinia 撒丁岛 240
Satan 撒旦 182,183
Saul,King 国王扫罗 74
Savonarola,Girolamo 吉罗拉莫·萨伏纳洛拉 11,243
Saxony 萨克森 197,213
Scale of Perfection (Hilton)《完美之阶》(希尔顿) 177
Schism 分裂。见 Great Schism
Scholasticism 经院哲学 109,180,P202①
Science, Politics, and Gnosticism (Voegelin)《科学、政治与灵知主义》(沃格林) P5①
sciences and mathematics 科学与数学 52,105,106,110,257－260
Scutagium 代役税 136
Second Statute of Provisors《第二道圣职候补令》168
Second Vatican Council 第二次梵蒂冈会议 P121①
Secularism 世俗主义 6,109－112
Self-determination 自决 6
Seneca 塞内加 117
Senescens saeculum 衰老世界 241
Sentiments 情绪 70
Serbia 塞尔维亚 39
Serrata 封锁 223
Servi ascripticii 列入名册的奴隶 50－51
serriempticii 买来的奴隶 50－51
Servitus (servitude) 奴役 50－51
Servus servorum Dei (servant of the servants of God) 上帝仆人之仆人 162,P179①
Sestieri 六区 222,232
Severus 庄严的 235
Shepard,Max A. 麦克斯·夏柏 122－123
Sicily 西西里 22,197－199,240
Siger de Brabant 布拉班特的西格尔 66－67,P70－71①,75,81,86,99,103,104,179,261
Signoria 执政团 224,231,233,239
Silesia 西里西亚 201
Silvio Piccolomini,Enea 埃尼亚·西尔维奥·皮科洛米尼 251,252
Sins 罪 190,191
Skinner,Quentin 昆廷·斯金纳 P2②,P11①
Slaves 奴隶 261－262
Slavic territories 斯拉夫人的领土 199－203,249
Socialism 社会主义 110

Societas perfecta 至善社会 25,75,225,269—262,266

Society, naturalist philosophy of 自然主义的社会哲学 93—94

Society of Jesus 耶稣会 112

Soul 灵魂

Aristotle on 亚里士多德论灵魂 87—88; hierarchy of souls in *Divina Commedia*《神曲》中灵魂的等级 78—79; Marsilius of Padua on 帕多瓦的马西利乌斯论灵魂 101; Thomas on 托马斯论灵魂 P70—71①

Southwest German leagues 西南德意志诸同盟 227—228

Spain 西班牙 22,69,147

Speculum Judiciale (Durant)《法鉴》(杜兰特) P56③

Spinoza, Baruch 斯宾诺莎 69,70

Spirit, separation of politics from 精神之脱离于政治 68—69

Spiritual harmony 精神的和谐 257—258

Spiritualism 唯灵论

English spiritualism and *Piers Plowman* 英国的唯灵论与《耕者皮尔斯》175—184; Franciscan Spiritualism 方济各会属灵派 14,17,79,105,112—214,123,176,180,239,243; regional movements 地区性的精神运动 171—175; of Rienzo 里恩佐的唯灵论 239—243; of Wydiffe 威克里夫的唯灵论 189

Spiritualis renovatio 圣灵革新 241

Spiritual realism 唯灵实在论 69—72

Stammesherzogtumer 部族公爵领 195

State 国家

Marsilius on plurality of warring states 马西利乌斯论纷纭战国 96,100; Marsilius on secular state 马西利乌斯论世俗国家 12—13,84—102

State-imperium and world-imperium 国家一帝国与世界一帝国 205—210,216

Statute of 1220《1220 年法令》198

Statute of 1231《1231 年法令》198

Statute of Carlisle《卡莱尔法令》167,168,174

Statute of Laborers《劳工法令》175

Statute of Praemunire of 1353 1353 年的《蔑视王权罪法令》

167—168

Statute of Provisors of 1351 1351年的《圣职候补令》167

Stephen Langton, archbishop of Canterbury 斯蒂芬·兰顿,坎特伯雷大主教 133,134

Treaty of Stralsund《施特拉尔松条约》227

Styria 施蒂里亚 202

Suárez,Francisco 弗拉西斯科·苏阿雷斯 P175①

Subimperial politics 次帝国政治
and colonization of the East 东方的殖民 199—203;East Frankish kingdom and Italy 东法兰克王国与意大利 194—196;in Germany 德意志 193—203;imperial politics versus 帝国政治与次帝国政治 193—194;and interregna 空位期 194,196—199,203

Subscripta《签署备忘录》P234②

Subtractio particularis 部分撤销 253,255

Subtractio totalis 完全撤销 253

Sully 苏利 77

Summa et infinita concordantia 至高而无限的和谐 258—259

Supremacy Act《最高权威法》168

Swabian League 斯瓦本同盟 228

Swiss Confederation 瑞士联邦 228—229

Switzerland 瑞士 217,218,228

Syllabus Errorum《谬说要录》110,112

Symbols 符号
constitutionalism as 作为符号的宪政 22,144—146; of Dante 但丁 72,73—74,238;of England 英国 144—145;religious experiences expressed in 符号中表达的宗教体验 19,109;renaissance symbolism 文艺复兴的符号话语 236;of Rienzo 里恩佐 234

Syndici 代表团 236

T

Tagliacozzo,battle of 塔利亚科佐战役 39,60

Tannenberg,battle of 坦嫩贝格战役 201

Tantum regale 君主专制 157—158

Taylor,Charles 查尔斯·泰勒 P2③

Templars 圣殿骑士 62,113,171

Temporale caput mundi seu populi Christiani 基督教人民之俗世首领 206

Temporalia 俗世 117,118
Temporal monarchy 尘世帝国71—72,74—75
Tempus acceptabile 悦纳的时候 74
Tertiary Order 第三修会 171
Teutonic Order 条顿修会 201
Thaumaturgic kingship 灵异的王权 57—59,122,127
Thebes 底比斯 222
TheoLogia Mystica《神秘主义神学》177,180
Theologia negativa 否定神学 257,258—259
Theology 神学 52
Thomas à Becket, Saint 托马斯·贝克特 131
Thomas Aquinas 托马斯·阿奎那 and Aristotelian theories 亚里士多德的学说 85—86; and "civilizational schism" between faith and reason 信仰与理性之间的"文明分裂" 18, 98; compared with Dante 与但丁相比较 75, 76; compared with *Piers Plowman* 与《耕者皮尔斯》相比较 179; compared with William of Ockham 与奥卡姆的威廉相比较 8, 106, 116—117; compared with Wycliffe 与威克里夫相比较 169, 189; and constitutionalism and philosophic—Christian synthesis 立宪论与哲学一基督教综合 19—20, 41, 56, 103; in Dante's *Divina Commedia* 但丁《神曲》中的阿奎那 67; and Dominican Order 多明我会 66; on freedom and independence of the intellect 论理智的自由与独立 52; as influence on John of Paris 对巴黎的约翰的影响 56; as influence on Nicholas of Cusa 对库萨的尼古拉的影响 257; on kingship 论王权 162; populist elements in 平民因素 91; on *regnum* as perfect society 论王国作为至善社会 75; significance of 阿奎那的意义 37, 103; on the soul 论灵魂 P70—71①; and synthesis of faith and reason 信仰与理性的综合 20, 103, 105
Thomas of Stitny 什蒂特尼的托马斯 175
Peace of Thorm《托伦和约》202
Tota Italia 全意大利 240
Totalitarianism 极权主义 50, 52—53

Totam Italia obsequentem 全意大利的服从 240

Towns 市镇

in England and France 英国和法国 136,217;and feudal world 封建世界 218－219;internal structure of 内部结构 229－232;Italian town politics 意大利的市镇政治 93－94;trade routes,food supply,and 贸易路线与食物补给 229－221.也见 City-states

Toynbee,Arnold J. 阿诺德・汤因比 143,P157①,165,P183②,217

Tractatus de Potestate Regis et Papali(John of Paris)《论国王与教宗之权力》(巴黎的约翰) 56－57

Tract Ninety(Cardinal Newman)《九十论纲》(枢机主教纽曼) 130

Trade routes 贸易路线 217,220－221,227

Translatio imperii 帝国转移 57,215

Treaty of Stralsund《施特拉尔松条约》227

Treaty of Verdun《凡尔登条约》217

Treverus 特里维鲁斯 P298①

Tribunas Augustus 保民官奥古斯都 236－237

Tributarii 缴租者 50－51

Trinity 三位一体 14,24,205,258,259,265－266.也见 Christ iGod;Holy Spirit

Trojans 特洛伊人 159,215

Trust 信任 263

Tudors 都铎家族 69,167,234

Tully,James 詹姆斯・塔利 P2②

Turks 土耳其人 39,40,222

Tuscany 托斯卡纳 197,224

Tyconian doctrines 泰歌尼式学说 188

U

Ullman,Walter 沃尔特・乌尔曼 6

Unam Sanctam《一圣教谕》43－47,67,165

Unio concordantissima 和谐合一 258,266

Union of Kalmar 卡尔马联盟 227

Universale dominium omnium rerum temporalium 对普天下之物的绝对统治权 114

Universal Inquisition 普世裁判所 112

Universal intellect 普遍的理智 75

Universitas 大全(团体、共同体) 92,93,96,215

Universitas civium 公民整体 89—90

Universitas electorum 上帝选中者团体 188

Universitas hominum 人类共同体 75,77

University of Paris 巴黎大学 246,254

Urban VI, Pope 教宗乌尔班六世 191,245

Usus et acceptatio 有用和被接受 264

V

Valentior pars 在社会上相干的部分 89—90

Vatican Council, Second 第二次梵蒂冈会议 P121①

Vatican Council of 1869—1870 1869—1870 年梵蒂冈会议 111

Veltro 灵猩 80,P85—87

Venice 威尼斯 229—223,228,232—233,240

Venturini, Domenic 多米尼科·文图里尼 P85①

Vera cognitio 真理认识 97

Verdun, Treaty of《凡尔登条约》217

Veri 真理 67

Verus imperator 真皇帝 208,209

Vico, Giambattista 詹巴蒂斯塔·维柯 78,159

Villehardouins 威列哈督因家族 60

Virgil 维吉尔 73,74

Vir sanctus 圣徒 241

Virtus intellectiva 理智能力 75,76

Visio de Petro Plowman《耕者皮尔斯之梦》178—181,184

Vita contemplativa 沉思的生命 176

Vita de Do-wet, Do-bet, and Do-best《善、善和至善生平》178,179—184

Vita nuova 新生 113

Viterbo 维泰博 235

Vossler, Karl 卡尔·福斯勒 P80—81①

Vulgus 平民 13

W

Waldensianism 韦尔多派 175

Walter of Brienne 布里安的沃尔特 231

War 战争
Marsilius on 马西利乌斯论战争 96，100；papacy's expenditures on 教廷的战争开支 166. 也见具体的战争
War of Chioggia 基奥贾战争 220
Wars of the Roses 玫瑰战争 68—69
Weber，Max 马克斯·韦伯 90
Weimar Republic 魏玛共和国 145
Welfs 韦尔夫家族 197
Wenceslas，Saint 文西斯劳斯 204
Wenceslas I 文西斯劳斯一世 202
Wends 文德人 201
William II，King of England 英国国王威廉二世 133
William of Holland 荷兰的威廉 198
William of Ockham 奥卡姆的威廉
background of 经历 103—105；Christianity of 基督教信仰 108—109；"civilizational schism" in writings of 著作中的"文明分裂" 8，18，20，25；compared with Thomas Aquinas 与托马斯·阿奎那相比较 8，116—117；compared with Wycliffe 与威克里夫相比较 169；and council's power 公会议的权力 124—126；at court of Lewis of Bavaria 在"巴伐利亚人"路易的宫廷里 129；*De Imperatorum et Pontificum Potestate* by《论皇帝与教宗之权力》120，126；*De juribus romani imperii* by《论罗马帝国之权限》122；*Dialogus* by《对话集》120，121，122，124；on empire 论帝国 122—123；on faith 论信仰 7—8，17，25，107—111，126，265；and Franciscan spiritualism 方济各会属灵派 104，105，112—114，125；on heretical popes 论异端教宗 124—125；imprisonment of 坐牢 15，114；and infallibility of pope 教宗永无谬误论 124—125；as influence on *Piers Plowman* 对《耕者皮尔斯》一书的影响 P202①；on law 论法律 117—118，125—126；method in politics of 政治学方法 115—117；nominalism of 唯名论 106—109，115—117，126，250；*Opus Nonaginta Dierum* by《九旬书》115，117—118；on order of world and order of poverty 论此世秩序与贫穷教仪 118—120，119n；overview of philosophy of 哲学总览 7—8，125—126；on pope and

church 论教宗与教会 120—121，245；and reduction of substance to relations 将本体化简为关系 123—124；secular civilization and the withdrawal of the church 世俗文明与教会的退出 109—112；skepticism of 怀疑论108

Will to power of intellectual 知识分子的权力欲 48—49

Wisdom 智慧 261—263. 也见 Intellect；Intellectuals

Workman，Herbert B. 赫伯特·沃克曼 170

World-imperium and state-imperium 世界－帝国与国家－帝国 205—210，216

World organization 世界组织 63—64，72，76—77，121—123，239

World War I 第一次世界大战 142—143

Writs of summons 诏令 148—151

Wycliffe，John 约翰·威克里夫 13，168－170，172－175，184－192

Y

York Anonymous 约克无名氏 129，190

York Tracts《约克论册》105，109，129，169，189，190

Ziska，John 约翰·齐斯卡 175

译后记

这个译本最终付梓，首先感谢业师李强教授在整个翻译过程中的悉心指导。去年年底，先生趁春节之暇仔细校阅了译稿的前四章，指出不少理解错误和表述毛病，并提出修改建议。在认真揣摩先生建议的基础上，我又花了四个多月的时间全面修订了译稿，改正了自己以前习焉不察的多处错讹。我时常想，对于沃格林渊深的思想、淹博的学识和凝练的文字而言，我的译文大概只算"一头顽劣的小马"，然而聆听先生教诲，亦每觉鞭影入心，朝乾夕惕，虽临深履薄，任重道远，敢不戮力驱驰！业师袁刚教授对这项译事给予了极大的关心和鼓励，谨此致谢。德国埃兰根大学荣誉退休教授 Jürgen Gebhardt 先生前年 11 月和去年 5 月、11 月三度访问北大，就沃格林思想作了数次专题演讲和座谈，我有幸当面承教，受益匪浅，特此致谢。美国马凯大学荣誉退休教授 James M. Rhodes 先生去年 4 月访问北大，深入浅出地为我解答了许多问题，还帮我就几句早期英语引文的意思专门写信向马凯大学英语系的 Tim Machan 教授求证，一释我心中长期以来的疑惑。Rhodes 先生待人之亲切，治学之严谨，是我终身难忘的。刘小枫教授、倪为国先生主持这套著作的引进，高瞻远瞩的视野和嘉惠学界的盛意，令人不胜感佩。上海六点文化传播有限公司的万骏先生和公司的其他朋友为这个译本付出了辛勤的劳动和宝贵的心血，在此一并致谢。最后，我的妻子裴亚琴博士自始至终以不同方式参与了这项译事，不惮繁复地为我指出“老妪觉得很别扭”的地方，督促我进一步修改和完善，这个译本凝结着她的爱和智慧。

尽管本人对此书的翻译倾注了近三年的精力，但是由于本人在语言和西学方面的修养都十分有限，不妥之处、甚至错译恐怕是在所难免的。译本中的所有错误、责任均由本人承担，并切望读者指正。

2008 年 9 月于北大燕园

趁本书再版的机会，译者更定了部分译名，改正了初版中发现的错误，增加了中译本前言。译无止境，不足之处，请读者批评指正(blduan@snnu. edu. cn)。感谢陕西师范大学哲学与政府管理学院领导和同事营造的宽松和谐的工作环境。另外，特别感谢刘小枫教授、倪为国先生和王旭兄为本书再版提供的支持。

2019 年 2 月 4 日记于卡迪夫公园广场 32 号

图书在版编目(CIP)数据

中世纪晚期 / (美) 沃格林 (E. Voegelin) 著 ; 段保良译. —修订本
--上海:华东师范大学出版社, 2018
(政治观念史稿 ; 卷三)
ISBN 978-7-5675-8102-9

Ⅰ.①中… Ⅱ.①沃… ②段… Ⅲ.①政治思想史—世界—中世纪
Ⅳ.①D091.3

中国版本图书馆 CIP 数据核字(2018)第 172749 号

华东师范大学出版社六点分社
企划人 倪为国

沃格林集
政治观念史稿(卷三):中世纪晚期(修订版)

著　　者　[美]沃格林
译　　者　段保良
责任编辑　王　旭
封面设计　刘怡霖

出版发行　华东师范大学出版社
社　　址　上海市中山北路 3663 号　邮编　200062
网　　址　www.ecnupress.com.cn
电　　话　021-60821666　行政传真　021-62572105
客服电话　021-62865537
门市(邮购)电话　021-62869887
地　　址　上海市中山北路 3663 号华东师范大学校内先锋路口
网　　店　http://hdsdcbs.tmall.com

印 刷 者　上海盛隆印务有限公司
开　　本　890×1240　1/32
插　　页　1
印　　张　12
字　　数　220 千字
版　　次　2019 年 8 月第 1 版
印　　次　2019 年 8 月第 1 次
书　　号　ISBN 978-7-5675-8102-9/B·1146
定　　价　78.00 元

出 版 人　王　焰

(如发现本版图书有印订质量问题,请寄回本社客服中心调换或电话 021-62865537 联系)

History of Political Ideas (Volume 3): The Later Middle Ages
by Eric Voegelin
Edited with an introduction by David Walsh

University of Missouri Press, Columbia, MO 65201
Published by arrangement with The Curators of the University of Missouri

上海市版权局著作权合同登记 图字:09-2005-051号